中山市
古镇镇年鉴

YEARBOOK OF GUZHEN, ZHONGSHAN

2018

中山市古镇镇年鉴编纂委员会　编

南方出版传媒
广东人民出版社
·广州·

图书在版编目（CIP）数据

中山市古镇镇年鉴. 2018 / 中山市古镇镇年鉴编纂委员会编. — 广州：广东人民出版社，2018.12
ISBN 978-7-218-13291-4

Ⅰ. ①中… Ⅱ. ①中… Ⅲ. ①乡镇－中山－2018－年鉴 Ⅳ. ①Z526.55

中国版本图书馆CIP数据核字（2018）第281804号

ZHONGSHAN SHI GUZHEN ZHEN NIANJIAN · 2018

中山市古镇镇年鉴·2018
中山市古镇镇年鉴编纂委员会　编

版权所有　翻印必究

出 版 人：肖风华

责任编辑：李锐锋　吴锐琼
装帧设计：吴可量

出版发行：广东人民出版社
　　　　　广州市大沙头四马路10号（邮编：510102）
　　　　　（020）83798714（总编室）
　　　　　（020）83780199（传真）
　　　　　http://www.gdpph.com

　　　　　广东人民出版社中山出版有限公司
　　　　　中山市中山五路1号中山日报社8楼（邮编：528403）
　　　　　（0760）89882926　（0760）89882925

印　　刷：广州市岭美彩印有限公司
开　　本：787mm×1092mm　1/16
印　　张：17.25　　插　页：14　　字　数：375千
版　　次：2018年12月第1版　2018年12月第1次印刷
定　　价：180.00元

如发现印装质量问题影响阅读，请与出版社（0760—89882925）联系调换。
售书热线：（0760）88367862　　邮购：（0760）89882925

编辑说明

一、《中山市古镇镇年鉴》是古镇镇政府主持出版的资料性年刊,创刊于2017年,《中山市古镇镇年鉴(2006—2017)》为创刊号,其后每年编纂出版一卷,力求全面、客观、系统地记述古镇镇年度经济社会发展历程,为社会各界人士了解和研究古镇镇提供基本地情资料。

二、《中山市古镇镇年鉴》采用分类编辑法,主体内容设篇目、类目、分目、条目等结构层次。条目为记述内容的主要形式。

三、《中山市古镇镇年鉴·2018》记述2017年古镇镇在推进经济社会各项事业发展中的大事、要事及基本情况,设年度关注、2017年古镇之最、2017年古镇大事记、镇情概况、党政机关、社团组织、政法军事、农业、工业·商贸服务业、财税·金融、经济监督管理、交通运输与邮政业、城建·环保、科技·教育、文化、卫生·体育、社会民生、村居概况、人物、文献、索引等编目。古镇之最和古镇大事记内容不重复。

四、《中山市古镇镇年鉴·2018》前置彩色插页,设政务古镇、博爱古镇、创新古镇、美丽古镇、幸福古镇、创建广东省森林小镇等图片专题。

五、《中山市古镇镇年鉴·2018》载录的内容、数据分别由古镇镇各单位、部门提供、审核。经济社会统计资料主要由镇统计办提供,如供稿单位数据与镇统计办数据有出入,编辑单位采用镇统计办数据。

六、《中山市古镇镇年鉴·2018》的编纂工作得到中山市人民政府地方志办公室,古镇镇党委、政府大力支持和全镇各单位、部门积极配合,谨此致谢。编纂工作严把质量关,全书稿件经古镇镇年鉴编纂委员会审核验收。由于编纂经验不足,书中若有疏漏之处,敬请批评指正。

中山市古镇镇年鉴编纂委员会

名誉主任：刘建辉（镇党委）
主　任：匡　志（镇政府）
副主任：梁俊杰（镇党委）
成　员：王海燕（党政办）　　　黄志桐（组织办）　　　汪　洋（宣传办）
　　　　　侯鸿杰（综治办）　　　张益建（武装部）　　　曾晓芳（经信局）
　　　　　朱炎震（农业局）　　　蔡中文（社会事务局）　　程长友（住建局）
　　　　　李淑萍（卫计局）　　　袁新强（环保分局）　　　区淑芳（交通运输分局）
　　　　　区昔参（执法分局）　　黄健伟（安监分局）　　　苏满松（财政分局）
　　　　　冯坚定（工会）　　　　马梦华（团委）　　　　　袁素萍（妇联）
　　　　　蔡松添（人社分局）　　邓秋元（教指中心）　　　欧展鹏（宣传文体中心）
　　　　　张咏仪（宣传文体中心）邓卫伟（公安分局）　　　刘　辉（规划分局）
　　　　　吴铸辉（国土分局）

中山市古镇镇年鉴审核名单

审核单位：中山市古镇镇人民政府办公室
审核人员：蔡杰松　曾永旋　陈海澜

中山市古镇镇年鉴编辑部

主　编：匡　志
副主编：梁俊杰
统　编：王海燕
编　辑：何腾江　李锐锋　吕斯敏　易建鹏　吴锐琼

2017 数字古镇

全镇总面积：47.8 平方公里

常住人口：153813 人

地区生产总值：113.4 亿

常住人均生产总值：7.4 万元

第一产业增加值：0.5 亿元

第二产业增加值：37.1 亿元

第三产业增加值：75.8 亿元

地方预算收入：52867.59 万元

国地两税收入：16.6 亿元

固定资产投资：71.1 亿元

社会消费品零售总额：92.9 亿元

海关进出口总额：27.3 亿元

实际利用外资额：135 万美元

城镇常住居民人均可支配收入：4.3 万元

古镇荣誉

中国轻工业特色区域和产业集群创新升级示范区（2017 年）

广东省特色小镇创建工作示范点（2017 年）

广东省森林小镇（2017 年）

中国特色小镇（2016 年）

中国灯饰之都（2002 年、2005 年、2008 年、2011 年、2015 年）

国家卫生镇（2000 年、2004 年、2007 年、2011 年、2015 年）

中国花木之乡（2011 年）

国家新型工业化产业示范基地（2012 年）

国家火炬计划中山古镇照明器材设计与制造产业基地（2014 年）

国家外贸转型升级专业型示范基地（2014 年）

广东省教育强镇（2003 年、2007 年）

广东省产业集群升级示范区（2005 年）

广东省现代服务业集聚区（2013 年）

广东省省市共建中山古镇灯饰产业转型升级示范基地（2011 年）

广东省外贸转型升级专业型示范基地（2012 年）

广东省半导体照明产业基地（2015 年）

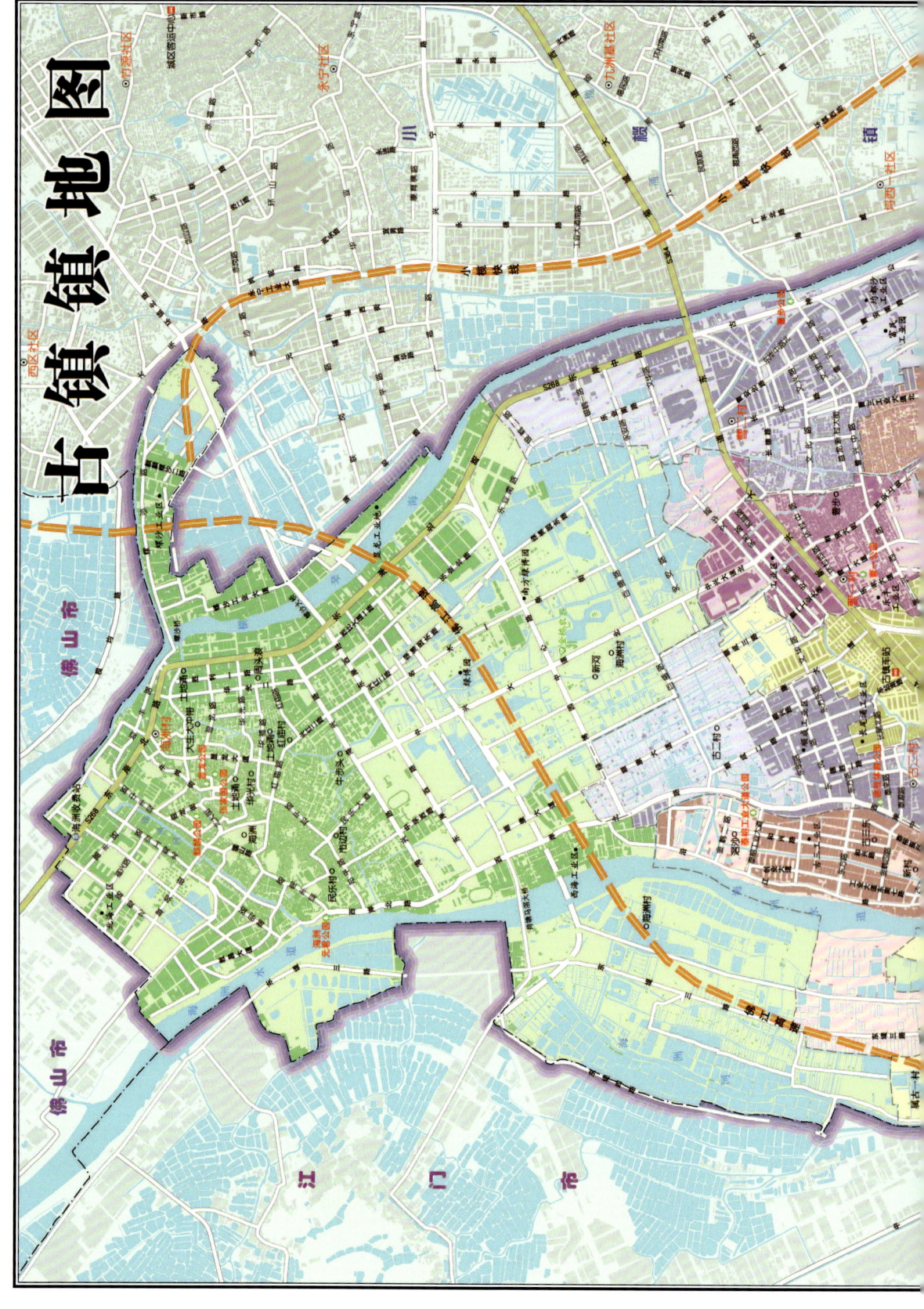

(中山市国土资源局供图,2016年)

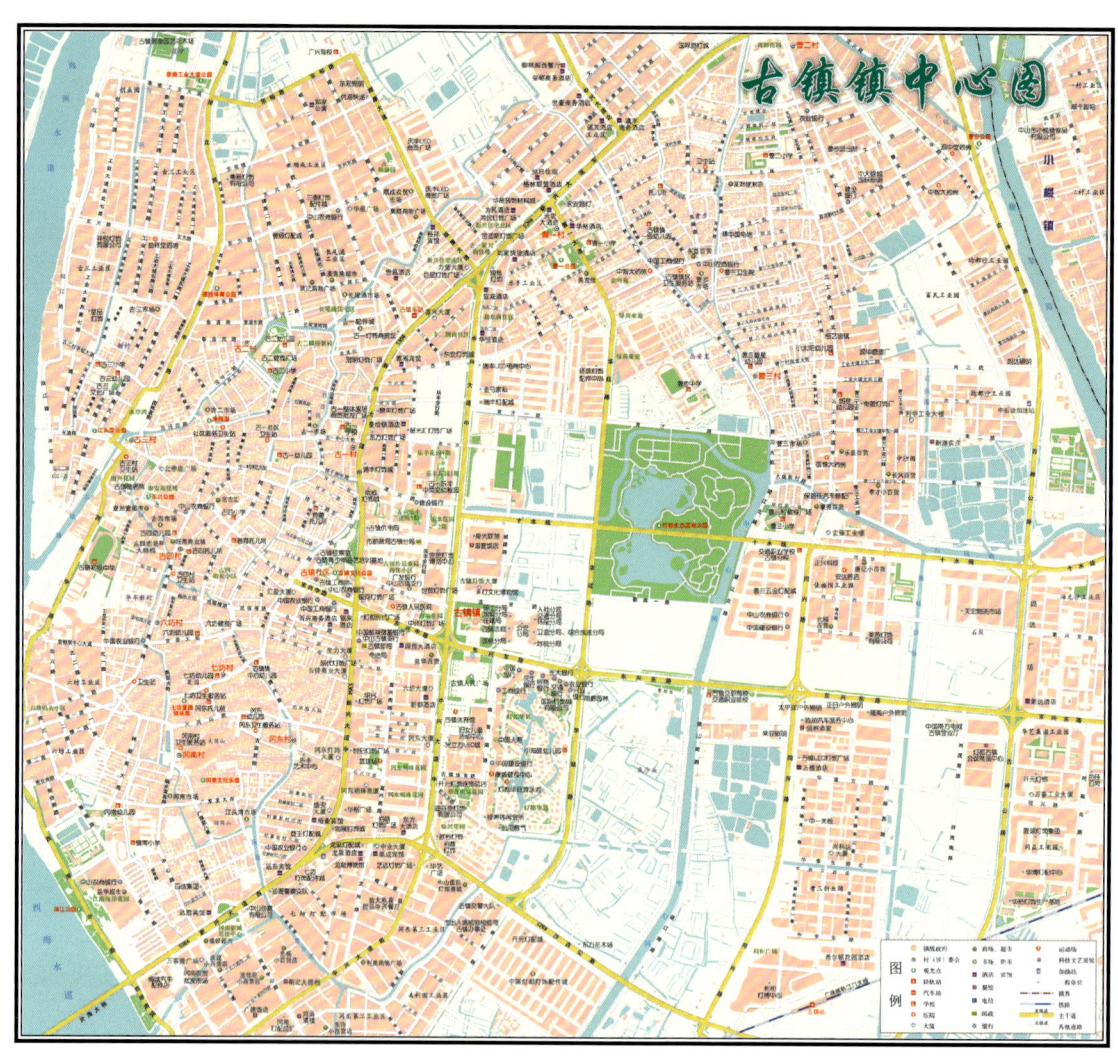

（中山市国土资源局供图，2016年）

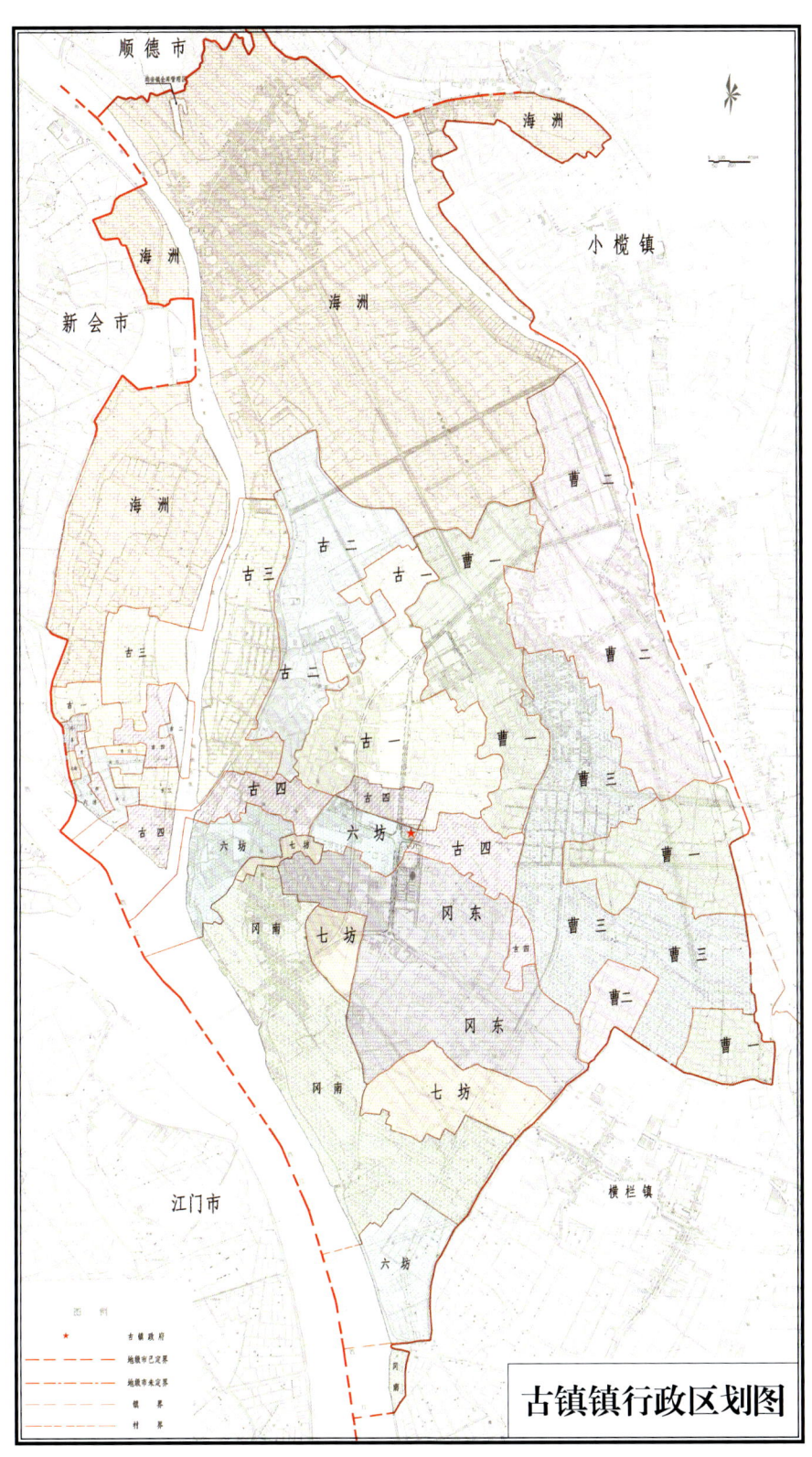

古镇镇行政区划图

(中山市城乡规划局古镇分局供图,2017年)

2017年4月25—26日，全国政协副主席王钦敏（前左二）率调研组来中山，就"激发民间投资活力，促进投资主体多元化"进行专题调研

（区伟华摄）

2017年1月18日，中山市古镇镇第十六届人民代表大会第二次会议在会议中心召开，主要审议古镇镇2016年预算执行情况和2017年预算草案的报告

（区伟华摄）

2017年3月25—26日,国家知识产权局党组成员、机关党委书记肖兴威(右二)一行实地考察中国中山(灯饰)知识产权快速维权中心及多家代表性企业

(区伟华摄)

2017年2月24日,中山市副市长袁永康到古镇出席华艺集团"新活力,新跨越"主题党日活动

(区伟华摄)

2017年5月25日,海关总署政法司处长黄建华(左二)一行到古镇镇作创新发展专题调研

(区伟华摄)

2017年5月,古镇镇各村(居)陆续进行"两委"换届选举,图为镇党委书记刘建辉(站者右一)询问工作人员选举情况

(区伟华摄)

2017年7月17日,中国共产党古镇镇第十三届代表大会第二次会议在镇会议中心召开

(区伟华摄)

2017年7月,中共中山市委副书记雷彪(左三)到华艺广场参观党员教育基地

(区伟华摄)

2017年9月1日,中共中山市委书记陈旭东(左二)到古镇镇调研,深入了解"灯饰特色小镇建设"及"知识产权强镇"方面的相关工作情况,镇党委书记刘建辉(右二),镇党委副书记、镇长匡志(左一)陪同

(区伟华摄)

2017年9月11日,古镇镇召开学习中央关于意识形态工作的重大部署和基本要求报告会,全体党政领导出席会议

(区伟华摄)

2017年10月20日，广东省旅游局局长曾颖如（左三）考察古镇工业旅游发展情况，探讨古镇旅游业的未来

（区伟华摄）

2017年，古镇镇有28名优秀青年光荣应征入伍。图为9月8日古镇镇为入伍新兵举行的欢送大会现场

（区伟华摄）

2017年1月1日,古镇镇一年一度的慈善万人行在镇体育馆广场举行,镇内企业、村委、社会团体等积极参与,共筹集到善款2202万元

（区伟华摄）

2017年8月23日,镇党委书记刘建辉（左二）赴潮州调研精准扶贫。潮州市饶平县浮滨镇五个相对贫困村是古镇镇对口扶贫地区

（区伟华摄）

2017年,古镇镇积极引进社会工作力量服务社区弱势群体。图为长者文化节期间,社工通过体验活动,向社会倡导关爱老人

（区伟华摄）

2017年9月28日，中山市"博爱100"公益创投最强公益古镇站活动举行，图为古镇镇宜宾商会"巾帼禁毒先锋队"现场展示禁毒项目

（区伟华摄）

2017年10月25日，中山市第五届"博爱100"公益创投主板市级优胜项目"光明行动"在古镇华艺工业园举行启动仪式

（区伟华摄）

2017年12月，古镇镇青年企业家协会为曹二小学重型地中海贫血学生周峻宇筹资

（区伟华摄）

2017年3月17日,广州知识产权法院中山诉讼服务处功能提级优化新闻发布会暨知识产权案例研讨会在古镇召开
(区伟华摄)

2017年3月18日,第六届中国国际照明灯具设计大赛与灯具博览会春季展同步启动
(区伟华摄)

2017年4月16日,国际权威认证机构SGS授予古镇灯饰"全球采购基地"认证牌匾
(区伟华摄)

2017年4月20日，中国中山（灯饰）知识产权快速维权中心参加世界知识产权组织中国办事处主办的"中国知识产权保护高层论坛"

（区伟华摄）

2017年4月21日，广东灯饰企业知识产权保护案件审判研讨暨贯标宣贯会于古镇镇星光联盟大堂举行

（区伟华摄）

2017年7月，古镇镇作为"中国灯饰之都"获中国轻工业联合会授予"中国轻工业特色区域和产业集群创新升级示范区"荣誉称号

（区伟华摄）

创新古镇

2017年8月21日，中国特色小镇社会善治（中山古镇）研讨会召开

（区伟华摄）

2017年9月26日，中山市西北部组团招商引资洽谈会在古镇国宴饭店召开。西北部组团包括小榄镇、古镇镇、东升镇、东凤镇、横栏镇、南头镇、阜沙镇共7个镇

（区伟华摄）

2017年10月30日，中国·古镇灯饰品牌联盟成立启动仪式在灯都古镇会展中心一楼举行

（区伟华摄）

中山市古镇镇绿博园中心路西段绿化项目于2017年3月5日完工，其中种植黄花风铃木84株，大腹木棉86株，灰莉球92株。图为种植现场

（区伟华摄）

2017年11月3—4日，古镇镇国家非物质文化遗产六坊云龙舞受邀到佛山市参加秋色巡游活动（镇文化站供图）

2017年11月，灯都生态湿地公园夜景（卢岳韶摄）

2017年11月,古镇夜景
(阮其昌摄)

2017年4月23日,由中山市荣耀竞技传媒有限公司主办,中山市古镇镇体育运动委员会协办的古镇镇首届半程马拉松比赛在镇人民广场举行,残障人士可免费参加欢乐跑

(区伟华摄)

2017年4月23日,年过七旬的梁永年先生(左)参加古镇镇首届马拉松比赛

(区伟华摄)

2017年8月8日,古镇职工工伤保险权益保障宣传活动举行,图为活动现场

(区伟华摄)

2017年8月18日，国医大师韦贵康学术传承研究室在中山市古镇人民医院挂牌成立，图为出席挂牌仪式人员合影

（区伟华摄）

2017年11月5日，古镇镇举办五人龙舟赛。比赛分设公开组与镇内组。公开组第一名奖金10.8万元，镇内组第一名名奖金4.8万元

（区伟华摄）

2017年10月26日，古镇镇曹一村为老人举办生日会

（区伟华摄）

创建广东省森林小镇

古镇镇成立以镇党委书记刘建辉为组长的创建广东省森林小镇工作领导小组，切实贯彻《古镇镇创建广东省森林小镇实施方案》，按照国家森林城市标准，推进城镇增绿添景工程、湿地公园建设工程、道路绿网建设工程、滨水绿色廊道工程等，着力提高城市绿化水平与森林覆盖率。2017年，古镇镇成为广东省首批38个"广东省森林小镇"中的一员。

2017年，古镇镇获广东省林业厅颁发"广东省森林小镇"牌匾

西江边公园绿化用地

古二村一河两岸绿化用地

古镇翠盈明珠花园小区绿化

古镇农业示范区一角（摄于2009年）

2017年，灯都生态湿地公园植树绿化现场

2017年9月12日，古镇镇党委书记刘建辉（中）、党委副书记苏玉山（左三）察看生态湿地公园大树种植情况

2017年8月17日，广东省森林小镇建设业务培训班在中山树木园召开

2017年,灯都生态湿地公园绿化用树

2017年,灯都生态湿地公园绿化树一景

2017年,灯都生态湿地公园绿化树一角

2017年,灯都生态湿地公园绿化用地

2017年,灯都生态湿地公园绿化用地俯瞰图

2017年,灯都生态湿地公园北区榕树岛俯瞰图

(本专题图片均由古镇镇农业局提供)

总　目

篇　目	页　码	篇　目	页　码
年度关注	1	交通运输与邮政业	121
2017年古镇之最	11	城建·环保	125
2017年古镇大事记	13	科技·教育	135
镇情概况	27	文　化	145
党政机关	41	卫生·体育	149
社团组织	59	社会民生	155
政法军事	71	村居概况	167
农　业	81	人　物	197
工业·商贸服务业	87	文　献	203
财税·金融	93	索　引	225
经济监督管理	105		

目 录
CONTENTS

年度关注
ANNUAL CONCERN

- "五大创新、六大结合" 全民共建共治促创森 ……………………………………… 2
- 知识产权快速维权成效显著，中山快维经验全国推广 ……………………………………… 4
- 古镇镇建设灯饰产业综合性生产服务业集聚区 ……………………………………………………… 7
- 古镇镇社会善治的实践与创新 ……………… 8

2017 年古镇之最
BEST IN GUZHEN IN 2017

- 2017 年古镇之最 ………………………… 11

2017 年古镇大事记
CHRONICLE OF EVENTS IN GUZHEN IN 2017

- 1 月 ……………………………………… 14
- 2 月 ……………………………………… 14
- 3 月 ……………………………………… 15
- 4 月 ……………………………………… 17
- 5 月 ……………………………………… 18
- 6 月 ……………………………………… 19
- 7 月 ……………………………………… 20
- 8 月 ……………………………………… 21
- 9 月 ……………………………………… 22
- 10 月 ……………………………………… 23
- 11 月 ……………………………………… 24
- 12 月 ……………………………………… 25

镇情概况
GENERAL INTRODUCTION OF GUZHEN

基本镇情
- 建置沿革 ………………………………… 28
- 自然地理 ………………………………… 28
- 自然资源 ………………………………… 28
- 气候气象 ………………………………… 29
- 人口语言 ………………………………… 29
- 民风民俗 ………………………………… 30
- 行政区划 ………………………………… 30

经济建设
- 经济建设概况 …………………………… 30
- 农业 ……………………………………… 31
- 工业 ……………………………………… 31
- 第三产业 ………………………………… 31
- 外经贸 …………………………………… 31
- 财税金融 ………………………………… 31
- 固定资产投资和房地产 ………………… 31

政治建设
- 依法治镇 ………………………………… 32
- 两新组织党建工作 ……………………… 33

文化建设
- 文化建设概况 …………………………… 33
- 公共文化服务 …………………………… 33
- 文化产业发展 …………………………… 34
- 文化市场管理 …………………………… 34

目 录

社会建设
- 社会事业发展……………………34
- 民生工程建设……………………34
- 社会治理…………………………35

生态文明建设
- 生态文明建设概况………………35
- 生态环境保护……………………36

精神文明建设
- 精神文明建设概况………………36
- 全民修身行动……………………36
- 创文工作…………………………37
- 志愿者服务………………………37

领导机构名单
- 中国共产党中山市古镇镇委员会……………37
- 中山市古镇镇人民代表大会……………38
- 中山市古镇镇人民政府…………………38
- 中国共产党中山市古镇镇纪律检查委员会……38
- 机关单位…………………………38
- 职能部门…………………………39
- 村（居）…………………………40

党政机关
PARTIE AND GOVERNMENT ORGANIZATIONS

中国共产党中山市古镇镇委员会

综　述
- 组织概况…………………………42
- 中共古镇镇委员会全体会议……42
- 党建工作…………………………42

组织人事
- 组织人事工作概况………………42
- 机构编制…………………………43
- 人事福利…………………………43
- 干部队伍建设……………………43

- 两新组织…………………………44
- 基层党建工作……………………44
- 老干部工作………………………44
- 驻点普遍直接联系群众…………44
- 华艺广场党总支打造党建"亮点工程"……45
- 软弱涣散村整治…………………45
- 督查工作…………………………45

宣传工作
- 宣传工作概况……………………46
- 舆论宣传…………………………46
- 法治宣传教育……………………46
- 法治长廊…………………………47
- 《灯都古镇》报…………………47

统战工作
- 统战工作概况……………………47
- 多党合作与党外知识分子工作…47
- 非公有制经济领域统战工作……48
- 民族宗教领域统战工作…………48
- 培育统战类社会组织参与社会治理……48

信　访
- 信访工作概况……………………48
- 重点时期防护……………………49

综治维稳
- 工作概况…………………………49
- 社会治安重点地区排查整治……49
- 综治网格化建设…………………49
- 禁毒工作…………………………50
- 防范和处理邪教工作……………50
- 社会稳定风险评估………………50
- 社区矫正和安置帮教……………50

保密工作
- 保密工作概况……………………50
- 制度建设…………………………50
- 培训教育…………………………50

- 保密事项管理……51
- 保密检查……51

中山市古镇镇人民代表大会

- 镇人大概况……51
- 古镇镇人民代表大会……51
- 人大建议办理……52
- 人大代表工作……52

古镇镇人民政府

- 工作概况……52
- 重要事项和决策……53
- 依法行政……53
- 政府法律顾问……53
- 应急管理……54
- 政务公开……54
- 镇行政服务中心运营概况……55
- 法制工作……55
- 港澳事务……56
- 涉台事务……56
- 外事侨务工作……56

中国共产党中山市古镇镇纪律检查委员会

- 工作概况……56
- 纪律审查……57
- 四种形态……57
- 宣传教育……57
- 队伍建设……57
- 驻村（居）副书记工作……58
- 派驻纪检监察组工作……58

社团组织
SOCIAL ORGANIZATIONS

工 会

- 工会概况……60
- 工会组织建设……60
- 干部培训……60
- 职工权益维护……60
- 职工帮扶救助……60
- 职工文化建设……60
- "三工"联动……61

中国共产主义青年团

- 团工作概况……61
- 团组织建设……61
- 培训工作……61
- 干部队伍建设……62
- 志愿服务……62
- 青年活动……63
- 粤港澳青年交流……63
- 精准扶贫……63
- 宣传工作……63

古镇镇妇女联合会

- 妇女工作概况……63
- 妇女组织建设……64
- 家庭文化建设……64
- 妇儿阵地建设……64
- 宣传教育……64
- 干部培训……65
- 古镇倩英志愿者服务队……65

古镇镇残疾人联合会

- 镇残疾人工作概况……65
- 残疾人保障体系建设……65
- 残疾人康复……66
- 社区精神病防治康复……66
- 残疾人基本服务状况和需求调查……66
- 助残体验日……66

侨 联

- 侨联工作概况……66
- 海外联谊……66
- 为侨服务……66
- 维护侨益……67

古镇镇工商联（商会）

- 镇工商联工作概况·················· 67
- 党建工作························ 67
- 对外交流························ 67
- 服务企业························ 67
- 承接政府职能···················· 67
- 公益事业························ 67

女企业家协会

- 工作概况························ 68
- 文化活动························ 68
- 慈善公益························ 68
- 对外交流························ 68

古镇镇老年人协会

- 镇老年人协会工作概况·············· 69
- 老年人服务······················ 69
- 老年人运动会···················· 69

古镇镇红十字会

- 古镇镇红十字会概况················ 69
- 宣传培训························ 69
- 无偿献血························ 69
- 志愿服务························ 69
- 参加中山市慈善万人行·············· 70

古镇镇慈善会

- 古镇镇慈善工作概况················ 70
- 社会公益························ 70
- 长者紧急呼叫系统·················· 70

政法军事
LEGAL SYSTEM AND MILITARY AFFAIRS

公　安

- 公安概况························ 72
- 刑事犯罪打击···················· 72
- 经济犯罪打击···················· 72
- 缉毒禁毒························ 72

- 重大活动安保···················· 72
- 治安管理························ 72
- 文化娱乐场所管理·················· 73
- "三非"外国人管理················ 73
- 反恐工作························ 73
- 打黑除恶························ 73
- 智慧公安建设···················· 73

交　警

- 交警工作概况···················· 73
- 交通事故整治···················· 73
- 交通秩序整治···················· 74
- 大型活动交通安保工作·············· 74
- 巡逻防控························ 74
- 道路安全管理···················· 74
- 交通安全宣传教育·················· 74
- 维稳工作························ 75
- 勤务制度改革···················· 75

消　防

- 消防工作概况···················· 75
- 防火工作························ 75
- 战训工作························ 75
- 队伍建设························ 76
- 消防安保工作···················· 76
- 后勤保障························ 76
- 消防知识宣传教育·················· 76
- 消防网格化······················ 77

司　法

- 司法工作概况···················· 77
- 矛盾纠纷排查···················· 77
- 村（居）法律顾问················ 77
- 法律援助工作···················· 77

审　判

- 审判概况························ 78
- 案件审判························ 78
- 司法调解························ 78

- 多元化纠纷解决机制·················78

武 装
- 武装工作概况·····················79
- 征兵工作·························79
- 思想政治建设·····················79
- 队伍建设·························79
- 军事训练·························80
- 后勤装备建设·····················80
- 双拥工作·························80
- 应急工作·························80

人民防空
- 人民防空工作概况·················80
- 人民防空工程建设·················80

农 业
AGRICULTURE

农业农村
- 农业概况·························82
- 农民收入·························82
- 古镇耕地情况·····················82
- 农业基础设施建设·················82
- 动物卫生监督·····················82
- 畜牧兽医工作·····················82
- 农产品检测工作···················82
- 农资打假·························83
- 红火蚁防控及农业技术服务·········83
- 秀美村庄建设·····················83
- 南方绿博园·······················83
- 对口扶贫·························83
- 土地确权工作·····················83

林 业
- 林业概况·························84
- 湿地公园体系建设·················84
- 三年绿化大行动···················84

- 农村绿化美化·····················84
- 古树名木保护·····················84
- 城镇绿化管理·····················84
- 全民同植"灯都树"·················84
- 森林小镇建设·····················85

海洋与渔业
- 海洋渔业概况·····················85
- 水产品质量监管···················85
- 渔政执法管理·····················85

水 务
- 水务概况·························85
- 内河水环境治理···················85
- 水利工程建设·····················85
- "三防"工作·······················86
- 依法治水·························86

工业·商贸服务业
INDUSTRY AND COMMERCIAL SERVICE INDUSTRY

工 业
- 工业概况·························88

商贸业
- 商贸业概况·······················88
- 对外贸易概况·····················88
- 会展·····························88

灯饰产业
- 灯饰产业概况·····················88
- 中国·古镇国际灯饰博览会···········88
- 中国灯都（古镇）国际灯光文化节···89
- 中国国际照明灯具设计大赛·········90

旅 游
- 旅游业概况·······················90
- 创建国家级旅游景区···············90

- 旅游购物狂欢节⋯⋯⋯⋯⋯⋯⋯⋯91
- 《国际灯饰文化休闲名镇全景图》旅游地图·91
- 灯饰研学旅行⋯⋯⋯⋯⋯⋯⋯⋯⋯91
- 基础设施建设⋯⋯⋯⋯⋯⋯⋯⋯⋯91
- 中山市南方绿博园有限公司⋯⋯⋯⋯91

财税·金融
FISCAL TAXATION AND
FINANCIAL INDUSTRY

财　政
- 财政收支概况⋯⋯⋯⋯⋯⋯⋯⋯⋯94
- 财政收入征管⋯⋯⋯⋯⋯⋯⋯⋯⋯94
- 财政支出管理⋯⋯⋯⋯⋯⋯⋯⋯⋯94
- 民生项目建设保障⋯⋯⋯⋯⋯⋯⋯94
- 教育发展保障⋯⋯⋯⋯⋯⋯⋯⋯⋯94
- 特色小镇建设⋯⋯⋯⋯⋯⋯⋯⋯⋯94
- 交通项目建设推进⋯⋯⋯⋯⋯⋯⋯94
- 平安古镇建设保障⋯⋯⋯⋯⋯⋯⋯95
- 财政制度改革⋯⋯⋯⋯⋯⋯⋯⋯⋯95
- 财政效能管理⋯⋯⋯⋯⋯⋯⋯⋯⋯95

国家税务
- 工作概况⋯⋯⋯⋯⋯⋯⋯⋯⋯⋯⋯95
- 税种管理⋯⋯⋯⋯⋯⋯⋯⋯⋯⋯⋯95
- 纳税服务⋯⋯⋯⋯⋯⋯⋯⋯⋯⋯⋯96
- 国税文化建设⋯⋯⋯⋯⋯⋯⋯⋯⋯96

地方税务
- 组织收入⋯⋯⋯⋯⋯⋯⋯⋯⋯⋯⋯97
- 税收征管⋯⋯⋯⋯⋯⋯⋯⋯⋯⋯⋯97
- 依法治税⋯⋯⋯⋯⋯⋯⋯⋯⋯⋯⋯97
- 纳税服务⋯⋯⋯⋯⋯⋯⋯⋯⋯⋯⋯97

金融服务
- 金融概况⋯⋯⋯⋯⋯⋯⋯⋯⋯⋯⋯98
- 金融服务⋯⋯⋯⋯⋯⋯⋯⋯⋯⋯⋯98
- 金融环境建设⋯⋯⋯⋯⋯⋯⋯⋯⋯99
- 古镇（利和）金融街建设⋯⋯⋯⋯99

银行业
- 银行业概况⋯⋯⋯⋯⋯⋯⋯⋯⋯⋯100
- 中国银行古镇支行⋯⋯⋯⋯⋯⋯⋯100
- 工商银行古镇支行⋯⋯⋯⋯⋯⋯⋯101
- 农业银行古镇支行⋯⋯⋯⋯⋯⋯⋯101
- 建设银行古镇支行⋯⋯⋯⋯⋯⋯⋯101
- 交通银行古镇支行⋯⋯⋯⋯⋯⋯⋯101
- 广发银行古镇支行⋯⋯⋯⋯⋯⋯⋯101
- 农商银行古镇支行⋯⋯⋯⋯⋯⋯⋯102
- 民生银行古镇支行⋯⋯⋯⋯⋯⋯⋯102
- 兴业银行古镇支行⋯⋯⋯⋯⋯⋯⋯102
- 光大银行古镇支行⋯⋯⋯⋯⋯⋯⋯102
- 平安银行古镇支行⋯⋯⋯⋯⋯⋯⋯103
- 招商银行古镇支行⋯⋯⋯⋯⋯⋯⋯103
- 邮储银行古镇支行⋯⋯⋯⋯⋯⋯⋯103
- 中山古镇南粤村镇银行⋯⋯⋯⋯⋯103
- 中信银行古镇支行⋯⋯⋯⋯⋯⋯⋯103
- 浦发银行古镇小微支行⋯⋯⋯⋯⋯104

小额贷款
- 中山市古镇镇灯都小额贷款股份有限公司⋯104

证券业
- 银河证券古镇营业部⋯⋯⋯⋯⋯⋯104
- 国元证券古镇营业部⋯⋯⋯⋯⋯⋯104

经济监督管理
ECONOMIC SURVEILLANCE AND
ADMINISTRATION

发展与改革
- 发展与改革概况⋯⋯⋯⋯⋯⋯⋯⋯106
- 固定资产投资管理⋯⋯⋯⋯⋯⋯⋯106
- 重点项目建设⋯⋯⋯⋯⋯⋯⋯⋯⋯106
- 服务业发展⋯⋯⋯⋯⋯⋯⋯⋯⋯⋯106
- 重大项目申报情况⋯⋯⋯⋯⋯⋯⋯106

资产经营管理

- 资产概况……………………… 106
- 物业营运……………………… 107
- 土地供应……………………… 107
- 征收用地……………………… 107

国土资源管理

- 国土资源概况………………… 107
- 土地管理……………………… 107
- 土地执法监察………………… 107
- 土地报批……………………… 108
- 地籍管理……………………… 108
- "三旧"改造………………… 108
- 政策法规宣传………………… 108

工商行政管理

- 工商行政管理概况…………… 108
- 注册登记管理………………… 108
- 商事登记改革………………… 108
- 市场监督管理………………… 108
- 经营异常管理………………… 109
- 年报报送工作………………… 109
- 打击传销工作………………… 109
- 集贸市场监督管理…………… 109
- 商标"守重"管理…………… 109

质量技术监督管理

- 质量技术监督管理概况……… 109
- 产品质量监管………………… 110
- 特种设备安全监察…………… 110
- 电线电缆安全监察…………… 110
- 打假打私……………………… 110
- 宣传教育……………………… 110

食品药品监督管理

- 食品药品监督管理概况……… 111
- 食品流通安全监管…………… 111
- "三品一械"安全监管……… 111
- 餐饮安全监管………………… 111
- 投诉案件处理………………… 112
- 示范单位创建………………… 112
- 食品快检工作………………… 113
- 食品生产加工小作坊基地建设……… 113
- 食品小摊贩集中经营试点工程……… 113

卫生监督管理

- 卫生监督管理概况…………… 113
- 医疗卫生监督管理…………… 113
- 公共场所卫生监督…………… 114
- 学校卫生监督管理…………… 114
- 生活饮用水卫生监督管理…… 114
- 监督员队伍培训……………… 114
- 卫生法制宣传教育…………… 115

安全生产监督管理

- 安全生产监督概况…………… 115
- 安全生产责任制……………… 115
- 安全生产大检查行动………… 115
- 安全生产隐患整治…………… 115
- 应急防范体系建设…………… 116
- 安全生产宣传教育…………… 117
- "平安企业"创建…………… 117

价格管理

- 价格管理概况………………… 117
- 价格监管……………………… 117
- 价格认定……………………… 118
- 价格监测……………………… 118
- 古镇灯饰批发价格指数……… 118

审　计

- 审计概况……………………… 118
- 工程预算复核及结算审计…… 118
- 年度财务收支审计…………… 119
- 专项审计……………………… 119
- 政府采购招投标监督及资产验收……… 119
- 农村换届审计工作…………… 119

统 计

- 统计工作概况……………………………… 119
- 统计调查…………………………………… 119
- "四上企业"入库………………………… 119
- 第三次全国农业普查……………………… 119
- 节能工作自查报告编制…………………… 119
- 统计宣传…………………………………… 120

统计调查

- 调查工作概况……………………………… 120
- 住户调查…………………………………… 120
- 企业调查…………………………………… 120

交通运输与邮政业
TRANSPORTATION AND MAIL BUSINESS

交通运输

- 交通运输概况……………………………… 122
- 公共交通…………………………………… 122
- 运输市场管理……………………………… 122
- 道路运输行政执法………………………… 122
- 护路联防工作……………………………… 123
- 安全生产管理……………………………… 123
- 2017 年春运……………………………… 123

邮 政

- 邮政概况…………………………………… 123
- 两包业务…………………………………… 124
- 集邮业务…………………………………… 124
- 投递业务…………………………………… 124
- 电子专业…………………………………… 124
- 代理金融业务……………………………… 124

城建·环保
CITY CONSTRUCTION AND ENVIRONMENTAL PROTECTION

城镇规划

- 城镇规划概况……………………………… 126

- 行政审批…………………………………… 126
- 档案管理…………………………………… 126
- 重点项目规划……………………………… 126
- "三规合一"工作推进…………………… 126
- 规划编制与报批…………………………… 126

城镇建设

- 城镇建设概况……………………………… 126
- 古镇镇中心滨河公园工程（沙古公路以北段）
  …………………………………………… 127
- 西北组团体育公园建设…………………… 127
- 城轨站交通枢纽首期工程………………… 127
- 沙水路（十水线）道路工程……………… 128
- 古镇灯都生态湿地公园音乐喷泉………… 128
- 东裕路（海洲段）工程…………………… 128
- 古镇东裕路（顺康路—西岸中路）道路工程
  …………………………………………… 128
- 华安东路工程……………………………… 128
- 拆迁管理…………………………………… 128

公共设施管理

- 城市公共设施管理概况…………………… 128
- 城市道路维护与路灯照明………………… 129
- 供水………………………………………… 129
- 供电………………………………………… 129
- 园林绿化…………………………………… 129
- 环卫保洁…………………………………… 129
- 排水管理…………………………………… 129
- 污水处理…………………………………… 130
- 供气………………………………………… 130
- 防震减灾…………………………………… 130

建筑业管理

- 建筑业概况………………………………… 130
- 建筑质量安全生产管理…………………… 130
- 建筑安全教育……………………………… 131

房地产管理

- 房地产管理概况…………………………… 131

9

- 房地产项目监管…………………………131
- 住房保障………………………………131
- 物业管理………………………………131

城市管理

- 城市管理概况…………………………131
- 城管执法………………………………132
- 文明城镇创建…………………………132
- 违法广告牌治理………………………132
- 文化市场整治…………………………132
- 村级执法站……………………………132

环境保护

- 环境保护概况…………………………133
- 大气污染物防治………………………133
- 水污染防治……………………………133
- 噪声污染整治…………………………133
- 信访维稳………………………………134
- 行政执法………………………………134
- 业务审批………………………………134
- 环保宣传教育…………………………134

科技·教育
SCIENCE, TECHNOLOGY AND EDUCATION

科学技术

- 科技工作概况…………………………136
- 高新技术企业…………………………136
- 省市工程中心认定……………………136
- 工业企业技术改造……………………136
- 研发机构………………………………136
- 技术创新平台服务……………………136

知识产权

- 综述……………………………………136
- 知识产权快速维权……………………137
- 知识产权快速授权……………………137
- 知识产权快速协调……………………137
- 知识产权惠企服务……………………137
- 知识产权宣传教育……………………138
- "工业品外观设计保护中山市古镇镇示范点"调研项目………………………138

教　育

综　述

- 教育事业概况…………………………139
- 德育教育………………………………139
- 学校安全工作…………………………139
- 教师队伍建设…………………………139
- 体育艺术教育…………………………140
- "一校一品"创建………………………140
- 招生工作………………………………140
- 流动人口子女积分入学………………141
- 扶困助学………………………………141

基础教育

- 学前教育………………………………142
- 义务教育………………………………142

职业教育与成人教育

- 灯饰学院………………………………142
- 社区学院………………………………143
- 老年大学………………………………144

文　化
CULTURE

文化事业

- 文化事业概况…………………………146
- 文化活动………………………………146
- 文化遗产保护…………………………146
- 文化创作………………………………146
- 灯文化博物馆…………………………146
- 公共图书服务…………………………147

广播电视

- 广播电视概况…………………………147
- 新闻节目宣传…………………………147

档案·地方志

- 档案概况………………………………147
- 档案业务………………………………147
- 镇志出版………………………………147
- 自然村落历史人文普查………………148
- 年鉴试点工作…………………………148

卫生·体育
HEALTH AND SPORTS

医疗卫生

- 卫生事业概况…………………………150
- 公共卫生………………………………150
- 卫生监督………………………………150
- 健康服务管理…………………………150
- 老年人健康管理………………………150
- 慢性病健康管理………………………150
- 预防接种………………………………150
- 社区卫生服务…………………………151
- 爱国卫生………………………………151
- 公民健康教育与促进…………………151
- 登革热防控……………………………152
- 古镇人民医院…………………………152

体 育

- 体育事业概况…………………………152
- "亚洲飞人"苏炳添……………………152
- 群众体育………………………………152
- 社会体育指导员站……………………153
- 全民健身活动…………………………153
- 体育设施建设…………………………154
- 体育竞赛成绩…………………………154
- 国民体质监测…………………………154
- 五人龙舟公开赛………………………154

社会民生
PEOPLE'S LIVELIHOOD

人力资源和社会保障

- 人力资源和社会保障概况……………156
- 就业创业………………………………156
- 技能人才培养…………………………156
- 社会保障体系…………………………156
- 职工权益保障…………………………157

计划生育

- 计划生育事业概况……………………158
- 计划生育基层工作……………………158
- 计生宣传教育…………………………158
- 流动人口计划生育服务管理…………158
- 信息管理工作…………………………158
- 古镇镇妇幼保健计划生育服务中心……159

民 政

- 民政工作概况…………………………159
- 社会组织管理…………………………159
- 社会工作………………………………159
- 老龄工作………………………………159
- 区划地名管理…………………………160
- 优抚安置………………………………161
- "双拥"工作……………………………161
- 慈善事业………………………………161
- 救灾救济………………………………161
- 临时困难救助…………………………161
- 困难居民重特大疾病医疗救助………162
- "五助"工作……………………………162
- 村社区建设……………………………162
- 殡葬事业………………………………162
- 婚姻登记………………………………162
- 同益工业园社工中心…………………162

流动人口管理

- 流管人口及出租屋概况………………163

- 出租屋管理……163
- 流动人口服务……164
- 流动人口环境整治……164
- 流动人员积分制……164
- 百佳评选……164

民族与宗教事务
- 民族宗教概况……164
- 民族工作……164
- 宗教工作……164

社会建设
- 社会建设概况……165
- 基层自治建设……165
- 社区建设……165
- 灯都智库……165

物　价
- 食品价格……166

村居概况
VILLAGES INTRODUCTION

海洲村
- 海洲村概况……168
- 经济发展……168
- 村两委换届……168
- 党建工作……168
- 阳光村务……169
- 民生实事……169
- 综治维稳……169
- 文化教育……169
- 消防安全整治……169
- 环境整治……169

古一村
- 古一村概况……170
- 经济发展……170
- 村两委换届……170

- 党建工作……170
- 土地确权……170
- 民生实事……171
- 综治维稳……171
- 文化体育……171
- 消防安全整治……172
- 环境整治……172
- 征兵工作……172

古二村
- 古二村概况……172
- 两委换届……172
- 经济概况……173
- 村居建设……173
- 民生实事……173
- 综治维稳……173
- 党建工作……173
- 消防安全整治……174
- 环境整治……174

古三村
- 古三村概况……174
- 两委换届……174
- 党建工作……174
- 经济发展……175
- 村居建设……175
- 民生实事……175
- 综治维稳……175
- 文化教育……175
- 消防安全整治……175
- 环境整治……175

古四村
- 古四村概况……176
- 经济发展……176
- 两委换届……176
- 党建工作……176
- 村居建设……176

- 民生实事……177
- 综治维稳……177
- 文化教育……177
- 扶贫工作……177
- 消防安全整治……177
- 环境整治……177

六坊村
- 六坊村概况……178
- 经济发展……178
- 两委换届……178
- 党建工作……178
- 村务公开……178
- 民生实事……179
- 综治维稳……179
- 文化教育……179
- 体育活动……179
- 扶贫工作……179
- 消防安全整治……180
- 环境整治……180
- 六坊云龙舞……180

七坊村
- 七坊村概况……180
- 经济发展……181
- 村居建设……181
- 民生实事……181
- 综治维稳……182
- 党建工作……182
- 文化教育……182
- 征兵工作……183
- 体育活动……183
- 扶贫工作……183
- 消防安全整治……184
- 环境整治……184
- "阳光七坊"微信公众号……184

冈东村
- 冈东村概况……184
- 经济发展……184
- 两委换届……185
- 党建工作……185
- 村居建设……185
- 民生实事……185
- 综治维稳……185
- 文化教育……186
- 体育活动……186
- 扶贫工作……186
- 消防安全整治……186
- 环境整治……186

冈南村
- 冈南村概况……186
- 经济发展……187
- 两委换届……187
- 党建工作……187
- 村居建设……187
- 民生实事……187
- 综治维稳……187
- 文化教育……187
- 体育活动……187
- 扶贫工作……188
- 消防安全整治……188
- 环境整治……188

曹一村
- 曹一村概况……188
- 经济发展……188
- 两委换届……188
- 党建工作……189
- 民生实事……189
- 综治维稳……189
- 文化教育……189
- 体育活动……190
- 扶贫工作……190
- 消防安全整治……190

- 环境整治……190

曹二村

- 曹二村概况……190
- 经济发展……190
- 两委换届……190
- 党建工作……190
- 村居建设……191
- 民生实事……191
- 综治维稳……191
- 文化教育……191
- 体育活动……191
- 扶贫工作……191
- 消防安全整治……192
- 环境整治……192

曹三村

- 曹三村概况……192
- 经济发展……192
- 两委换届……192
- 党建工作……192
- 村居建设……193
- 民生实事……193
- 综治维稳……193
- 文化教育……193
- 体育活动……194
- 扶贫工作……194
- 消防安全整治……194
- 环境整治……194

居委会

- 古镇居委会概况……194
- 民生实事……194
- 两委换届……195
- 党建工作……195
- 文化教育……195
- 扶贫工作……195
- 儿童文化艺术节……196

曹步联队

- 曹步联队概况……196
- 经济发展……196
- 民生实事……196

人 物
FIGURES

- 2017年全国性荣誉获得者……198
- 2017年广东省荣誉获得者……198
- 2017年古镇镇市级荣誉获得者名录……200

文 献
LITERATURE

- 政府工作报告……204
- 新时代 新作为 新气象
  不忘为民初心，创造古镇镇美好新生活……214

索 引
INDEX

- 表格索引……226
- 主题索引……226

年度关注
ANNUAL CONCERN

"五大创新、六大结合" 全民共建共治促创森
——中山市古镇镇创建广东省森林小镇

中山市古镇镇是闻名国内外的"中国灯饰之都",位于广东省中山市西北面,是中山、江门、佛山(顺德区)三市的交会处,毗邻港澳,由古镇、曹步、海洲三大片组成,下辖12个行政村、1个居委会,常住人口15.25万人,拥有花卉苗木基地面积约12000亩,2016年度农业生产总值为2.8亿元,花卉苗木产值约2亿元。

2017年,古镇镇紧紧围绕省、市关于创建森林小镇决策部署,在省林业厅和市林业局的具体指导下,围绕有关建设"珠三角国家森林城市群"的战略部署,坚持"生态优先,民生优先"的发展战略,全面贯彻落实《广东省中山市国家森林城市建设总体规划(2016—2025年)》以及《中山市古镇森林小镇建设规划(2017—2021年)》,以生态灯都建设为主线,以湿地公园建设为抓手,全力推进"创森"各项工作,并取得了良好成效。

至2017年11月,全镇总面积为5199.47公顷,森林覆盖率18.83%。建成区面积为772.9公顷,绿地面积为378.1公顷,绿化覆盖率63.6%,人均公园绿地面积13.4平方米,对照《广东省森林小镇评价指标》要求,各项指标达到森林小镇建设标准,经省级专家核验组审查核验,被认定为2017年广东省森林小镇。

一、主要做法

(一)创新领导机制,组建一套高效领导架构。古镇镇高度重视"创森"工作,将"创森"工作作为构建和谐社会、打造特色小镇的重中之重来抓,成立了以书记为组长的高规格"创森"工作领导小组,实施"一把手工程",辖下12条村相继成立了以村书记为组长的"创森"工作领导小组,并列入目标考核,配备专职人员,定向联系各部门联系人员。同时加强市、镇、村三级互动交流,如由镇主要领导带队,多次深入基层开展"创森"工作调研。市林业局和市政府有关领导也高度重视古镇"创森"工作,先后前来视察指导"创森"工作。

(二)创新顶层设计,制订一套精准方案。古镇镇坚持规划引领,相继编制了《中山市古镇森林小镇建设规划(2017—2021年)》《古镇镇创建广东省森林小镇实施方案》《中山市古镇镇生态文明建设实施方案(2016—2020年)》,为"创森"提供依据。如委托广东省岭南综合勘察设计院编制《建设规划》,历时3个月,经充分调研、广泛征求意见,《建设规划》在广州专家评审会上顺利通过,随即颁布实施,为古镇森林小镇建设提供了奋斗目标、政策支持和科学依据。

(三)创新网格化管理,开展一系列动态跟踪督查。以信息化为手段,大数据为支撑,搭建网格化管理信息平台和绘制全镇网格地图,建立全镇大数据网格档案,实行网格内全员、全地域、全事务的"电子化"管理。全镇共划分为80个网格,并将"创森"工作纳入网格工作,利用手机终端进行实时上报和共享。同时加强动态跟踪督查,如将"创森"纳入政府及领导的年度考核范畴,依据《实施方案》,明确工作任务和时间节点,把"创森"任务层层分解到各单位,各村、各单位须每月依时上报工作进度。又如以资金使用倒逼任务落实,由镇财政分局牵头,强化专项资金运行全

过程的管理监督，定期统计专项资金的使用情况，督促各单位和各村积极参与并构建多元化的资金监督机制。

（四）创新众筹模式，建设一个绿色生态网络。古镇镇坚持自愿、公益的原则，把树木与林木、绿地的认种、认养、认捐活动有机结合起来，发动和引导企事业单位、社会团体和广大群众共同参与植树造林，积极拓宽资金渠道。如通过"众筹"3559万元投入灯都生态湿地公园建设，深入建设彰显"全民绿化、共建共享"理念的中山特色人文生态景观。同时按照古镇特色小城镇建设规划，完善南方灯博园、镇南苗木精品市场、龙鳞沙苗木基地等绿地系统，打造生态安全格局和绿色屏障，并以灯都生态湿地公园为基点，将龙鳞沙、绿博园、镇南苗木区和西江、海洲水道、中心河、浦板河、中沙河、横琴河、拱北河以及其他内河涌连为一体，构建完整的古镇公园系统，成为古镇绿色生命脉络。

（五）创新宣传渠道，打造一个宣传大平台。以"创森"重点工程建设为载体，制作电视专题宣传片，充分利用传统媒体和新媒体的渠道和形式，大力开展丰富多彩的宣传活动，例如通过微信公众号、政府网站、当地电视台等发布"创森"工作动态和思路；通过中山日报、古镇电视台、户外广告以及微信、微博等，大力宣传"创森"的重要意义、目的与做法，展示"创森"工作进展；积极开展"创森"工作培训、"创森"科普宣传等，让更多群众参与到"创森"工作中来。2017年以来，镇创森办共发布新闻报道50多篇，微博和微信100多条，接收人数逾数十万，营造了浓厚的共建共享广东省森林小镇的社会氛围。

二、主要成效

（一）结合五大发展理念，践行绿色构筑湿地公园体系。古镇镇深入推进灯都生态湿地公园、中心河滨河湿地公园、海洲城际中心中央湿地公园、横琴河畔公园、龙鳞沙休闲农业园建设，加强完善西江边森林长廊美化绿化。按照"海绵城市"理念，高规格建设占地逾千亩的灯都生态湿地公园，将防洪排涝、改善环境与休闲健身、科普教育融合，保护并利用水乡环境，设计山、湖、岛、溪、塘等丰富的生态湿地景观，配套篮球场、足球场、羽毛球场、健身步道等。形成200多亩湖面，配置200多种植物，构建了传统岭南水乡生态湿地景观。公园已于2016年10月22日建成并对外开放，2017年结合产业特色打造为第三届灯光文化节主场地，文化节期间共吸引游客一百多万人次。而作为古镇主要的水脉，中心河两岸生态基底良好但缺乏开发，白玉微瑕，时至今日，随着古镇生态城镇建设的迫切需求，中心河滨河湿地公园提质改造在6月破土动工，绿意盎然、风景如画的中心河滨河湿地公园于2018年初全面完工，又将焕发出新的光彩。

（二）结合新一轮绿化中山大行动，开展三年绿化美化提升大行动。按照"整体布局、全民铺开"的原则，科学统筹、务实推进，实现"一年立竿见影，两年大见成效，三年全面完成"的阶段性目标。城市主干道、一河两岸是古镇重要的窗口地带，为进一步美化市政道路，按照"试点推进、技术推进、社会参与、舆论宣传"的总体思路，在主要道路沿线、公园、河滨（岸）种植红花楹、蓝花楹、宫粉紫荆、黄花风铃木、勒杜鹃等季节性开花植物，使之成林成片成带成规模，以增加绿化带色彩，丰富绿化带层次，赋予特色主题氛围，呈现四季不同景致。通过绿化美化大力开展"五进"工程，推动开花树种进机关、进企业、进村庄、进学校医院、进公园等。每年设立5000万元绿化基金，镇村两级以及社会力量以"认捐、认种、认养"方式共同推进三年绿化城市行动，通过绿化美化，东兴路、中兴路、同兴路、中兴大道北、华兴路、体育路、华庭路等十多条主干道路都各自成为一道具有岭南韵味的绿色风景线。

（三）结合秀美村庄建设，稳步推进农村产业发展和绿色生态。以秀美村庄建设为载体，大力推动乡村"四旁"绿化、街头公园绿化和生态农业示范区高值苗木规模化种植。近年来，冈南、冈东、古一、古二、曹一、海洲等村先后完成村心公园建设，六坊、七坊、古三、曹二、曹三等村相继完成村路两旁绿化建设，2014至2016年，12条村全面通过中山市秀美村庄建设评审验收。此外，以镇南花木基地、龙鳞沙、绿博园三大块农地为基础，建设生态农业示范区，大力推广高值苗木种植，共发展了近500多个苗圃场。

（四）结合全民修身，全民共建共享同植"灯都树"。近年来，在建设生态灯都古镇的过程中，古镇与全民修身行动紧密结合，倡导"树木即树人，绿化即修身"理念，先后开展"生态灯都·绿化家园""全民绿化齐修身·共建和美新古镇"等"认捐、认种、认养"植树活动，广泛发动社会各界人士积极参与绿化行动，共募集绿化资金慈善捐款1000余万元（含捐树折价），用于灯都生态湿地公园的建设。据统计，2017年，古镇全民义务植树折合34万多株，义务植树尽责率为100%。

（五）结合普查工作，有效保护古树名木。为全面摸清和掌握古镇古树名木资源情况，根据《中山市古树名木保护管理规定》，全面开展古树名木资源普查工作。根据调查结果显示，全镇古树名木总数量42棵，古镇针对古树名木及后备古树制订分株养护管理方案，落实养护责任单位、责任人，并每年进行检查指导和备案工作。2017年还组织举办了一系列古树名木普查管护技术培训班，确保古树名木得到有效的保护。

（六）结合日常管护，精细城镇绿化管理。古镇镇切实做好中心城区绿化管理，成立市政环境管理中心，每年安排财政预算，统筹负责公共绿地及环境绿化的建设与管理；严把绿化的行政审批关，重视树木修剪工作，印发《中山市城乡绿化管护指引》，组织召开各村园林绿化管理工作会议，深入探讨绿化树木修剪问题并提出改进工作的意见和建议，提高了建成区绿化养护管理质量，达到了增绿添绿的效果。

知识产权快速维权成效显著，中山快维经验全国推广

古镇灯饰产业高度聚集，产品重在外观创新，更新换代速度快，知识产权"快保护"成为行业的强烈呼声。围绕灯饰产业集群发展需求，各级管理部门简政放权，构建专利案件的行业调解、行政处理、司法审判一站式的快速保护机制，形成了知识产权保护快速维权、快速授权、快速协调的"中山古镇模式"，更好地维护知识产权权利人权益，以改革之力破解维权难题、支撑创新发展。

一、精准发力"快保护"，探索建立快速维权机制

（一）建立专利的快速维权通道，快速解决

灯饰领域的维权案件。

为满足灯饰企业快速维权需求，在简政强镇事权改革的背景下，中山市知识产权局将灯饰领域的专利行政执法权委托古镇政府行使。由此，中山市将专利行政执法的维权保护网络覆盖到古镇基层。中心严格按照专利行政执法办案流程，提高各环节办案效率，实现专利侵权纠纷案件从立案受理、调查取证、举证答辩到调解或移送司法1个月内结案，解决行业的维权难题，提高维权效率。由于古镇灯饰行业的集聚性，古镇镇因地制宜，采取调解优先的结案方式，尽量将矛盾纠纷化解在调解之中。对调解不成的案件，依法作出行政处理决定，或者经由广州知识产权法院中山诉讼服务处现场立案，走司法程序，有效地将专利行政执法与司法诉讼紧密衔接起来。行政执法和司法审判均设在产业聚集区的"家门口"，知识产权执法维权效率的大幅提升，使得灯饰行业企业实现了从投诉无门到选择积极维权的转变。

（二）建立专利申请快速授权通道，使灯饰领域的专利申请审批速度与灯饰研发上市周期同步。

国家局委托中山快维中心对灯饰类外观设计专利申请进行预审查，在全国首创与外观设计相匹配的专利快速授权机制，率先面向灯饰产业开通外观设计专利快速授权通道，使灯饰类外观设计专利申请10个工作日内即可获得授权，实现快速授权服务与企业创新同步，确保服务跟上企业创新发展速度。2017年全年，进入快速申请通道的灯饰类外观设计共4932件，授权4924件。

（三）建立知识产权保护快速协调通道，构建知识产权大保护格局。

中心整合司法、海关、公安等各方面资源，形成了司法保护、行政保护、调解仲裁、社会监督"四轮驱动"的知识产权大保护工作格局：一是敢于先行先试，创新执法、司法衔接与协作。

建立了全省首个远程知识产权诉讼服务处——广州知识产权法院中山诉讼服务处，实现远程立案、开庭审理、调解、司法确认等功能，并实行证据互认和纠纷调解前行，强化行政执法与司法保护的有机衔接。二是构建知识产权多元化调解机制，中国广州仲裁委员会中山分会在古镇设立了商事调解中心、广州知识产权法院委托中山知识产权人民调解委员会进行审前调解，有效地发挥调解、仲裁的积极作用（2017年全年，中山服务处已完成远程立案116宗，证据移送法院81宗，司法确认73宗）。三是设立中山海关知识产权保护工作室，加强日常执法与边境保护的对接，实现执法互助、信息互通、培训互享。四是成立了打击知识产权犯罪侦查中队，加强了行政执法与刑事司法的衔接，实现立案协助、调查取证、证据互认、协助执行、应急联动工作机制。中心整合各方面资源，形成知识产权保护的合力和齐抓共管的工作局面。

二、大力推行"严保护"，为企业创新创造保驾护航

在"快保护"的基础上，古镇镇实施严格的知识产权保护，构建知识产权保护长效机制，主要采取以下措施：一是日常执法与专项执法行动相结合，联合公安、工商等部门开展联合执法。二是在省知识产权局的带领下，建立灯饰产业跨区域知识产权保护协作机制，打破地方保护主义，建立了江门、中山、佛山、顺德三市一区的跨区域知识产权保护协作机制。三是建立全国灯饰行业侵权判定咨询服务，规范专利侵权判定咨询活动，维护当事人的合法权益。四是规范执法工作流程管理，规范了案件立案、调查、口审、结案、送达、案卷归档等处理程序，做到严格把控时间节点，确保快速高效结案，保障依法行政和高效开展维权服务。五是抓执法调查过程，要求执法人员做到执法送达程序与案件调查同时进行，要求执法人员必须熟悉涉案专利技术方案并能在调查现场进行准确无误的检查与拍照。六是抓执法队伍建设。知识产权保护工作需要专业人才，中心注重人才引进和培养，鼓励与支持在职人员加强法律和专业学习，提升专业能力。七是将专利保护向基层、展会和电商领域延伸。积极做好专业市场的知识产权保护工作，规范商户诚信经营；进驻中国·古镇国际灯饰博览会开展执法维权工作，维护展会正常交易秩序；建立灯饰行业电子商务领域的知识产权快速维权机制，与6家电商平台签订电商快速维权合作协议，规范电商交易秩序。

通过实施严格的知识产权保护，知识产权保护力度得到大大加强。一个地区专利侵权办案数量的增加，也正好说明当地知识产权保护力度的加强、企业维权意识的不断提升。2011年至2016年，中山中心共调处专利侵权纠纷案件1811宗，专利侵权纠纷案件量连续多年位居广东省第一位。2017年，专利行政执法办案728宗（其中：假冒专利案件11宗，专利侵权纠纷案件538宗，展会案件51宗，电子商务领域案件128宗）。中山古镇的专利申请量也从2011年底的2553件，增加到2017年底达到11019件，每年均保持两位数的增长率。企业从过去的不愿维权、不敢公开创新技术，到当前的主动维权、主动公开专利技术，以寻求更多知识产权合作交流。因为有严格的知识产权保护环境作为企业创新发展的"靠山"，企业才有底气、有信心去实践创新创造，提升专利质量，

也更有勇气走出国门，开拓海外市场。在米兰设计周活动中，古镇的灯饰企业集体亮相，打造"中国灯饰智造"品牌，实现灯饰产业专利技术的运营交易，将古镇灯饰产业的创新创造推向新的高峰。

三、完善知识产权公共服务体系，优化知识产权公共服务供给

在搭建知识产权快速保护机制的基础上，中山快维进一步完善知识产权公共服务体系，利用"中国外观设计专利智能检索系统"，为灯饰企业免费提供外观设计专利智能检索服务、专利审查费用及法律状态等信息查询服务；组建知识产权维权援助专家库，以"智力援助为主，资金援助为辅"提供维权援助服务。一站式的知识产权综合服务，为企业开展知识产权创造、运用、保护、管理等方面的工作带来了极大便利。

四、厚植知识产权保护沃土，塑造良好营商环境

中心充分利用报刊、电视台、微信等媒体宣传平台，多渠道、广泛性、生动化地开展宣传，抓住每年"3·15""4·26"等节日的契机举办知识产权宣传活动周，围绕特定的主题进行宣传；针对各类人群开展知识产权培训。努力提高全社会的知识产权意识，营造良好的社会氛围。

经过六年多的探索与实践，快速维权中心打造"严保护、大保护、快保护"的知识产权保护模式初见成效，极大地保障知识产权人的合法权益、激发企业创新热情。

古镇镇建设灯饰产业综合性生产服务业集聚区

古镇是闻名中外的"中国灯饰之都"，经过30多年的发展，已建成灯饰产业综合性生产服务业集聚区。多年来，古镇大力实施创新驱动发展战略，以产业创新主题主线为指引，灯饰特色产业集聚发展优势不断巩固，产业链和创新链深化融合，产业创新升级动力进一步增强，形成产城融合的发展格局。

一、灯饰产业优势不断增强，辐射带动效应不断凸显

经过多年的发展，古镇成为中国灯饰产业集群的发源地和区域中心。灯饰销量占据国内灯饰市场70%以上份额，产品出口到130多个国家和地区，形成了以古镇镇为核心三市十一镇的千亿灯饰产业集群。

二、产业链和创新链深度融合，建立产业创新发展新优势

古镇灯饰产业整体实现从技术引进到技术自主创新与突破的转型，灯饰产业链完成从传统白炽灯饰制造加工到通过嵌入LED新兴产业环节，形成LED灯饰照明新兴产业链的升级转化。灯饰产业链条已纵横延伸到创意设计、销售平台、配套服务以及产业文化等各领域，实现从传统灯饰产业链到现代照明产业链的升级跨越。古镇成为全球灯饰科技研发创新基地、高端设计制造及展销基地、灯饰潮流趋势发布基地和灯光文化艺术展示基地。

三、建立全球最具活力的灯饰创新体系，品牌效应和创新设计引领全国灯饰行业发展

古镇镇设立中国中山（灯饰）知识产权快速维权中心、雷士灯饰全球设计中心、国家灯具检测实验室、古镇镇外贸促进服务平台、LED灯具质量管理服务协同创新中心等多个公共服务实体，拥有省市级工程技术研发中心18家。产业各环节的创新平台和中心能够提供全产业链创新服务，服务覆盖古镇产业集群，辐射珠三角灯饰产业链上下游近5000家企业。经过近30年的积累发展，形成了华艺、欧普、琪朗、两益、胜球等一批竞争力较强、出口超亿元的自主品牌。目前古镇拥有中国驰名商标3个，广东省名牌产品7个，广东省著名商标11个，截至2015年全镇企业名牌名标总量达到21家。在品牌发展的同时，古镇大力实施"质量强镇"工程。继续加大力度查处制假售假行为，维护市场经济秩序。

四、产业转型升级取得新成效，形成强势的区域品牌影响力

灯饰特色产业已经发展为灯饰创意经济，形成"研发→创新智力成果确权（专利授权、商标注册）→知识产权转化→利润增长→商标品牌驰名度增加"的良性循环。2017年全镇专利申请量和授权量分别达11019件和8862件，率先实现"万件专利镇"的目标，连续六年位列全市第一位。"古镇灯饰"区域品牌影响力持续提升，成为全国首批"区域品牌建设试点"之一。先后获"国家火炬计划照明器材设计与制造产业基地""国家新型工业化产业示范基地""国家外贸转型升级专业型示范基地""广东省半导体照明产业基地""中国特色小镇""广东省森林小镇""中国轻工业特色区域和产业集群创新升级示范区"。等一系列荣誉称号。

五、产城互动融合进一步深化，开辟产业转

型升级新空间

古镇坚持以产兴城、依城促产发展理念，依托城市综合体，打造形成产业服务聚集区，推动产业载体从"十里灯饰街"向"巨型商业MALL"林立的格局转变。突出岭南风格和灯饰夜景，运用LED技术打造灯光文化节，促进灯饰产业链条延伸。古镇灯文化博物馆及众多卖场成为国家A级景区，形成"产、城、人、文"发展的新格局。建成3000平方米电子商务产业园区，配套6万平方米的快递（仓储）物流园区。建设灯饰品牌网上旗舰店，实现灯饰全国线上营销平台的连锁化和规模化。

古镇镇社会善治的实践与创新

改革开放30多年来，古镇镇在经济上创造了一个超1000亿产值的灯饰产业集群，走出了一条颇具特色的产业发展之路；在社会建设方面也摸索出了属于自己的独特之路，基本形成人民安居乐业的社会状态。镇党委和政府从社会基础、社会管理、社会自治三个维度不断夯实社会治理体系建设。尤其是近十年来，不断推进强有力的民生保障，实施适度普惠型社会福利制度，基本实现人有其业、住有所居、民有其乐、劳有所得、学有所教、病有所医、老有所养、困有所助、需有所应，群众生活富裕美满。同时，重视社会治理，推动源头治理、精细治理和共建共享，促进社会矛盾和社会冲突的有效化解，调整社会人际关系，凝结社会力量，提振社会信心，在经济下行压力下使整个社会形成一种共同努力、积极向上的社会情绪，党委和政府的重大决策得到民众的大力拥护和支持。

（一）建立智库，从战略到策略、从政策制定和制度设计上让古镇社会建设更具前瞻性和可操作性。

2015年，镇党委和政府进一步从民生保障和社会治理两个方面加大社会建设的力度，成立古镇镇社会建设咨询委员会，投入2000多万元，建设古镇镇全民公益园，从发挥各级党组织领导核心作用、基层政府机构主导作用、基层群众性自治组织基础作用、社会力量协同作用等四个方面，全面推动社会治理体系的规划与建设。2017年，古镇镇与民政部主管、中国社会工作联合会主办的《社会与公益》杂志社合作，建立"中国社会公益案例研究基地"，宣传古镇社会治理成果，链接国家级平台资源和专家资源，对古镇社会治理工作进行研究、总结、指导和支持。

2016年，咨询委员会的课题组提出古镇社会建设"以人民为本"的指导方针，"在地化"实施"接地气"社会政策的建设思路，在社会基础、社会管理、社会自治三个维度拓宽社会工作的路径，提高实现社会治理创新的认识，开阔了视野，打开了思路。

在此基础上，针对一直以来注重自上而下、过于注重行政手段的政府治理，古镇镇提出了"大社工"社会治理的工作理念，切实转变观念、改变方法，加强源头治理、系统治理、综合治理、精准治理。

把社会治理体系建设落实到"GCP"模式，是深化社会治理，完善社区治理，实施精细化、精准化社会治理的创新举措。这个模式，就是"党委引导（Guidance）、社会协同（Coordination）、公众参与（Participation）"。具体地说，GCP 模式是以党委为坚强核心，引导社会治理创新；政府与社会进行协同治理，构建平台化的治理服务机制；公众通过平台化的机制可以有效、有序地参与社会治理创新。我们把 GCP 模式具体为七大工作平台，以党建平台为核心，统筹六大平台的总体方向，形成 1+6 的平台布局体系，推动基层的治理。

（二）推行适度普惠型社会福利制度，加强公共服务供给，完善社会保障体系，奠定社会和谐善治的基础。

在多年的实践中，古镇镇已逐步建立起适度普惠型民生保障体系，比如实施"一免两保"（15年义务教育和保障基本生活、保障门诊统筹）；实现有就业意愿的有一份工作、每人有一份社保、每人有一份医保的"三个一"工程；开展助居、助业、助残、助医、助学的社会保障及社会福利"五助"工程。尤其是"助居"工程，古镇镇"助居"工作的内容和意义，已经远远超越了国家在住房救助方面的基本政策。它的出资方式，叫"五个一点"，即镇财政、镇慈善会各资助20%，村集体、村互助会各借20%，家庭自出20%。这是政府、社会、家庭、个人共同承担责任的福利思想；同时，家居改造与生计发展紧密结合，对房屋的改造，实行经营或出租与自住相结合，既改变居住条件，又实现可持续的自我发展。

（三）以国民教育和全民修身为抓手，深化公民素质教育，持之以恒地推进人的现代化。

在适度普惠型社会福利制度中，值得一提的是古镇镇覆盖幼儿园至高中的"十五年义务教育"，它属省内首创。古镇建成中山市首个义务教育发展均衡镇。古镇镇的义务教育比较充分地体现了基本公共服务均等化。通过积分制，外来子女入读公办学校占了52.3%；对于户籍困难家庭学生，资助的范围已经兼顾教育和生活，延伸到学期间的个人生活保障。2013年出台《古镇镇户籍家庭困难学生就读大学、高中、幼儿园期间补助暂行办法》，使困难家庭学生，从大学到幼儿园均享受学杂费、生活费补贴，力求保障困难家庭的孩子有健康的生活环境和无压力的学习成长环境。目前，古镇镇正在规划加大教育投入，以社会化的方式，增加公共教育服务供给，进一步夯实基础教育。

2011年，镇政府以购买服务的方式与中山大学合作举办公办民助的社区学院，打造群众终身学习平台，面向全民开放办学，不限户籍、不论学历，免费入学。目前，社区学院在海洲村开设了分院，在12个村都设有教育站，送教到村、部门和企业，实现终身教育全地域覆盖。古镇文化中心作为文化建设的枢纽平台，大力加强文化体育协会组织和团体的建设，建有戏曲协会等20多个文艺团体和十几个体育团体。另外建有体育馆、体育广场（各村均建有）等一批文化体育设施。镇村两级一大批文化体育设施，为群众提高文化素质和身体素质提供了优质阵地，使民有所乐，乐有所在，方便其养成健康的生活方式。

"博爱、创新、包容、和谐"的新时期中山人精神，是推进人的现代化的重要内容，是铸造城市精神的落脚点。其中，以古镇镇慈善会为龙头的镇村两级慈善网络机构，以及20多家异地商会，是社会力量参与社会治理的生力军。

慈善会已举办了7年的"慈善万人行"活动，打造了古镇慈善文化的亮丽名片。"慈善万人行"活动成为输送慈善服务的枢纽、新老古镇人参与慈善公益的载体平台。7年来，慈善会已筹善款近1.2亿元，帮扶近6000人次，各村"扶贫助学"基金目前储备基金也超5000万。2016年，灯都生态湿地公园开始建设，并作为灯光文化节主会场正式投入使用。公园占地1020亩。在镇慈善会的倡导下，社会各界积极参与到公园绿树认捐、认种、认养活动中来，共募集资金3559万元，为公园添种菩提榕、细叶榕、香樟、秋枫、仁面等，提升了公园整体绿化景观档次。通过大力开发社会资源，促进慈善事业持续健康发展，其中更闪耀出一批批乐善好施的优秀企业以及众多乐善好施的先进个人。

在镇党委和政府的推动下，慈善会2017年又有新举措，加入旨在培育社区社会组织与公益服务人才的"善治灯都"公益创投和公益文化比赛活动，发动全镇25个职能部门、13个村（居）和7个社会组织约200位组织骨干积极参与。慈善会已成为一个真正意义上的枢纽型社会组织。

古镇镇共有异地商会20多个。这些商会参与到社会治理中来，是社会治理的一大亮点和优势。他们带领各家企业，建立商协联盟，凝结力量，为古镇镇经济建设和社会事业助力；举办"五人龙舟赛""慈善万人行"等慈善活动；服务企业和员工；成立调解委员会；开展诚信建设，为古镇经济建设、社会和谐、人民幸福作出积极贡献。

（四）实现党组织领导、政府治理与社区自治协同治理，建立以政府治理为主，社会力量协同配合的立体化体系。

古镇镇的治理工作，重点在社区，难点、弱项也在社区。近几年，镇党委政府对社区治理高度重视，依托科技手段全面布局，大力投入基础设施建设，基层公共服务设施、社区综合服务设施、社会治安综合治理设施等点、线、面相互配合、协同合作的立体网络，与党政组织、村（居）自治组织、社区社会组织、商协会等多元主体，通过"平台化"渠道，共同组成完善的社区治理体系，大幅度提高了法治水平和自治能力。

基层公共服务设施包括遍布全镇、建在家门口的13个"社区服务中心"以及8个服务站。全民公益园的建设，大大丰富了古镇社会服务的领域和内容，尤其是非基本公共服务，针对特殊人群、困难人群、困境人群、特定人群，在补短板、强弱项方面发挥了积极的作用；与此同时，在社会服务规划、社会服务政策、社会服务项目的研究与开发方面，社会动员、培育社会力量方面的作用日益凸显。

社会治安综合治理设施是公共管理、公共安全与社区自治的重要载体，古镇镇以"细胞""天网""地网"为核心的体系建设，规划完整、层次鲜明、功能完善、协同顺畅。一是"家庭平安细胞"建设，针对出租屋众多，非户籍人口数量庞大且流动性大的特点，全镇近1000间出租屋安装了信息化门禁系统；二是投入近4000万元推进高清视频监控系统建设，安装近5000套摄录一体机，通过提高治安技防能力构筑了一张"天网"；三是网格化服务管理系统的"地网"建设。古镇镇认为网格化服务管理是群众性自治组织带动社会力量依法依规协商治理，解决社会难题的机制平台，是一个自治平台。据统计，自开展网格化工作至今，全镇各级网格员共处理各项事项45265宗，其中自报自理案件44670宗，化解率占总数的98.69%，上报指挥中心协调处理595宗，占总数的1.31%。社区网格员在收集社情民意、开展便民服务、化解社会矛盾、推动平安建设、促进社会和谐稳定等方面，越来越发挥着极其重要的作用。

2017年古镇之最

BEST IN GUZHEN IN 2017

1月4日，由中国照明电器协会、广东省社会科学院和古镇镇人民政府联合主办的首届中国灯饰之都百强企业评选活动启动。镇党委副书记、镇长匡志与中国照协执行理事长刘升平、广东社科院副院长赵细康一起签订了"中国灯饰之都百强企业"评选合作协议。

1月15日，古镇镇冈南村荣登住房和城乡建设部发布的第一批绿色村庄名单。

1月17日上午，古镇镇曹步市场被评为中山市食品安全管理示范市场，这也是古镇镇首个获此殊荣的市场。

4月23日上午，首届古镇半程马拉松公开赛在古镇人民广场开跑。比赛吸引了来自全国各地超过3500名跑者参加。经过激烈的角逐，来自深圳的跑者孙志强以1小时9分钟33秒的成绩获得半程马拉松男子组冠军，张晓娟以1小时27分钟19秒的成绩获得女子组冠军。

5月13日，古镇籍运动员苏炳添在2017国际田联钻石联赛上海站男子100米比赛中，以10秒09的成绩夺冠，成为第一个在钻石联赛百米大战中夺冠的中国飞人。7月22日，国际田联钻石联赛摩纳哥站的男子4×100米接力中，苏炳添与吴智强、谢震业和张培萌组队，代表中国队战胜美国和加拿大等队，以38秒19的成绩获得冠军。9月7日，在天津全运会田径比赛中，苏炳添与吴智强、谢震业、张培萌组队，以38秒16的成绩获得男子4×100米冠军。

6月22日，广东莱亚智能光电股份公司成功登陆新三板，成为"古镇照明第一股"。

8月3日，古镇镇在政府412会议室举办《中山市古镇镇志》首发仪式。省方志办方志资源开发处处长方广生，市档案局局长、方志办主任陈岚，镇党政领导刘建辉、林少杰、钟季媛以及镇编委会成员代表，各村（居）、机关各办负责人，各中小学、商会、社团代表等100多人见证镇志首发。这是古镇镇首本镇志。

8月30日，古镇利和广场购物中心中山博纳国际影城举行古镇首块IMAX挂幕仪式。

9月22日，广东省龙泉博物馆中山城区分馆揭幕暨古龙轩藏品录《美瓷如月》首发仪式在中山市工人文化宫举行。这是龙泉博物馆在市区的第一家分馆。

9月28日，华艺广场举行五星信用保证启动发布会，率先在古镇乃至全国的灯饰专业卖场提出"五星信用保证体系"。

9月29日至10月2日，2017中山首届名龟文化科普展在古镇南方绿博园名龟广场举行。

10月27日，古镇镇启动精神卫生个案管理，创新建立古镇镇首个个案管理服务中心，为精神病患者提供优质服务。

12月31日，古镇镇首次举行"慈善跨年晚会"。晚会通过现场连线，在中央电视台财经频道2017—2018年度的特别直播节目《新年新世界》中播出。这是古镇镇第一次通过中央电视台向全国人民展示中国灯饰之都的灯饰文化及六坊云龙、焰火等传统文化。

2017年，古镇镇专利申请量和授权量分别达11019件和8862件，连续6年位列中山市第一位，提前实现首个万件外观设计专利强镇的目标。

2017年古镇大事记

CHRONICLE OF EVENTS IN GUZHEN IN 2017

1月

1月1日，古镇镇举行以"绿色生态，共建共享——为共筑绿色生态家园筹款"为主题的"古镇镇2017年慈善万人行活动"。来自机关、职能部门、事业单位、村（居）、学校、企业、社会团体、民间组织等近万人参加活动。刘建辉、匡志、袁松华、苏玉山、林少杰等全体党政领导参加了万人行活动。

1月2日，来自澳大利亚，中国香港、广州、珠海、番禺的太极拳爱好者齐聚古镇镇，共同见证古镇太极拳协会成立。镇党委副书记苏玉山出席成立仪式。

1月3日至3月20日，古镇镇开展第三次全国农业普查。

1月5日，由古镇镇社工委和《社会与公益》杂志社共同设立的"中国社会公益案例研究基地"在古镇全民公益园挂牌。镇党政领导苏玉山、王平、周锦添、杨荣超出席活动。

1月9日，在中山市举行的2016中山新媒体影响力年度盛典上，"灯都古镇"微信公众号荣获"2016年度中山十大最具影响力政务微信"称号。

1月10日，古镇镇召开2017年春运工作会议，镇党委委员、副镇长王平与村（居）委会、客运企业代表签订春运安全责任书。

1月10日起，古镇镇陆续投放纯电动公共汽车以逐步替代原有车辆。投放纯电动公共汽车是古镇镇2017年十大民生实事之一。

1月18日，古镇镇第十六届人民代表大会第二次会议在镇政府会议中心召开。出席本次会议的应到代表81名，实到代表70名。镇党政领导刘建辉、匡志、袁松华、苏玉山、林少杰等大会主席团成员在主席台就座。会议审议了古镇镇2016年预算执行情况和2017年预算草案的报告，并进行了民主测评。

1月18日，古镇镇公安分局举行2016年总结大会。镇党委书记刘建辉，市禁毒委副主任、禁毒办主任、市公安局党委委员周平卫，镇党委副书记林少杰参加总结大会。

1月19日，古镇镇召开村（居）党组织书记抓基层党建工作述职评议工作会议，全体留家党政领导出席了会议。古镇镇13个村（居）党组织书记就基层组织建设、综治调解、计划生育、民生工程等方面的工作落实情况做了具体汇报，并提出了下一阶段的工作计划。

1月20日，古镇镇全体党政领导分组走访慰问低保户、烈属、在乡五老人员、在乡复员军人等15户慰问对象，并为镇敬老院的长者送去新年祝福。

2月

2月11日，第30届中山慈善万人行在市体育馆启动。由13个村（居）及机关单位的80名代表组成的古镇代表方阵在副镇长杨荣超带领下参加万人行巡游。

2月15日，由中山市农业局总兽医师苏德鹏带队的市督导组一行到古镇镇开展H7N9禽流感防控工作调研。镇党委委员、副镇长崔超文陪同调研。

2月15日下午，中山市政务办主任陈符英一行到古镇镇考察调研"一门式一网式"政府服务建设情况。副镇长杨荣超陪同调研。

2月15日,古镇镇出台《古镇镇城市综合管理违法行为举报有奖实施方案》,并设立100万举报有奖专项资金(上不封顶)。

2月16日,古镇镇召开2017年纪检监察工作会议,镇党委副书记苏玉山,镇党委委员、纪委书记何新煌,全镇13个村(居)纪检专职副书记、纪检委员,教育指导中心、古镇医院和两新组织纪委参加会议。

2月21日,古镇镇2017年春运工作圆满落幕。春运期间,古镇镇共发送旅客126572人次,同比增加3.73%。

2月22日,江西省新干县驻中山古镇工会委员会正式成立。镇党委委员钟季媛和新干县人大常委会副主任、县总工会主席杨干保为江西省新干县驻中山古镇工会委员会揭牌。

2月28日,中国灯都商协会联盟会长春茗座谈会暨中山市照明电器行业协会、古镇镇工商联(商会)2017年第一季度会长、主席工作会议在灯饰大厦召开。镇党政领导苏玉山、陆振坚、杨荣超出席会议。

3 月

3月1日,广东省地方志办党组书记陈华康一行到古镇镇开展地方志工作督查调研,重点督办自然村落历史人文普查工作。陈华康一行在镇党委副书记林少杰的陪同下首先到灯文化博物馆详细了解灯饰文化的历史演变过程,随后到古一村苏氏祖祠进行参观调研。

3月2日,中山市民政局代表到古镇镇探望部分重点优抚对象、在乡复员军人和烈属代表,副镇长杨荣超和镇社会事务局相关代表一同前往。

3月3日,古镇镇党委书记刘建辉带队赴大涌镇红博城参观学习。镇党政领导匡志、袁松华、苏玉山、林沃明、王平、钟季媛、陆振坚等参加活动。

3月6日,古镇镇党委书记刘建辉应邀到人民网人民电视"两会访谈室",向全国网民分享古镇镇特色小镇建设的经验和计划。

3月7日,由镇妇联举办的"缤纷三八 和谐灯都"古镇镇庆"38"漫步行在人民广场启动,社会各界妇女代表共900人一起漫步健走庆祝第107个国际妇女节。

3月7日,古镇镇司法所联合工会、法制办举行全镇三八节普法讲堂,镇机关单位女职工和各村妇女代表参加活动。

3月9日,中山市基层公共服务综合平台建设工作验收组成员到古镇镇检查村一级公共服务平台标准化建设情况。

3月9日,古镇镇召开第19届中国·古镇国际灯饰博览会(春季展)暨2017古镇制造及商贸展主委会工作会议,为即将到来的灯博会做进一步的统筹。镇党委书记刘建辉、镇人大主席袁松华出席会议。

3月10日,古镇镇召开2017年古镇经济工作会议,全面分析古镇镇2017年经济形势,同时对古镇镇上市企业和优秀企业进行颁奖。全体留家党政领导,各单位、部门主要负责人,各村(居)主要负责人,各商会、协会会长及秘书长,企业代表约230人参加会议。

3月17日，世界知识产权组织中国办事处、中山市知识产权局在古镇镇举办"WIPO知识产权服务体系有效运用高级研修班"。镇党政领导匡志、陆振坚出席活动。

3月17日，广州知识产权法院中山诉讼服务处功能升级优化新闻发布会暨知识产权案例研讨会在古镇镇举办。镇党委副书记、镇长匡志，镇党委副书记林少杰，镇党委委员周锦添出席会议。

3月17日，由中山市科技局、古镇镇生产力促进中心主办的"创意点亮生活 创新成就未来"论坛在华艺广场拉开序幕，来自陶瓷传统制作技艺、3D打印、色彩设计等领域的艺术设计大师齐聚论坛。

3月18日，以"灯饰源产地，服务全球60亿人"为主题的第19届中国·古镇国际灯饰博览会在灯都古镇会议展览中心隆重开幕。世界知识产权组织中国办事处副主任吕国良，中山市委副书记、政法书记雷彪，中国照明电器协会执行理事长刘升平等领导嘉宾出席开幕式。开幕式上，还举行了2017中国国际照明灯具设计大赛启动仪式、中国灯饰之都百强企业颁奖仪式、中国·古镇国际灯饰博览会网上展会（阿里巴巴国际站）上线仪式、中国·古镇国际灯饰博览会海外资源合作文本交换仪式、中国灯都海外展览中心（巴西）签约文本交换仪式和2017古镇制造及商贸展分会场授牌仪式。

3月18日，2017年中国照明灯具专委会会议暨灯具设计研讨会在灯都古镇会议展览中心举行，同时2017中国国际照明灯具设计大赛也正式启动，并将在全球范围内宣传推广。中国照明电器协会执行理事长刘升平，镇党政领导刘建辉、匡志、陆振坚出席会议。

3月21日，古镇镇春季灯博会一期收官。展会吸引了来自91个国家和地区的专业买家近280000人次。仅主会场登记办理入场的采购商就高达37726人，比增10.35%，其中海外客商1706人，比增7.03%。

3月22日，中山军分区政委瞿建波到古镇镇调研指导基层武装建设工作，镇党委书记刘建辉，党委副书记、镇长匡志及党政领导苏玉山、周锦添陪同调研。

3月25日，国家知识产权局党组成员、机关党委书记肖兴威一行在省市相关领导的陪同下实地考察中国中山（灯饰）知识产权快速维权中心及多家代表性企业。广东省知识产权局局长马宪民、审协广东中心主任曾志华，中山市副市长徐小莉、市知识产权局局长尹明及镇党政领导匡志、陆振坚等陪同调研。

3月28日，古镇镇灯博会二期的制造及商贸展正式开幕。中国照明电器协会理事长陈燕生、镇人大主席袁松华等留家党政领导出席2017古镇制造及商贸展开幕仪式。

3月28日，2017年中山招商引资·招才引智洽谈会暨第四届中山人才节在中山市博览中心举行。古镇镇与广东林安物流集团签约智慧物流特色小镇。镇党政领导刘建辉、匡志、崔超文、陆振坚出席洽谈会。

3月29日，古镇镇党政领导及相关部门负责人与江西赣州照明商会举行面对面座谈会，共同分析当前企业生产中遇到的困难和问题，听取意见建议，深化政企关系，推动古镇经济社会与企业共同发展。

3月29日，古镇镇举行2017制造及商贸展产业对接会。中国照明电器协会理事长陈燕生，镇党委书记刘建辉，党委副书记、镇长匡志，镇人大主席袁松华等领导参加本次对接会。

3月30日，来自北京和江苏的考察代表在市府办副主任周尚谦的陪同下到古镇镇开展产业旅游对接活动。镇党委副书记、镇长匡志，镇党委委员钟季媛接待来宾。

3月31日，2017古镇制造及商贸展（灯博会春季展二期）在灯都古镇会议展览中心完美谢幕。4天展期期间，共迎接11683名观众，其中，海外观众达246人，覆盖工业集群亚洲、非洲、拉丁美洲等。

4月

4月5日，古镇镇党委书记刘建辉会见到古镇考察的新鸿基发展（中国）有限公司广东项目总监李耀棠一行。双方就古镇的产业经济发展和投资环境等进行深入交流。镇党政领导袁松华、陆振坚参加交流活动。

4月6日，古镇镇组织举办扫墓活动，感受革命先烈的崇高和不朽，深切缅怀革命先烈袁世根烈士。镇党政领导匡志、崔超文、周锦添、杨荣超，相关职能部门及各村（居）代表、袁世根生前好友、古镇镇老干部和老战士代表、兄弟镇区老干部和老战士代表、海洲村干部及其他有关人员共100多人参加了扫墓活动。

4月11日，国家知识产权局专利管理司副司长赵梅生在广东省知识产权局副局长谢红的陪同下到古镇镇进行知识产权工作调研，来自中山、东莞、花都、阳江、汕头、潮州等全省6个快速维权中心的代表齐聚古镇镇分享交流经验。

4月12日，古镇镇召开村（居）换届选举工作动员会暨业务培训班。中山市委组织部副部长、市换届选举指导督导组第一组组长李全庆，镇全体党政领导，相关部门、村（居）负责人等参加本次会议。

4月14日，古镇镇召开三防工作会议，检查前期工作并全面部署下一阶段工作。镇党委副书记、镇长匡志，镇党委委员梁俊杰出席会议。

4月16日，由广东省交易团、中山市商务局、古镇镇人民政府主办，广贸天下承办的中山智能家居品牌宣传周启动仪式、古镇灯饰全球采购基地授牌仪式、古镇灯饰国际品牌全球发布活动在广州琶洲展馆举行。中国机电产品进出口商会副会长刘春，广东省商务厅副厅长马桦，中山市商务局局长林伟强，古镇镇党委副书记、镇长匡志，俄罗斯驻穗领事馆领事米特波夫斯基上台共同启动中山智能家居品牌宣传周活动。

4月18日，古镇镇召开深化推进"创文"暨"四看"综合整治工作会议，总结上一阶段工作，部署接下来的创文迎检工作。中山市创建办有关负责人，镇党政领导匡志、王平、钟季媛等全体留家党政领导，各部门负责人、全体机关中层、创文工作联络员，各村（居）相关人员等参加了会议。

4月19日，中山市卫计局在古镇镇开展寨卡病毒病和登革热防控知识培训班，来自各镇区医疗卫生单位共40余人参加此次培训。

4月19日，古镇镇举行以

"加强社会服务能力，提高社会治理水平"为主题的"两代表一委员"履职培训班。

4月20日，古镇灯都生态湿地公园音乐喷泉设计竞赛评审会在古镇镇举行。古镇镇邀请中国照明电器协会理事长刘升平、清华规划设计院总工徐华等五位来自北京、上海、广州的专家对参加评比的三家设计单位的音乐喷泉设计方案进行严格的评审。全体留家党政领导以及镇相关单位负责人参加评审会。经评审，广州市水艺喷泉灌溉园林有限公司得分最高。

4月20日，古镇镇党委中心组召开学习贯彻习近平总书记重要批示精神专题会议，学习贯彻习近平总书记重要批示精神，收看广东省领导干部学习贯彻习近平总书记重要批示精神主题研讨班电视会议，布置全镇党员干部学习贯彻工作。

4月24日，中山市卫计局领导和古镇人民医院院长彭文标一行八人抵达西藏林芝工布江达县。古镇人民医院与西藏林芝工布江达县卫生服务中心签约结成友好合作医院，正式建立医疗卫生对口帮扶关系。

4月27日，住建部村镇建设司副司长卢英方带领的特色小镇培育工作检查组到古镇镇调研，中山市副市长高瑞生，古镇镇党政领导刘建辉、匡志、林少杰、林沃明陪同参观。卢英方一行先后到利和广场、灯都生态湿地公园、灯文化博物馆、中国中山（灯饰）知识产权快速维权中心和星光联盟全球品牌灯饰中心参观考察。

5月

5月3日，中山市委副书记、市长焦兰生，副市长袁永康一行到古镇镇灯都生态湿地公园进行参观调研，全方位了解公园的建设情况。镇党政领导刘建辉、匡志、袁松华、苏玉山、林少杰、林沃明陪同调研。

5月3日，中山市委副书记、市长焦兰生到古镇调研，听取古镇对灯饰产业发展情况的介绍，并与企业代表座谈。副市长袁永康，镇党政领导匡志、袁松华、苏玉山、林少杰出席会议。

5月4日，以"弘扬五四精神，讴歌劳动美"为主题的五四青年文艺比赛在体育馆举办，庆祝中国共青团成立95周年，纪念五四运动98周年，弘扬五四精神，彰显青春风采。

5月8日，广东省档案局局长陈华江到古镇镇考察调研推进档案馆建设工作开展情况，中山市档案局局长陈岚，镇党委领导刘建辉、林少杰陪同调研。陈华江局长对古镇档案馆的建设等方面工作给予肯定。

5月10日，古镇镇在会议中心举办学习贯彻习近平总书记重要批示精神宣讲报告会。袁松华、苏玉山、林少杰、黄胜等镇党政领导、机关党支部党员、机关中层、公务员、各村（居）两委成员等300多人参加会议。宣讲会邀请中国人民大学哲学博士、副教授、中共中山市委党校学术委员会副主任委员刘忠友作《牢记习总书记嘱托　新起点上再创新局——深入学习领会习近平总书记重要批示精神》宣讲报告。

5月11日，中山海关关长黄迁明率队到古镇镇调研，与企业代表展开座谈，对进出口中遇到的难点疑点进行沟通解答。镇党政领导刘建辉、匡志、陆振坚参加调研。

5月16日，由中山市版权局、广东省版权基层工作站（中山古镇）主办，中国中山（灯饰）知识产权快速维权中心、中山市照明电器行业协会、中山市古镇镇商会承办的"2017年版权创意灯饰设计大赛"在华艺广场启动。

5月18日，新华社广东分社副社长赵东辉一行，在中山市委宣传部网信办专职副主任伍学标的陪同下到古镇镇调研。古镇镇党委委员钟季媛接待了调研组一行。

5月18日，古镇镇召开登革热防控工作会议，镇党政领导匡志、崔超文、林沃明以及镇防控工作小组各成员单位参加会议。

5月23日，古镇镇教育事务指导中心与肇庆学院举行的教师发展学校和实习基地挂牌仪式在镇南小学举行，进一步密切古镇镇中小学与高校的联系，加强师资队伍建设、落实课程改革的举措与经验。肇庆学院正式授牌古镇镇曹步中学、镇南小学、曹一小学、曹二小学为肇庆学院教育实习基地，古镇初级中学为教师专业发展学校。

5月25日，海关总署政法司处长黄建华一行到古镇镇作创新发展专题调研。黄建华一行先后走访星光联盟、知识产权快速维权中心等地，实地了解古镇镇的产业特色和创新保护情况。

5月29日，由中山市旅游局、古镇镇人民政府主办的"特色工业游·欢乐中山行——5·19中国旅游日暨中山市工业旅游月启动仪式"在华艺广场举行。中山市政府办公室副主任周尚谦，市旅游局局长何杰斌，镇党政领导林少杰、钟季媛出席活动。中山市旅游协会，古镇镇旅游促进会代表，各旅游相关企业，古镇镇各中小学校，幼儿园，学校家委会等代表以及中山报业集团组织的各镇区的小记者共300多人参加活动。

6月

6月1日，古镇镇召开2017中国灯都（古镇）国际灯光文化节创意灯光设计小品设计大赛新闻发布会，镇党委委员陆振坚出席活动，灯饰企业和商会代表、各村（居）及媒体代表等共100多人参加发布会。

6月13日，古镇镇召开2017年推进质量强镇暨品牌创建动员大会。镇党政领导匡志、崔超文、王平、林沃明、陆振坚、梁俊杰、周锦添等出席，各办、部门负责人，镇质量强镇工作领导小组成员，各村（居）代表以及各商会和企业代表近300人参加会议。

6月14日，古镇镇举行学习贯彻广东省第十二次党代会精神专题讲座暨6月机关学习会，深入学习贯彻习近平总书记对广东工作重要批示精神和省第十二次党代会决策部署。全体党政领导以及政府、村（居）各党支部代表参加学习。

6月14日，广东省国际友城联络人代表团到古镇镇开展调研，亲身体验特色小镇独特的灯饰文化。本次代表团由来自12个国家的14位友好城市代表组成。镇党委委员崔超文陪同参观。

6月17日，"中山—新会两地书画古镇联展活动"在古镇镇龙泉博物馆举行。

6月17日，古镇镇13个村（居）委完成两委换届选举工作。

选出村（居）两委成员共76人，其中男性59人，占78%，女性17人，占22%；大专以上学历49人，占64%；书记村主任一肩挑10人，占13%；交叉任职48人，占63%；新进班子21人，占28%。

6月22日，古镇镇外贸促进服务平台启幕仪式在灯饰大厦举行，中山出入境检验检疫局副局长刘国雄、中山海关驻中山港办事处副处长王昌培、镇党委副书记林少杰等领导以及中山市照明电器行业协会、中山市江西商会、中山市宜宾商会、中山市古镇女企业家协会、古镇各大灯饰照明企业代表们出席活动。

6月22日，古镇镇党委书记刘建辉率领党政领导一行到坦洲镇交流学习，了解坦洲镇农业、工业和第三产业等发展情况，镇党政领导林少杰、何新煌、崔超文、王平、林沃明等参加这次交流学习。

6月27日，古镇镇工会、团委、妇联在古镇体育馆举行职工趣味运动会，全镇共有70支队伍参赛。

6月27—29日，古镇镇专门举办领导干部综合能力提升研修班暨农村"两委"干部培训班。在镇党委委员、副镇长崔超文的领誓下，76名村（居）"两委"班子成员集中宣读当选誓词。镇党委副书记苏玉山为新当选的村（居）"两委"班子成员颁发当选聘书，镇纪委书记何新煌与新一届村（居）"两委"班子成员集体进行廉政谈话，镇党委政府也与各村分批签订党风廉政建设责任书，勉励各村加强党内监督，落实好相关责任。

6月30日，古镇镇召开中山市第五届"博爱100"公益创投暨古镇镇第二届善治灯都创新公益大赛启动大会。

7月

7月5日，共青团古镇镇第十七次代表大会在镇政府会议中心召开，大会应到代表145名，实到会代表132名。大会选举产生共青团古镇镇第十七届委员会委员13名，马梦华当选共青团古镇镇第十七届委员会书记，汪洋、李勇、邓巧玲当选副书记。团市委书记李凯航、镇党委副书记苏玉山、镇党委委员钟季媛出席会议。

7月6日，中国轻工业联合会在安徽滁州召开全国轻工业特色区域和产业集群发展工作会议。古镇镇荣获"中国轻工业特色区域和产业集群升级示范区"称号，镇党委书记刘建辉同志获得"中国轻工业特色区域和产业集群管理与服务先进个人"的荣誉称号。

7月12日，国家知识产权局外观设计审查部部长林笑跃一行到广东调研，实地走访古镇镇中山知识产权快速维权中心，了解古镇镇灯饰发展情况。

7月17日，古镇镇在会议中心召开2017年党代会年会。本次党代会应到代表176人，实际到会156人。镇党委书记刘建辉在大会上作党建工作报告。

7月17日，长春市委市政府政策研究室调研组到古镇镇开展调研，体验特色小镇独特的灯饰文化。

7月20日，由广东省总工会副主席张振彪带队的第四督办组来到古镇镇，就尘肺病防治工作开展调研督查。镇党委委员、副镇长崔超文陪同调研。

7月27日，中山市委副书记、政法委书记雷彪一行到古镇镇开展"党代表统一活动日"活动，同时到利和灯博中心和华艺广场进行走访调研。镇党政领导刘建辉、匡志、苏玉山、何新煌、钟季媛以及古镇镇多名党代表参与活动。

7月28日，团市委书记李凯航一行人来到冈南村开展团组织建设工作调研，镇党委委员钟季媛陪同。

8月

8月3日，中山市委副书记、政法委书记雷彪率队来到古镇镇就土地确权登记工作开展工作情况调研，镇党委书记刘建辉，镇党委副书记、镇长匡志，镇党委委员梁俊杰陪同调研。

8月4日，古镇镇召开2016—2017年度政府质量工作考核会议，镇党政领导匡志、陆振坚出席会议。

8月8日，古镇镇第十八届"体育节"启动。

8月14日，广东省卫计委发布《广东省爱卫会关于开展省级健康城市健康村镇试点工作的通知》。古镇镇为省健康镇（县城）试点、古镇镇的古二村、曹一村入选省健康村（社区）试点。

8月15日，古镇镇召开以"讲政治、强党性、严纪律、守规矩"为主题的纪律教育学习月活动动员会。会议由镇党委委员、纪委书记何新煌主持，镇党政领导刘建辉、袁松华、林少杰、黄胜、崔超文、钟季媛、梁俊杰，机关全体党员干部及各村（居）"两委"成员共200多人参加会议。

8月18日，古镇人民医院名老中医传承工作室升级为国医大师韦贵康学术传承研究室。在国医大师韦贵康，镇党政领导刘建辉、崔超文，市卫计局副局长伍中庆等领导嘉宾的见证下，国医大师韦贵康学术传承研究室中山古镇站揭牌成立。

8月18日，"产业整合世界，灯都点亮全球"2017全球灯饰照明产业高峰论坛暨《古镇灯饰报》十五周年庆典在星光联盟举行。中国照明学会秘书长窦林平、镇人大主席袁松华、镇党委委员陆振坚及国内外嘉宾近千人出席活动。

8月21—22日，来自北京大学、中国人民大学、国家行政学院、北京师范大学等著名院校的众多专家学者以及特色小镇的代表相聚在国家首批特色小镇之一的中国灯饰之都——古镇镇，参加2017年中国特色小镇社会善治（中山古镇）研讨会，共同研究特色小镇的社会治理。中山市委副书记、政法委书记、社工委主任雷彪，镇党政领导刘建辉、匡志等出席会议。

8月25日，古镇镇召开村（居）妇女代表会改建妇联工作动员会，全面推进村（居）妇代会改建妇联工作，定于2017年10月底前完成各村（居）妇代会改建妇联工作。

8月28日，古镇镇召开第十六届人民代表大会第三次会议。70名镇人大代表出席会议，镇党政领导班子成员、村（社区）及部门负责人列席会议。

8月28日，在天津召开的全国群众体育先进及体育系统先进表彰大会上，古镇镇荣获2013—2016年度"全国群众体育先进单位"荣誉称号。

8月29日，广东省发展改革委公布广东特色小镇创建工作示范点名单，古镇灯饰小镇成功入选。

9月

9月1日，中山市委书记陈旭东到古镇镇调研，深入了解"灯饰特色小镇建设"以及"知识产权强镇"方面的相关工作情况。市政协副主席、市委秘书长李长春，镇党委书记刘建辉，镇党委副书记、镇长匡志陪同调研。

9月5日，二级综合医院评审组的领导专家来到古镇人民医院，对该院二级综合医院复审工作进行评审，镇党委委员、副镇长崔超文出席现场评审会。

9月6日，中山市副市长徐小莉，市政协副主席、市教体局副局长周信一行到古镇高级中学慰问教师并调研教育工作，镇党委书记刘建辉陪同。

9月8日，古镇镇在政府会议中心举行欢送优秀青年光荣应征入伍大会。28名入伍新兵将分赴广东湛江和黑龙江服役。镇党政领导刘建辉、匡志、苏玉山、崔超文、周锦添出席欢送大会。

9月8日，商务部外贸司陈宗伟处长以及商务厅副厅长马桦一行到古镇镇调研市场采购贸易试点工作，中山市副市长雷岳龙及镇党委副书记林少杰、镇党委委员钟季媛陪同调研。调研组一行分别考察了华艺广场和星光联盟。随后，调研组一行在镇政府召开试点工作汇报会。镇党委副书记、镇长匡志参加汇报会。

9月8日，古镇镇在镇政府会议中心召开庆祝2017年教师节暨优秀教师表彰大会。镇党政领导刘建辉、崔超文、钟季媛出席，来自镇相关职能部门、村（居）和教师战线共300多名代表参加会议。

9月9—10日，（澳门）中国灯都古镇镇同乡会的上千名乡贤在古镇举办"灯都迎乡亲，燃亮家乡情"2017年澳门乡亲千人游灯都活动。中山市统战部副部长郑向荣，镇党政领导林少杰、钟季媛、杨荣超以及中国灯都古镇镇同乡会会长、理、监事长出席活动。

9月11日，古镇镇举行古镇灯饰品牌联盟筹备会。中国照明电器协会执行理事长刘升平、镇党委委员陆振坚、镇经信局以及企业代表出席会议。

9月11日，第二市区检察院检察长潘雪亮一行到古镇镇开展调研，并深入六坊村召开座谈会，为村集体的发展出谋划策。镇党政领导刘建辉、崔超文陪同调研。

9月13日，古镇镇社会事务局联合武装部、组织办、人社分局等相关部门召开2017年退役士兵座谈会。镇党委委员、武装部部长周锦添，副镇长杨荣超出席会议。

9月14日，由中山市妇联主办，广东省妇女维权与信息服务站（中山站）、中山市妇联"妇女民生直通车"项目组、古镇镇妇联协办的"学法修身齐家 共建平安家庭"2017年中山市妇女普法义演在古镇全民公益园舞台举行。

9月18日上午10点，古镇镇开展防空警报试鸣活动。防空警报鸣放按照预先警报、空袭警报、解除警报的顺序进行，每种警报鸣放时间3分钟。

9月19日，佛山市顺德区北滘镇党委副书记何广辉一行到古镇镇就社会治理方面的内容进行参观交流。镇党委副书记苏玉山出席座谈交流。镇党委委员梁俊杰、周锦添陪同参观，走访古二村、全民公益园和星光联盟。

9月22日，古镇镇在镇政府会议中心举行2017年中山市社会科学学术年会"创新发展与传统产业转型升级"专场会议。广东省社科联专职副主席林有能，中山市职业技术学院党委副书记、市社科联兼职副主席李懋，古镇镇党委书记刘建辉、镇党委副书记苏玉山、镇党委委员陆振坚、镇党委委员钟季媛及各职能部门代表出席会议。

9月26日，2017年中山市西北部组团招商引资洽谈会在古镇国宴饭店召开，活动由中山市西北部组团管理委员会主办，主题是"产业集聚共创西北"。中山市副市长、西北组团管委会主任袁永康，西北组团管委会成员单位代表（包括市发改局、商务局、经信局、交通局、规划局、国土局、环保局）、西北组团七个镇区的领导以及客商代表、媒体代表等出席会议。

9月30日，广东省林业厅公布首批38个"广东省森林小镇"，古镇镇榜上有名。

9月29日—10月5日，2017年广东省盆景协会成立30周年会员作品展于新落成的"中国灯都盆景园"举办，同期举办的还有中国盆景艺术大师广东岭南盆景艺术大师广东岭南盆景艺术家精品展，共有900多盆精品盆景参展。镇党政领导刘建辉、袁松华、梁俊杰以及来自省市的嘉宾一同剪彩。

10月

10月16日，深圳市档案局局长张晋周一行在中山市档案局局长陈岚、古镇镇党委委员梁俊杰的陪同下参观考察古镇镇档案馆。

10月20日，常州市钟楼区区长董彩凤一行到古镇镇参观考察，了解古镇镇灯饰产业链发展及市场建设情况。在镇党委委员陆振坚陪同下，董彩凤一行参观了华艺广场、利和广场、中国（中山）灯饰知识产权快速维权中心、广州仲裁委员会中山商事调解中心。

10月20日，中山市住建局在古镇镇召开全市私人住宅建设管理现场会议，严格规范私人住宅建设。市住建局副局长郭明星，古镇镇党委委员、副镇长林沃明参加会议。

10月20日，广东省旅游局局长曾颖如在中山市副市长徐小莉、古镇镇党委书记刘建辉、古镇镇党委委员钟季媛的陪同下考察古镇镇工业旅游发展情况。

10月23日，广东省港澳办副主任黄锻炼一行到古镇镇调研，实地走访华艺广场和星光联盟全球灯饰品牌中心。中山市副市长雷岳龙，古镇镇党委副书记、镇长匡志，副镇长杨荣超等陪同调研。

10月24日，古镇利和广场举办开业盛典。中国照明电器协会理事长陈燕生，镇党政领导刘建辉、匡志、袁松华、苏玉山、林沃明、钟季媛，利和集团总裁梁景耀等领导嘉宾出席开业盛典。

10月30日，中国照明电器协会、中国灯饰之都（中国·古镇）共同主办的第20届中国·古镇国际灯饰博览会在灯都古镇

2017年10月30日，中国·古镇灯饰品牌联盟在灯都古镇会议展览中心正式成立

（区伟华摄）

会议展览中心开幕。中国轻工业联合会会长张崇和，广东省人民政府原常务副省长、孙中山基金会会长汤炳权，中山市委书记、市人大常委会主任陈旭东，中山市委副书记、市长焦兰生，中国照明电器协会理事长陈燕生，中国照明电器协会执行理事长刘升平等来自国家、省市的领导嘉宾共同出席开幕庆典。会上，举行中国轻工业特色区域和产业集群创新升级示范区授牌仪式、古镇灯饰品牌联盟创始成员单位颁牌仪式、灯都古镇杯·中国作家报告文学奖颁奖仪式和灯博会分会场授牌仪式。

10月30日，由广东省知识产权局指导，中山市知识产权局和古镇镇人民政府主办的"2017年灯饰行业外观设计保护国际研讨会"在华艺广场举行。

10月30日，中国·古镇灯饰品牌联盟成立。中国照明电器协会执行理事长刘升平，镇党委书记刘建辉，市经济和信息化局副调研员罗日全，镇人大主席袁松华，镇党委委员钟季媛、陆振坚参加启动仪式。

10月30日，由中国照明电器协会和古镇镇人民政府联合主办的2017中国国际照明灯具设计大赛颁奖典礼在古镇体育馆隆重举行。中国轻工业联合会会长张崇和，中国照明电器协会理事长陈燕生、执行理事长刘升平以及全体留家党政领导等领导嘉宾、商协会及企业代表、获奖代表等约3000人参加典礼。

10月31日，中国照明电器协会第八届六次常务理事会在古镇华裕广场召开。中国照明电器协会理事长陈燕生，执行理事长刘升平，古镇镇党委书记、中照协副理事长刘建辉等出席会议。

11月

11月5日，古镇镇举办2017年"利和广场"杯五人龙舟公开赛，110支队伍参赛。28号冈南1号船夺得镇内组第一名。

11月5日，为期一周的2017年中国灯都（古镇）国际灯光文化节在灯都生态湿地公园举行开幕亮灯仪式，十一届全国政协提案委员会副主任、原中国轻工业联合会会长步正发，中山市政协主席丘树宏，中国照明电器协会理事长陈燕生、执行理事长刘升平，镇党政领导刘建辉、匡志等领导嘉宾启动触摸球为活动亮灯。

11月6日，由中国照明电器协会、中山市古镇镇政府主办的"灯光艺术与产业经济高峰论坛"在利和灯博中心举办。

11月6日，中山市副市长徐小莉一行到古镇镇调研旅游产业发展情况并进行座谈。市政协副主席郭惠冰、镇党委书记刘建辉、镇党委委员钟季媛陪同调研。

11月8日，中山市第六届"十佳记者"颁奖，古镇镇电视台新闻部记者蔡玉婷获奖。市委常委、宣传部部长方维廷为"十佳记者"颁奖。

11月13日，广东省委宣讲团来到中山市，向中山市干部群众宣讲党的十九大精神。古镇镇党政领导以及机关中层干部，各村（居）书记、主任等集中在镇政府会议室收看报告会。

11月15日，由广东省人大常委会、《人民之声》杂志社主办的广东省人大《人民之声》通讯员培训班在古镇镇举行，各地级以上市和各县区宣传工作负责人共160多人参加培训班。培训班邀请广东省人大办公厅研究室主任汤黎明、暨南大学教授喻季欣进行授课。

11月16日，在中山市政协原副主席、市老干部大学校长姚本棠的带领下，市委老干部局老年干部大学工作调研组一行人来到古镇社区学院，就老年干部大学的办学工作情况进行调研。

11月16日，古镇镇学习宣传贯彻党的十九大精神报告会在镇政府会议中心召开。镇全体留家党政领导、政府机关党员干部及各职能部门、村（居）两委、两新组织代表共300多人参加本次报告会。

11月20日，中山市人大常委会副主任甘建仁一行来到古镇镇调研，督办人大工作相关情况。

11月21日，中山市政协副主席贺振章一行到六坊村调研督导学习贯彻党的十九大精神情况，检查指导"软弱涣散"村整治工作。

11月22日，人民日报社广东分社社长刘磊一行到古镇调研灯饰产业发展情况。中山市委宣传部副部长彭晓新、古镇镇党委书记刘建辉陪同调研。

11月28日，国家检验检疫总局调研考核组一行在中山市政府副秘书长的陪同下，来到古镇镇进行灯饰质量安全示范区建设考核工作。

11月29日，古镇镇在会议中心召开中山市古镇镇妇女第十一次代表大会。大会选举产生27名古镇镇妇女第十一届执行委员会委员，袁素萍当选为新一届妇联主席。

11月29日，中央电视台海外传播中心项目部主任陈永庆率中央电视台财经频道编辑、记者走进古镇镇调研。

11月30日，中山海关副关长田涛一行到古镇镇与镇职能部门以及各企业代表就企业在出口方面需求进行座谈。

11月30日，古镇镇召开全镇食品安全考核迎检工作动员会，镇党委委员陆振坚出席，相关单位负责人、各村（居）负责食品安全的两委参加会议。

12月

12月1日，"粤唱粤好戏"2017年灯都古镇第五届曲艺文化周在体育馆正式开幕。中国曲协粤曲艺术委员会主席李时成、中国曲协粤曲艺术委员会秘书长肖小青、广东省曲艺家协会专职副主席宋枭楠等领导嘉宾出席本次活动。

12月2日，古镇镇领导班子成员在镇党委书记刘建辉率领下前往翠亨村，瞻仰杨殷故居，并重温入党誓词。

12月4日，中山市政协副主席刘志伟一行到古镇镇开展基层党建工作调研座谈。

12月4日，古镇镇在会议中心召开2018年慈善万人行动员大会。

12月6日，拱北海关党组书记、关长周斌以及中山海关副关长顾鲁军一行到古镇镇开展调研。

12月8日，中山市两新组织"两个覆盖"工作推进会在古镇镇华艺广场召开，古镇镇党委副书记苏玉山，镇党委委员、副镇长崔超文及来自市委组织部和全市各镇区的党务工作者代表60多人参加会议。

12月8日，古镇镇在政府会议中心举行国家卫生镇复审暨创建广东省健康镇动员大会，动员部署迎检工作。

12月11日，古镇镇组织机关全体党员及各职能部门党员干部在镇政府会议中心参加"古镇镇学习贯彻党的十九大精神培训会议"，进一步强化政治意识，提升业务能力，加强队伍建设。

12月11日，古镇镇党委书记刘建辉带领全镇村（居）委、卫计局等相关部门负责人，到小榄镇交流学习环境、卫生等建设管理方面的经验做法。

12月13日，为期三天的"探索独具广东魅力的特色小镇之路"全省特色小镇建设工作现场会暨特色小镇交流对洽会在古镇镇召开。广东省发改委主任何宁卡、省特色小镇建设工作联席会议成员单位代表、中山市人民政府常务副市长杨文龙、各地级市部门负责人、特色小镇创建工作示范点代表、首批广东特色小镇发展联盟成员机构代表、特色小镇规划建设和投融资专家机构以及媒体单位代表共300多人参加会议。古镇镇党委书记刘建辉、镇党委委员陆振坚等领导代表参会。会上发起成立广东特色小镇发展联盟。

12月14日，中山市委常委侯奕斌一行到古镇镇就融合粤港澳大湾区科技创新发展的思路和做法开展调研。

12月26日，由中山市政法委领导带队的考评组到古镇镇，现场考评古镇镇2017年度综治工作（平安建设）、法治中山建设、禁毒工作。

12月28日，古镇镇举行2017中国灯都（古镇）国际灯光文化节灯光小品设计大赛颁奖仪式，5件灯光小品获金奖。

12月28日，广东省河长制工作第六验收督查组来到古镇镇验收督查全面推行河长制工作。

12月29日，古镇镇召开残疾人联合会第七次代表大会，大会投票选举出镇残联第七届主席团委员和出席市残联第七次代表大会代表。副镇长杨荣超当选为古镇镇残联第七届主席团主席。

镇情概况
GENERAL INTRODUCTION OF GUZHEN

基本镇情

【建置沿革】 古镇地域原称古海乡。在宋绍兴二十二年（1152年）香山县立县以前，东莞县与新会县以鲟鳇沥（又称鲟鱼洋）为界，当时古镇海洲为新会县边界的潮居里（渔农户季节性暂时停泊之地）。建县之后，古镇与海洲海域归属香山县，形成村落后成古海乡。至清光绪年间（1875—1908年），才有古镇乡、海洲乡、曹步乡之称，三个乡同时并入榄都图，正式由小榄（大榄都，又称榄镇）所辖。1938年，为纪念乡贤魏邦平，广东省国民政府饬令将古镇、海洲、曹步合并，称邦平乡。中华人民共和国成立后，1950年仍为三区，分曹步、古镇、海洲乡。1961年8月，中山县在分出珠海县后，恢复区的建制，划小公社，全县调整为62个小公社。原古镇、镇南、曹步生产营合为古镇小公社，海洲生产营改为海洲小公社，同属小榄区所辖。1983年11月，农村实行政社分设，全县撤销人民公社，设立古镇等25个区，原古镇人民公社改设古镇区。1986年12月，中山市撤区建镇，古镇区改设古镇镇。

【自然地理】 古镇镇位于中山市西北部，地处富饶的珠江三角洲腹地西江主流磨刀门之滨，是中山、江门和佛山三市的交会点。位于北纬22.5度，东经113.2度，北面与佛山市顺德区均安镇接壤，东面与小榄镇相接，南面与横栏镇为邻，西面与江门市外海、荷塘隔河相望。距中山市中心城区23公里，总面积47.8平方公里，由古镇、曹步、海洲和镇南4个片组成，现辖古一、古二、古三、古四、六坊、七坊、冈东、冈南、曹一、曹二、曹三、海洲行政村共12个村民委员会和古镇居民委员会。镇政府办公大楼位于中山市古镇镇东兴东路1号。

古镇镇大部分地区属于广泛发育的新生界第四系，是海拔2米左右的坡度平缓的海层冲积平原，以灰黑淤泥、亚黏土和部分灰白色细沙、粗沙和沙砾为主构成，厚度为10—20米，冲积层内含有蚝壳，现古镇镇境内西江干流河底及岸边的沙场、地底下的壳龙尚存。

古镇地域，古代为茫茫海域，仅露大冈、日富等山丘。隋唐时期，古镇地域的小岛周围水域缓慢淤浅，南宋末形成的沉积平原开始垦辟，有先民来此造盐田，开发耗场、盐场。南宋积滩可耕种，农业生产兴起，初时为潮居里（没形成的田）。明洪武年间（1368—1398年），古镇、海洲开始筑围，清康熙年间（1662—1722年）各围基本形成。清嘉庆元年（1796年）筑龙鳞沙小围、古镇小围，清嘉庆二十三年（1818年）筑海洲永安围，清同治元年（1862年）曹古海筑成古镇大围，堤长数千丈。至此曹古海地区成为肥沃平原之地。

【自然资源】 古镇境内的自然资源主要有五类，其中矿物资源最为贫乏。（1）土地资源。古镇镇土地大部分都是从宋代至元代时期冲积成陆的。以后古镇境内土地不断扩展，据新中国成立前（1948年）统计，古镇境内面积有41692亩，即27.8平方公里；目前，古镇镇境内总面积为47.8平方公里。（2）水资源。截至2017年，古镇西靠西江下游，东临横琴河，境内水资源丰富，河涌纵横，总长度在69公里以上，河床高程在平面以下，降坡很小。（3）动植物资源。古镇地处亚热带，季风气候特征明显，水和气候资源丰富，对境内生物生存、繁衍极其有利。在境内的部分山体上长有马尾松等乔木，乔木基本上是在天然状态下生长，长势较差，树高10—

15米，胸径很少超过30厘米，各山的树木疏密程度相差很大，其中以海洲曰富山、古镇南抚山、镇南大冈山的树木最为茂密。古镇西临西江干流，东靠横琴河，围内河网纵横，鱼塘并排，水生动物很多。当地民众在境内挖掘出的蚝壳，是先民曾大量养蚝的明证。乡民从壳龙（壳龙为本地说法，龙即脉，指这一带都是蚝壳）中挖取蚝壳，烧成壳灰，供建筑用。1990年从省内外甚至国外引进很多新品种、新技术，如武昌鱼、东北鲫、淡水灰鲳与家鱼混养，设专塘放养桂花鱼、桂花鲈、美国加州鲈、非洲鲫和罗氏虾。2000年后，引进"名、优、新、特、奇"品种，如太阳鱼、牛奶鱼、巴西鲷、丝竹鲷、丁岁鱼等，推广养殖史氏鲟鱼、南美白对虾等。（4）矿物资源。古镇境内的地质分布比较单一，矿产贫乏。据查，境内主要矿产有石料、砂料、蚝壳。其中，砂料分布在西江主干河道古镇河段，从海洲至冈南一带。这些砂料为第四纪的海积沙堤，以中粗粒石沙砂为主，可以做建筑、筑路的材料。而境内的石料主要是花岗岩，分布在海洲村的牛头岗一带。（5）旅游资源。随着灯饰产业的快速发展，以中国（古镇）国际灯饰博览会为载体的商务人流日益增多，以五星级的古镇国贸酒店等一批高档酒店为代表的商务旅游配套设施日益完善，吸引着愈来愈多的海内外商务人士和观光游客。古镇镇旅游业从无到有、规模小到规模大，其所处地位迅速提升，正在迎来一个新的发展期。镇内主要旅游景点有：华艺广场、星光联盟全球品牌灯饰中心、大信新都汇、中山市龙泉博物馆。

【气候气象】 古镇地处北回归线以南，属亚热带季风气候，太阳高度角大，辐射能量丰富。极端年最大雨量2464.0毫米（2016年），极端年最少雨量927.2毫米（1977年），降雨集中在每年5—6月。古镇辖区内的气候特征是冬夏分明、干湿明显；季风交替，冷风气和暖风气对峙，经常形成静止风天气，出现低温阴天或阴雨天气，有时可维持到清明节前后。夏季多雨，大暴雨频繁，且夏季时间长，台风多；冬季时间短，雨量少，少有霜冻。2000年后，辖区内出现高温酷热现象，温度持续维持在30℃—37℃之间。古镇境内濒临南海与珠江西江支流，夏季风影响明显，雨量充沛。季节雨量分配不均匀，干湿季节明显。4—9月降水量最多，占年降水量的70%—85%，10月后降水量迅速下降。据中山市气象站记录，北部平原年均降水量为1500—1700毫米，古镇水利所气象站记录统计的2017年降雨量为1859.5毫米。古镇辖区内的风向变化主要受季风环流的影响，季风环流变化季节风向有明显的差异。冬季盛吹北风和西北风，风向频率分别达到21%和15%，静风频率为29%。夏季吹南风和西南风、东风。秋季（10月）风向多为北风，频率16%，其次吹东北风，春季最多的是吹南风，其次吹东风。辖区内各季节的平均风速差异较小，但夏季的风速大些，冬季小些。

2017年，古镇镇最高气温37.7℃（7月29日），最低气温8.4℃（2月25日）；全年累计降雨量1824毫米，同比减少556毫米、30%，属正常年份。4月12日入汛，比常年提早3天。全年降雨主要集中在前汛期。最高洪峰为3.13米，出现于7月5日10时10分；影响古镇的热带气旋有3个，分别为台风"天鸽""帕卡"和"卡努"。

【人口语言】 2017年，古镇境内户籍人口总数19312户、78801人，其中城镇人口70440

人，占总人口数的89%；居民人口8361人，占11%；外来人口总量75012。2017年，古镇镇境内的人口总量为153813人。古镇地区没有原居民，先民来自各地，以汉族为主，经过几百年的演变，产生本地方言。因古镇地域毗邻新会、顺德，所以本地方言与新会、顺德、荷塘等地的语言有差别又相似。现今辖区内居民说的是曹步话、古镇话和海洲话。其中古镇话和曹步话属中山粤语四小片中的古镇话片，两者大同小异，同属四邑话系统。而海洲话则属沙田话片，音近小榄话。曹步话，主要分布在辖区内曹步片的曹一村、曹二村、曹三村。说曹步话的约15740人，占全镇户籍总人口的20%左右。古镇话，主要分布在古镇片和镇南片8个行政村。说古镇话的人口约36800人，占户籍的46.7%左右。海洲话，主要分布在海洲行政村内（原为9个村）。说海洲话的人口约21300人，约占全镇户籍人口的27%。1990年后，灯饰业大发展，来古镇贸易和工作的人数大增，普通话在境内普遍流行，成为人民交际和贸易交往的常用语言。

【民风民俗】 古镇地区乡民勤劳敦厚、民风淳朴。亲朋邻里喜帮工，春节过后，各行业都喜欢择个吉日开工。商贩厂主在开工当天于门前燃爆竹、纸、香，以果品拜祭，分发"利是"（即红包），取意开工大吉、生意兴隆、利利是是；农民择日开工，于基地塘边插香烛奉神，用锄头在地上锄几锄泥，口中细声念"大吉大利"，以祈求一年吉祥顺利。在饮食嗜好方面，饮茶是最普遍的，而打"边炉"（火锅），打鱼饼、风鱼干、腌制头菜、打炒米饼、吃田螺（石螺），煲吃鱼蓉、蚬粥等，也是古镇人的饮食喜好。古镇民间艺术丰富，其中最有名的就数六坊云龙舞，被纳入国家级非物质文化遗产。2010年起，每年定期在元旦举行慈善万人行活动，为社会公益事业筹集善款。民间艺术也在此间展演，称为古镇的新民俗。

【行政区划】 古镇辖下12个行政村和1个居委会，即海洲、古一、古二、古三、古四、冈东、冈南、六坊、七坊、曹一、曹二、曹三12个村委会和古镇居委会。其中，原来的沙源、民乐、市边、红庙、教昌、北海、麒麟、显龙、华光等9个自然村分别改为经济社，于2002年合并为海洲村。

（吴秀艳）

经济建设

【经济建设概况】 改革开放以来，古镇镇按照"工业立镇，商贸强镇"发展思路，逐步从单一的农业经济镇发展成为区域特色经济明显，以灯饰、花卉苗木两大产业为支柱的工业城镇。镇内工业飞速发展，灯饰产业成为工业的支柱产业，与之相关的产业企业，如配件厂、制件厂、机械厂、印刷厂、纸箱厂等也蓬勃发展。古镇镇先后获中国灯饰之都、国家创新型工业化产业示范基地、中国花木之乡、全国环境优美乡镇、中国特色小镇、中国轻工业特色区域和产业集群创新升级示范区、全国综合实力千强镇、广东省首批森林小镇等称号。

2017年，古镇镇GDP总量为113.4亿元，工业增加值34.3亿元，服务业增加值75.8亿元，三产比例为0.4∶32.7∶66.9，全国综合实力千强镇排名71位。全镇共有广东省名牌产品7个，广东省驰名商标3件，著名商标10件。新增"四上企业"34家，其中工业10家、重点服务业9家、批零业11家、住餐业4家。在库"四上企业"共有198家，其中工业90家、重点服务业23家、批零业52家、住餐业16家、建筑业2家、房地产15家。固定资产投资71.1亿元，国地税总收入16.6亿元，地方一般公共预算收入5.29亿元，外贸进出口保持平稳。花卉苗木、龟鳖养殖等现代农业蓬勃发展，金融、物流、旅游等第三产业加速发展。

【农业】 2017年，古镇镇农业经营总面积1.3万亩，农林牧渔业总产值0.7亿元，城镇常住居民人均可支配收入4.3万元。到镇外、异地经营农业面积超3万亩。龙鳞沙河道水利工程及绿博园道路桥梁工程，经过前期的筹备及建设，项目基本完工。全镇花卉苗木业种植面积1.1万亩，花卉苗木生产专业户1250户，其中超50亩花木场310个。9月，在古镇南方绿博园举办2017灯都古镇特色农业展。9月，古镇镇被成功认定为"广东省森林小镇"。以中山市"三资"管理平台为依托，对全镇723宗物业资产，2293宗资源性资产，9395份有效经济合同进行实时网络化的监督管理，全镇农村集体资产交易247项。中山花木城园林有限公司成为古镇镇首家获"中山市市级农业龙头企业"荣誉称号企业。

【工业】 2017年，古镇镇工业增加值34.3亿元，工业总产值106.5亿元，其中灯饰产业产值79.9亿元。全镇工商部门登记各类企业、个体户3.4万户，其中登记注册灯饰销售企业1264户、灯饰制造企业3126户。2017年，古镇镇被评选为"广东省特色小镇创建工作示范点"、中国轻工业特色区域和产业集群创新升级示范区。

【第三产业】 2017年，古镇镇第三产业增加值75.8亿元，比上年增长12%。有住宿餐饮企业132家。成功举办第19届、第20届灯博会，其中第20届灯博会以"1+7展店联动"，超150万平方米展览规模，吸引来自118个国家和地区逾30万人次观展采购。举办第三届中国古镇国际灯光文化节，以"点亮世界、放飞梦想"为主题，共吸引218.5万人次参与。

【外经贸】 2017年，古镇镇外贸进出口保持平稳。8月，古镇镇外贸促进服务平台——中山市华迅商务服务有限公司成功在南非约翰内斯堡举办2017非洲时尚照明展，吸引南非当地一线顶级灯饰采购集团数千人前来参观采购。成功创建国家级出口灯饰质量示范区并高分通过评审，共有16家企业进驻，享受出国参展、国际认定等一系列的政策扶持。全球权威认证机构SGS及广贸天下网共同授予古镇灯饰全球采购基地认证牌匾。星光联盟、利和广场和路灯城获得古镇灯饰全球采购基地认证。

【财税金融】 2017年，古镇镇国地两税收入16.6亿元，比上年增长0.8%，其中国税收入9.9亿元、地税收入6.7亿元。地方一般公共预算收入5.29亿元，增长2.9%；公共财政预算支出8.0亿元，增长44.6%。全镇有银行分支机构16家、营业点43个，保险公司15家，证券公司4家，小额贷款公司1家。银行各项存款余额260.6亿元，银行各项贷款余额203.4亿元。

【固定资产投资和房地产】 2017年，古镇镇固定资产投资总额为71.1亿元，比增13.4%，

· 资料链接 ·

"四上企业"是现阶段我国经济统计系统的专用称谓。"四上企业"是指规模以上工业企业、资质等级建筑业企业、限额以上批零住餐企业、规模以上服务业企业等这四类规模以上企业的统称。

2017年古镇镇国民经济及社会发展主要指标

项目	单位	2017年	增长%
1.地区生产总值	亿元	113.4	2.5
第三产业增加值	亿元	75.8	12
2.规上工业及装备制造业			
规模以上工业企业数	个	89	
规模以上工业增加值	万元	163229	−26.6
装备制造业企业数	个	11	
装备制造业增加值	万元	5287	−56.1
3.社会消费品零售总额	万元	929121	11.4
限额以上批发业销售额	万元	191123	9.4
限额以上零售业销售额	万元	158832	41.2
限额以上住宿业营业额	万元	10956	2.6
限额以上餐饮业营业额	万元	10522	−3.5
4.固定资产投资总额	万元	710637	13.4
工业投资额	万元	97559	10.1
工业技术改造投资	万元	36447	119.3
装备制造业投资	万元	41915	24.1
第三产业投资额	万元	613078	14.0
民间投资额	万元	654150	12.3
5.财税			
国地两税收入	万元	166426	0.8
国税收入	万元	99137	22.1
地税收入	万元	67289	−19.7
公共财政预算收入中税收合计	万元	64380	−5.2
其中：国税市级收入	万元	24175	22.4
其中：地税市级收入	万元	40205	−16.5
一般公共预算非税收入	万元	6450	−18.2
6.外经贸			
进出口总额	万元	273213	15.8
进口总额	万元	13988	156.9
出口总额	万元	259224	12.5
实际利用外资	万美元	135	187.2
7.本外币存贷款			
各项存款	万元	2589719	−1.5
个人存款	万元	2151343	0.3
各项贷款	万元	2034017	5.9
8.全社会用电量	万千瓦时	161731	3.1
工业用电	万千瓦时	86058	−0.2

单月总量6.9亿。其中新增立项29个，包括企业的工商业投资项目21个、限制类项目2个和政府投资项目6个。新增1000万以下审批项目1个（华盛东路中心河桥梁工程），总投资796.2万元；在建及拟建亿元以上项目24个，包括17个非房地产项目和7个房地产项目，其中新增立项6个。总投资额达65.26亿元。全年共有9个居住小区，合计建筑面积240.7万平方米。另外，古镇镇开发商业、工业性质房地产项目，包括利和灯博中心、长丰公寓及东岸工业房地产3个项目，合计建筑面积72.4万平方米。

（吴秀艳）

政治建设

【依法治镇】 2017年，古镇镇成立全面依法治镇工作领导小组，制定党政主要负责人履行推进法治建设第一责任人职责实施细则、《古镇镇2017年全面依法治镇工作要点》、《古镇镇2017年依法行政工作要点和法治政府建设年度重点工作》。开展规范性文件清理，对照市法制局下发的文件目录进行初步清理并通过法制审核提出拟保留、修改、废止的意见，共清理镇政府规范性文件45件，拟保留23件，废止17件，修改5件。定每月15日为领导接访日，由镇党委主要领导带头，按照不同类型的事务采取分类接访的方式轮流接访。2017年，镇领导共接待上访人27批62人次。政府法律顾问每月15日进驻镇信访维稳中心，并随同党政领导面对面接访，全年提供专项法律服务342次，其中综合行政类61次，行政执法类86次，民商事类195次。2017年共组织24名符合条件的执法人员参加综合法律知识培训和考试，办理行政执法证申领、换领、补办等共有30人次。

【两新组织党建工作】 2017年，古镇镇新组建两新组织（新经济组织、新社会组织）12家，共有两新组织党员344人，发展对象12人；完成对500多名两新组织的党员的基本信息采集，对全镇181家两新组织进行认真梳理、全面排查，对48家关停并转后仍然存在的空挂党支部进行撤销处理。在党建工作中，涌现出一批优秀党组织和优秀党员。其中，华艺灯饰照明党支部被广东非公有制经济组织党委评为"先进党组织"，欧普照明党支部书记杨胜明被评为"党务工作标兵"。2017年10月，由中山市启创社会工作服务中心实施、古镇工商联党支部资助的红色创投项目"返脑还童"——古镇镇脑退化照顾者支援计划2.0作为第三季度红色创投的申报项目，在全市的14个项目角逐和评审中荣获第一。

（吴秀艳）

文化建设

【文化建设概况】 2017年，古镇镇继续加强公共文化设施建设及管理使用工作，全镇有1个文化站、1个图书馆、2个博物馆、1个全民公益园和12个农村文化室。多项文艺精品获得省、市殊荣：第十一届广东省青少年曲艺"明日之星"选拔赛荣获二等奖，中山市第七届合唱节大赛荣获金奖等五大奖项，古镇文化站报送的小品《争家婆》荣获第五届中山市戏剧曲艺花会银奖，镇海洲华光曲艺社参加"纪念唐涤生诞辰100周年"2017中山粤剧文化周民间私伙局折子戏大赛荣获二等奖（银奖），书法作品、原创小品、诗歌创作等均在省、市赛事中获奖。

【公共文化服务】 2017年，古镇镇大力推进公共文化服务一体化，不断扩大公共文化服务覆盖面，积极推进市—镇—村三级图书通借通还工作，对镇、村两级图书重新编目上架，实现图书统一管理、统一编目、统一配送。镇图书馆建有标准配置的公共电子阅览室，行政村综合性文化服务中心配置上网设备，免费提供上网和数字资源服务。行政村综合性文化服务中心每周免费开放时间不少于42个小时，为群众提供便捷的公共文化服务。灯文化博物馆和古镇图书馆如常开放，其中灯文化博物馆全年接待游客约10万人次，古镇图书馆全年接待读者约6.2万人次。2017年，成功指导古四村、六坊村和曹二村升级建设为国家级基层综合性文化服务中心。全年开展约270场次活动，文化惠民惠及的群众近40万人次，满足不同人群多样化的文化需求。成功举办"粤唱粤好戏"第五届灯都古镇曲艺文化周、灯光文化节文艺巡演和"光影盛宴"摄影大赛、龙舟赛摄影大赛、新春送春联、大年初一舞龙醒狮、元宵游园、戏曲进校园、戏曲和舞蹈协会送戏下乡、世界读书日活动、绿色暑假公益培训、鲁迅小说集《呐喊》诞生史专题讲座等活动。此外,组织戏曲、舞蹈、公益电影和文艺演出资源下基层活动,成功举办电影放映下乡、送舞下乡、火炬歌舞团文艺汇演下乡、广东省香山粤剧团"粤韵悠扬传万家"戏曲下乡等活动,把优质的文化资源配置到基层群众和劳务工身边。深化公共文化交流与联动,大力推动古镇、小榄、均安两地三镇"开放·融合",成功举办"丹青焕彩 华艺生辉"暨两地三镇(小榄、古镇、均安)书画作品联展。

【文化产业发展】 2017年,古镇镇成立文化产业协调推进工作联席会议领导小组,办公地点设在文化站,与成员单位共同推进镇文化及相关产业增加值。根据2017年市政府下达的目标任务,镇文化站与经信局对镇内文化企业进行全面调查,筛选对口企业进行数据申报。同时,鼓励镇内文化企业打造具有地方特色的文化产业品牌,引导帮助中山市古镇灯饰文化传播有限公司的"亮点奖"项目成功申报为中山市文化产业专项资金扶持项目。

【文化市场管理】 2017年,古镇镇共有文化经营场所159家,其中网吧23家、游戏机室18家、卡拉OK歌厅15家、出版物销售企业14家、印刷企业83家、数字电影院6所。2017年古镇镇文化站配合市文化市场综合执法支队、镇公安分局、镇城管执法分局等部门开展专项整治行动,巡查全镇范围内文化娱乐场所,同时做好市下放事项的审批工作,对审批流程严格把关。坚持对镇内市级不可移动文物进行巡查,对巡查中发现的问题及时整改,全年共巡查4次。

(区淑艳)

社会建设

【社会事业发展】 2017年,古镇镇与中山开放大学合作设立古镇分教点,开办大专、本科成人学历教育课程,满足镇内企业对高学历人才的需求。鼓励社会组织开展公益创业,创办社会企业。深入开展就业安置、就业培训、就业指导等再就业援助工作。整合灯饰学院资源,通过校企合作举办设计大赛培育灯饰产业创新设计人才。完善就业服务中心招聘市场和劳动力市场建设,为企业和劳动者搭建交流平台。进一步整合社区学院、青年社区学院、老年大学、成人技术学校等教育资源,开展形式多样的教学交流活动。打造"灯都古镇曲艺文化周""云龙艺术节"等特色文化品牌,繁荣公共文化事业。保持古镇社区学院文化、艺术等专业课程供应,进一步完善基层公共文化服务的供给。健全公共文化设施,利用基层综合性文化服务中心作为"文化灯塔",实施文化惠民工程,逐步构建形成"镇—村(社区)—基层文艺团体"三级文化设施网络布局和文化服务格局。增加公共体育的经费投入,充分利用公园、广场等公共场所,建设群众身边简捷便利的公共体育设施,构建"十分钟体育圈",推进全民健身事业。截至2017年,全镇共有10个行政村建有体育公园。办好农村三大体育赛事(五人龙舟公开赛、农村男子篮球赛、农村广场健身舞大赛),积极推动足球项目在全镇铺开,打造龙舟、太极、健身气功、舞龙舞狮、广场健身舞、篮球等群众体育精品项目,提升竞技体育综合实力。

【民生工程建设】 2017年对困难家庭累计发放困难救助金111.8万元、临时困难救助金约8.4万元,对农村五保户、"三无"人员合计发放补助16万元。提升养老服务水平,为全镇60周岁以上老人购买"银铃安康"服务,65周岁以上的老人免费安装关爱铃,向全镇80岁以上高龄老人发放政府高龄津贴,全年发放21394人次,合计96万元。为12户水上居民家庭发放住房津贴8.9万元。为84名贫困残疾人发放生活津贴13.1万元。为360名重度残疾人发放护理津贴85.1万元。购买4个爱心超市公益岗位,为残疾人提供就业训练、社会适应锻炼。对全镇困难精神病人住院及医药费用自费部分全额减免,全年支出72.6万元。大力开展居家养老服务,开设长者课程和各种文娱活动等,全镇近1.5万名老人受惠。购买社工服务一年累计投入资金达300万元。建设和深化社会建设咨询委员会开展政策决策辅助,在中华人民共和国民政部主管、中国社会工作联合会主办的《社会与公益》杂志开设专栏进行案例宣传。投入近2000万元打造集社会工作服务中心、文化中心、社区学院三个服务载体于一体的全民公益园。为镇内烈属、现役义务兵家庭每月发放优待金2520元,士官家庭每户每月发放生活补助金1260元;为镇内重点优抚对象发放优待金每人每月200元,合共发放270.9万元;为重点优抚对象58人次申请医疗救助。

【社会治理】 2017年,古镇镇开展社会治理网格化服务管理,全镇细分80个网格,构建"中心+网格化+信息化"的大网格体系,管理服务动态社会。推进智慧城镇建设,成立镇综合治理网格化指挥中心,推动大数据、物联网等信息技术,创新"公安巡(交)警+城管"执法模式,促进城镇有序管理。开展智能感知防控体系建设,完成全镇一期视频监控高清化改造,建设动态人脸识别智能小区,推进古镇镇市际治安卡点建设,夯实社会平安基础。深入推进"创文"和"四看"专项整治工作,制定首个户外广告管理办法(试行)规定,共清拆全镇违法广告牌380宗。重点整治旧厂房及住宅加建锌铁棚屋盖等违章问题。成立古镇镇"同益园区服务管理中心",解决同益工业园交通、治安管理问题。创新社会治理模式,邀请国内专家在古镇镇举办特色小镇社会善治大会,并通过人民网向全国作视频会议直播。完善全民公益园建设,实现义工、社工、企业工会多方联动的全民善治行动。完善各村(居)星级社区服务中心(站)规范化建设,建立便民利民公共政务平台。成立古镇镇新媒体影视中心,有效把握网络舆论空间的主导权,传播灯都正能量。

(黎惠枝 周文兆)

生态文明建设

【生态文明建设概况】 2017年,古镇镇推进三年绿化美化提升大行动,完成绿博园中心西路绿化改造、东兴东路渠化岛、湿地公园十水线段等绿化美化,大量种植红花楹、蓝花楹、宫粉紫荆等开花树种。推进同益中心河、浦板河等河道清淤疏浚工程,共疏浚河道4.74公里,总清土方2.1万立方米。落实河长制,沿河种植落羽杉等5400棵,绿化河道6.9公里,完成古三江头滘泵闸工程、海洲新开河工程等项目。注重城镇生态建设,启动横栏河岸生态整治,完善灯都生态湿地公园管理,西北组团体育公园如期建成开放,中心滨河湿地公园一期工程建设如期完成,加快推进灯都体育公园综合训练馆建设。积极配合中山市创建国家生态文明建设示范市的工作,先后完成对古镇镇曹一村、古一村、古二村、冈东村等10个行政村的生态村建设,生态村建设比例达83.33%。

【生态环境保护】 2017年,古镇镇继续落实环境监察网络化管理工作,全镇共划分为4个片区网格。污染源按镇A、镇B、镇C分类,全镇共145家,均已落实污染源名单及监管责任人名单。环保执法保持高压态势,全年共检查企业768间(次),发放责令限期改正决定书76份,对60间限期拒绝整改的企业进行立案处罚,共处罚金额490.5万元,申请法院执行0间。全年重视信访工作,积极化解社会矛盾,共接访1136宗案件,涉及噪声455宗、废气617宗、废水64宗,成功处理案件1113宗,信访处理率达98%。开展环境违法建设项目的清理整治工作,完成126家违法建设项目的整治处理。全镇2017年"黄标车"淘汰任务共计66辆,完成淘汰黄标车127辆,淘汰进度192.42%。

2017年,古镇镇污水处理厂日处理量约为9.08万吨,污水处理总量约为3310万吨,处理率约为95%,进水COD(化学需氧量)平均浓度约202mg/L,出水COD平均浓度约为23.3mg/L,水质稳定达标,实现约5400吨COD减排。氨氮排放量为540吨,完成2017年四个季度国家减排任务及国家环保核查任务,并大大改善古镇镇河涌水污染严重的现象。加强饮用水源违法建设项目的清理,对二级水源保护区内未完成搬迁的2间砂场、2间企业下发整改搬迁通知书。完成饮用水源一级保护区物理隔离防护设施建设工程。先后完成《实施方案》建设的党委审议工作,完成方案编制机构的招投标工作;完成《中山市古镇镇生态文明建设实施方案》、文本及图集的编制工作并公示。

(冯秀娟)

精神文明建设

【精神文明建设概况】 2017年,古镇镇制定《古镇镇深化推进创建文明城市工作方案》,全面加强古镇镇精神文明建设,进一步推进文明城市创建活动的开展。同时邀请第三方对各村的创文工作进行定期检查,每周对重要地段进行暗访,每月进行一次全镇检查并排名,全年共开展检查行动7次。创文工作方面,充分利用新媒体、报纸、电视,以及镇内户外广告牌、LED屏、宣传栏、横幅、宣传小册子、候车亭等载体,大力宣传古镇镇关于创建文明城市的决策部署,努力营造迎检工作浓厚氛围。全年共发放创文宣传小册子2万份,在电视以及全镇LED屏播放创文宣传公益广告超5万次,制作社会主义核心价值观公益广告牌15个,制作创文、社会主义核心价值观围墙喷画5000多平方米。

【全民修身行动】 2017年,第八届读书月以"读·懂你心,阅·享灯都"为主题,活动丰富、形式多样,持续数月,实现了"组委会搭台,企业赞助,书友乐享阅读",吸引了社会各界乃至周边市镇的影友和书友达数万人的广泛参与,营造了全社会爱阅读、乐分享的浓厚读书氛围。首届朗读者大赛模仿央视《朗读者》节目形式,在古镇得到各界的热烈响应。朗读者大赛分成人组和学生组,仅学生组就有近百件参赛作品,且水平也较高。实施"书+咖啡"项目。"书+咖啡"项目由爱心企业捐款,咖啡店提供平台与场地,热爱阅读的年轻人开列心水书单,组委会购买的形式,实现了一举三赢,不仅过万名咖啡店顾客免费阅读正版图书,而且咖啡店也提升了品位。为更好举办赛事,古镇摄影协会在镇内图书馆、村（居）等阅读点组织了四场采风活动，吸引了镇内外乃至省市级摄影协会会员前来，仅获奖作品就有100多幅，在古镇的灯饰门市和图书馆等地办展。

【创文工作】 2017年是全国文明城市评选年，为全力配合市做好迎检工作，镇宣传办制定《古镇镇深化推进创建文明城市工作方案》，进一步推进文明城市创建活动开展。邀请第三方对各村的创文工作进行定期检查，每周对镇内重要地段进行暗访，每月进行一次全镇检查并排名。此外，在全国文明城市复检期间，联合镇党委督查室，参照市标准划分"市民巡访（志愿者）""创卫测评""文明办督查""综合考评"四部分内容，落实对各村创文工作监督检查。定期汇总各村量化考评成绩呈报党政领导班子，个别突出问题转交有关部门重点攻关，拒不整改或迟迟未能整改的，交由纪检办诫勉谈话，确保文明城市创建活动的顺利组织与实施。

充分利用新媒体、报纸、电视以及镇内户外广告牌、LED屏、宣传栏、横幅、宣传小册子、候车亭等载体，大力宣传古镇镇关于创建文明城市的决策部署，努力营造迎检工作浓厚氛围，全力提高广大群众的知晓率。2017年，共发放创文宣传小册子2万份；在电视以及全镇LED屏播放创文宣传公益广告超5万次；制作社会主义核心价值观公益广告牌15个；制作创文以及社会主义核心价值观围墙喷画5000多平方米。

在迎检工作结束后，开展常态化创文工作，除每月定期公布第三方测评"文明指数"，不断加强创文公益宣传，广泛开展清洁行动，继续抓好突出问题治理，让灯都更整洁、更干净、更宜居。

【志愿者服务】 2017年，古镇镇青年志愿者协会紧紧围绕"奉献、友爱、互助、进步"的志愿精神，不断拓宽工作思路、创新服务项目，全年共组织志愿者近2000人次协助服务各项活动开展。元旦当天，组织100多名青年志愿者在慈善万人行中开展志愿服务，以实际行动支持灯都慈善事业发展。春运期间，开展"青春情暖 温暖回家路"春运青年志愿服务，为返乡的外来务工人员送上面包糕点、红茶饮料等物资，派发春运安全宣传单张。春节期间开展爱心花房义卖活动、新春游园活动。学雷锋日期间开展义工服务，为群众提供义务剪发、义务修电器、心理咨询、法律咨询、业务受理等多项服务。4—8月开展为环卫工人送清凉志愿活动，为近千名环卫工人送上解暑物资。暑假期间开展少年军校公益夏令营志愿服务，近500名学员参加夏令营。灯光文化节及灯博会期间，组织近500名来自社会及高校的青年志愿者积极主动为218.5万名游客提供服务，在各大服务站点开展景点咨询、手机充电、医疗救助、寻人登记等志愿服务。积极参与博爱100公益创投活动，组织20多名志愿者及发动100名观众参与在古镇举行的博爱100公益创投活动"最强公益"决赛古镇镇分赛。2017年，古镇镇青年志愿者协会荣获中山市"最佳青年志愿者协会（服务总队）"称号。

（区春兰　区杰彬）

领导机构名单

【中国共产党中山市古镇镇委员会】

书　记：刘建辉
副书记：匡　志
　　　　　苏玉山
　　　　　林少杰

党委委员：刘建辉　匡　志
　　　　　苏玉山　林少杰
　　　　　何新煌　崔超文
　　　　　王　平　林沃明
　　　　　钟季媛　陆振坚
　　　　　梁俊杰　周锦添

【中山市古镇镇人民代表大会】
主　席：袁松华

【中山市古镇镇人民政府】
镇　长：匡　志
副镇长：崔超文　王　平
　　　　林沃明　杨荣超

【中国共产党中山市古镇镇纪律检查委员会】
书　记：何新煌
副书记：袁元杰

【机关单位】
镇党政办公室
主　任：王海燕

镇监察室
主　任：袁元杰

镇组织人事办公室
主　任：黄志桐

镇宣传办公室
副主任：汪　洋

镇社会治安综合治理和维护稳定办公室
主　任：侯鸿杰

镇武装部
部　长：周锦添
副部长：张益建

镇经济发展和科技信息局
局　长：曾晓芳

镇农业和农村工作局
局　长：朱炎震

镇社会事务局
局　长：蔡中文

镇住建局
局　长：程长友

镇卫生和计划生育局
局　长：李淑萍

市环境保护局古镇分局
局　长：袁新强

市交通运输局古镇分局
局　长：区淑芳

市城市管理行政执法局古镇分局
局　长：区锦辉

市安全生产监督局古镇分局
局　长：黄健伟

市财政局古镇分局
局　长：苏满松

镇工会
主　席：钟季媛
专职副主席：冯坚定

镇团委
书　记：马梦华

镇妇女联合会
主　席：袁素萍

镇审计办公室
主　任：袁克勤

市人力资源和社会保障局古镇分局
局　长：蔡松添

市工商行政管理局古镇分局
局　长：周定煦

镇电视台
台　长：秦栋坚

镇体育委员会
主　任：欧展鹏

镇综合文化站
站　长：张咏仪

镇教育指导中心
主　任：邓秋元

镇《灯都古镇》报编辑委员会办公室
主　任：米　华

镇流动人口管理办公室
主　任：潘国旋

镇统计办公室
主　任：欧恩熊

镇生产力促进中心
主　任：何兆钿

镇投资服务中心
主　任：李晓雁

镇农业服务中心
主　任：蔡长结

镇水利所
所　长：蔡永松

镇南方绿博园有限公司
总经理：马嘉辉

镇敬老院
院　长：蔡明权

镇城乡建设服务中心
主　任：阎福生

镇卫生与计划生育服务中心
主　任：林仲婵

镇卫生监督所
所　长：覃崇闪

镇食品药品监督所
所　长：李建权

镇关心下一代工作委员会
主　任：袁荣开

中国中山（灯饰）知识产权维权中心
主　任：侯玉梅

镇公共资源交易中心
主　任：李金成

镇金融工作办公室
主　任：袁维孝

镇资产管理办公室
主　任：程冠秋

镇同益开发有限公司
总经理：雷永林

镇燃气有限公司
总经理：区卓彬

镇水务有限公司
总经理：袁翰翔

镇灯都博览有限公司
总经理：邓健研

镇社区学院
院　长：蔡锡元

镇市政环境管理中心
主　任：何文健

镇建设开发总公司
总经理：梁卓耀

【职能部门】
市公安局古镇分局
政　委：邓卫伟
副局长：林伟潮　陈宏业
　　　　车权秋

市公安局交通警察支队古镇大队
队　长：曾翔飞

市公安消防支队古镇大队
队　长：刘树宗

市国家税务局古镇分局
局　长：黎铸兴

市地方税务局古镇分局
局　长：叶林富

市税务局古镇分局
局　长：黎铸兴

市城乡规划局古镇分局
局　长：刘　辉

市国土资源局古镇分局
副局长：吴铸辉

广东电网有限责任公司中山古镇供电分局
局　长：苏　立

市供水有限公司古镇分公司
总经理：谢原实

古镇医院
院　长：彭文标

中国邮政集团公司中山市古镇镇分公司
局　长：危介武

镇供销合作社
主　任：许作驹

市第二市区人民检察院古镇检察室
主　任：黄　冠

市第二人民法院古镇人民法庭
庭　长：廖辉龙

菊城公证处古镇受理点
主　任：蔡国华

中国移动广东中山古镇分公司
总经理：李泽荣

中国联合网络通信有限公司古镇分公司
总经理：许永斌

中国电信股份有限公司中山古镇分公司
总经理：金　伟

【村（居）】
海洲村
书　记：陈宏业
主　任：甘伟强

古一村
书　记、主任：苏池结

古二村
第一书记：李振斌
书　记：林德明
主　任：林锦安

古三村
书　记、主任：区顺垣

古四村
书　记、主任：邓铭超

六坊村
第一书记：黄波（7月起）
书　记、主任：侯毅光

七坊村
书　记、主任：何钊活

冈东村
书　记、主任：区沃钜

冈南村
书　记、主任：蔡显华

曹一村
书　记、主任：侯佳恒

曹二村
书　记：邓兆恩
主　任：李平稳

曹三村
书　记、主任：区泽林

居委会
书　记：黄瑞斌

曹步联队
书　记：林华标

党政机关

PARTIE AND GOVERNMENT ORGANIZATIONS

中国共产党中山市古镇镇委员会

综 述

【组织概况】 2017年，古镇镇党委设委员13名，其中党委书记1名，副书记3名。全镇共有3820个党员，党委5个，党总支6个，党支部213个，其中两新组织党组织134个。6月，顺利完成全镇13个村（居）换届选举工作，选出"两委"班子成员76人，其中留任"两委"干部55人，新晋"两委"干部21人。

【中共古镇镇委员会全体会议】 2017年7月17日，中共古镇镇第十三届代表大会第二次会议在镇会议中心召开。总结2016年和2017年上半年古镇镇党建工作，围绕聚焦主业、全面从严治党部署下一阶段工作。镇全体党政领导班子、党员代表等150多人与会。镇党委书记刘建辉在大会上作《不忘初心以党建引领前行高位求进，凝聚灯都发展新动力》党建工作报告。报告指出：2017年是古镇镇全面建成小康社会的目标年，是落实五年规划蓝图、撸起袖子加油干的一年，也是推动全面从严治党向纵深发展的关键一年，要做好全年党建工作，一定要认清所处的"时"和"势"，深刻把握新形势对党的建设提出的新要求，牢牢把握正确的政治方向，自觉把稳中求进总基调贯穿到党建工作的方方面面，准确把握全面从严治党的新要求，引导各级领导干部奋发有为，干事创业，建功立业。会议提出2017年党代会年会主要任务是学习领会习近平总书记关于党的建设提出的新思想新观点和新论断，贯彻落实习近平总书记对广东工作的重要批示精神、省第十二次代表大会和市第十四次代表大会精神。

与会代表审议《关于党费收缴、使用和管理情况报告》，并视察民生项目中心滨河湿地公园、到华艺广场参观中山市党员教育基地。

【党建工作】 2017年，古镇镇顺利完成"两委"班子换届，共选出村（居）"两委"干部76人，发挥驻村（居）副书记制度优势，进一步明确驻村（居）副书记14项职责任务。围绕补短板、强根基，重塑党组织战斗堡垒作用，选准派强第一书记，建立镇村两级双向流动的干部交流培养机制。加强曹一村党建示范村建设，整顿转化重点村软弱涣散党组织。坚持从严治党，有案必办，立案查办9宗党员干部违纪违法事件，排查违法违纪重要线索16条。以综合执法局为试点单位，探索部门派驻纪检监察组工作制度。构建"党产学研销"五位一体的两新党建模式，以两新党委为中心，打造4个重点非公经济组织党建基地，辐射全镇133家两新党组织，全市两新组织党建现场会在古镇镇召开。掀起学习宣传贯彻党的十九大精神热潮，以"大学习""大培训""大调研"部署落实全镇党员思想政治建设工作，全年组织各级干部到浙江大学、井冈山、延安等地学习培训。深入开展领导干部驻点普遍直接联系群众工作，完善市镇村三级联动的问题解决机制，走访联系群众15118户，问题反馈跟办1092件。

（吴秀艳）

组织人事

【组织人事工作概况】 2017年，古镇镇组织人事办围绕镇党委中心工作，聚焦主责主业，以村（居）"两委"干部换届选举工作为主线，进一步夯实基层党组织党建水平，不断提升组织人事工作规范化、科学化和制度化水平，为建设和美古镇提供坚强的组织保证。2017年完成13个村（居）"两委"班子换届，共选出村（居）"两委"干部76人。完成对古镇党组织及3840名党员的信息采集工作。制定《古镇镇领导干部驻点普遍直接联系群众工作指引》，形成"驻点联系＋网格化＋大数据"的创新工作模式。共组织镇、村两级干部及两新党组织书记约300人，赴井冈山、遵义等红色基地开展学习培训。2017年，全镇有基层党组织224个，中共党员3820人，比上年减少57人。

【机构编制】 2017年公务员总编制150个（其中包括工勤10名），实际在编在册有130人；12个事业单位共有编制317名，实际在编在册人员158名，因党务政务多及工作量大，聘用合同工共950人。教育线总编制数有772名，在编在册人员707人，临聘教师有62名。

【人事福利】 通过档案"回头看"迎检工作，对干部档案全面审核、查漏补缺，并同步动态更新到干部人事信息管理系统，档案管理水平进一步规范化。做好干部选拔任用工作，认真贯彻《党政领导干部选拔任用工作条例》要求，全年共完成40多名干部晋升、平调任务。推动干部人事工资福利系统上线使用，顺应信息化形势，开发使用整合人事待遇和工资福利两大功能的全新系统。规范实习生管理，出台《实习生管理办法》，填补实习生管理制定的空白。结合"人才18条"规定，成立以镇党委书记为组长的人才工作领导小组，为古镇集聚创新创业人才提供坚强的领导保障。

【干部队伍建设】 在培训对象上，2017年突出机关、事业单位中层干部、农村"两委"干部及两新党组织书记四类人员；在培训内容上，突出加强党员理想信念教育和提高基层治理能力两个重点；在培训方式上，突出党校的主阵地作用。2017年共组织镇、村两级干部及两新党组织书记约300人，分三批共七期，采取"走出去"的方式赴井冈山、遵义等红色基地开展学习培训，提高社会治理能力。

2016—2017年中山市古镇镇中共党员和党组织情况表

	项目	2016年	2017年	增加数	增长率（%）
党员情况（人）	党员总数	3889	3827	-62	-1.5
	女党员数	1356	1371	15	1.1
	35岁以下党员数	1684	1573	-111	-6.6
	高中文化以上党员数	3022	3001	-21	-0.7
	在岗职工党员数	2515	2373	-142	-5.6
发展党员情况（人）	发展党员总数	50	52	2	4
	女党员数	12	22	10	83
	35岁以下党员数	37	34	-3	-8
	高中文化以上党员数	46	45	-1	-2.1
党组织情况（个）	基层党组织总数	296	159	-137	-46
	基层党委数	5	5	0	0
	党总支部数	4	4	0	0
	党支部数	287	150	-137	-47.7

【两新组织】 梳理、全面排查全镇181家两新组织，撤销48家关停并转后仍然存在的空挂党支部；完成对500多名两新组织的党员的基本信息采集。成立灯都博览有限公司党支部、华艺集团党总支、华艺广场党支部、灯饰大厦党总支、宜宾商会党支部等。组织28名两新组织党组织发展对象进行党课培训，经过考核和入党谈话，吸收17名优秀发展对象入党，为两新组织党组织再添新鲜血液。

顺利完成三项专题学习，3月22日至24日，镇两新组织党委一行6人到浙江宁波考察，重点探讨骆驼商会党委在"商、协会党建引领会员企业党建，带动会员企业发展"的发展模式，指导古镇商、协会党建；4月10日，组织50名两新书记到火炬区明阳新能源投资控股集团有限公司党委、石岐区咀香园食品有限公司党总支部、东区心苑社工服务中心党支部学习；5月15日至18日，组织近50名两新书记赴湖南大学开展党建工作专题学习。

2017年10月，古镇筛选出由中山市启创社会工作服务中心实施、古镇工商联党支部资助的红色创投项目"返脑还童"——古镇镇脑退化照顾者支援计划2.0作为第三季度红色创投的申报项目，有效地将党建元素渗透到社会善治的工作中。项目在全市的14个项目角逐和评审中荣获第一，获得广泛好评。此外，积极优化"同益一家人——同益家庭互助计划"等项目，争取申报2018年的红色创投项目。

【基层党建工作】 开展村（居）党组织和党员专题调研，由镇党委副书记苏玉山等党政领导带队，分3组对古镇13个村（居）开展基层党建专题调研，为下阶段从严治党行动提供依据。扎实开展党员信息采集工作。完成对古镇党组织及3840名党员的信息采集工作，党建工作的科学管理水平得到进一步提高。积极促进软弱涣散党组织转化，通过不断改进六坊村干部作风建设，提升"两委"班子发现问题、解决问题的能力，积极解决群众反映强烈的村集体经济问题、民生问题，助六坊村党支部成功摘掉"软弱涣散"帽子。着力提升两新党建工作水平，不断推进"两个覆盖"，新成立为民灯饰广场等一批两新党组织，为两新组织党委注入新鲜血液。完善古镇商会等14个两新党组织的党群活动室建设，营造浓厚的党建工作氛围。引导、鼓励两新党组织依据《古镇镇两新组织党建工作经费使用管理办法（试行）》开展党建活动，激发党组织活力和党员积极性。

【老干部工作】 2017年，古镇镇离退休干部党支部委员由3人组成，现有党员55人，男性46人，女性9人。每月15日定期组织老干部开展学习，并轮流安排党委、政府领导与老干部一起学习。通过召开座谈会、讲座培训等方式，组织老干部深入学习党的十九大精神，学习习近平总书记系列重要讲话。2017年10月26日，古镇机关退休党支部带领40名老党员参观东江纵队纪念馆，缅怀革命先烈，深化"两学一做"学习教育成果。除了关心老干部的身体状况之外，利用每个月的老干部学习日，协助他们整理医疗费用报销单据，及时发放上一个月报销费用，做到每单有登记、每宗有落实，减轻老干部看病、治疗等经济压力，高标准、高质量、高效率地做好老干部服务工作。

【驻点普遍直接联系群众】 2017年，古镇镇贯彻落实"公共服务中心—'两委'班子—驻点团队"三级问题解决机制，完成13个村（居）的"两委"换届。在换届选举前期，开展"听民意、促换届"主题式调研活动。13个驻点团队约160名驻点干部，下基层、听民声、聚民意，采取入户、座谈会等形式对约1800名党员群众进行调研，最终形成13份高质量的调研报告，为镇党委政府的研究决策提供有效依据。在换届选举过程中，所有驻点团队干部到达选举现场监督指导，为选举工作的正常开展提供坚强的组织保障；在海洲村和曹二村的选举中，部分驻点干部还充当公共代写人。

【华艺广场党总支打造党建"亮点工程"】 在新建成的华艺广场2楼设历史长廊，详细介绍古镇灯都文化、华艺创业30年的风雨历程；3楼设书吧，为群众补充精神食粮；4楼设艺术长廊，供群众涂鸦、留念；10楼设党员教育基地；27楼设立新的党群活动室，作为理想信念和爱国主义教育载体。华艺党总支依托华艺品牌、华艺文化，摸索出一条"党建＋公益＋灯文化传承"的新路子，为企业发展、社会和谐贡献力量。

【软弱涣散村整治】 2017年，六坊村被列为软弱涣散村。为解决六坊村党支部基层党组织凝聚力不足、集体物业租金拖欠、党务村务财务管理不透明、村内环境"脏乱差"等问题，古镇镇成立专项工作小组，定期到六坊村进行调研指导，并投入40万元专项资金全力支持六坊村软弱涣散整顿工作。通过建立健全村级内部制度、推进重点项目建设、强化三资管理、组织业务培训班等方式，规范村内党务村务财务管理，提升村干部队伍的业务能力，提高集体经济收入，不断增强村民幸福感、满足感和党组织凝聚力、战斗力。经整顿，六坊村重新制定《两委班子联席会议议事规则》，六坊村两委班子联席会议由过去一个月1次转变为一个月2次，进一步促进两委班子成员交流，及时解决六坊村重点难点问题，提

2017年，整顿后的海洲初级中学六坊路段停车场

（镇城管执法分局供图）

高工作效率。2017年，六坊村共召开20次两委班子联席会议，其中6次为软弱涣散整顿专项工作会议。

【督查工作】 2017年，古镇镇党委督查室承办市委决策督办7项；常委会决定事项1项；市委领导批办事项6项；上报市委督查调研报告材料34篇，其中市调研资料11篇，督查专报23篇；办理市府领导批办事项106件；承办市政府工作报告工作16项；完成市政府绩效考核66项；完成市府绩效创新创优申报工作44项；承办市人大会议建议2项；主办市政协会议工作1项；督办市镇重点项目工作27项；上报市府督查调研报告材料34篇，其中市调研资料10篇，督查信息20篇；发出镇督查199项；推进落实

镇党委工作报告96项；党代表提案、建议和意见26项；镇政府工作报告68项及十大民生实事；镇人大议案、建议和意见28项；编发《督查情况》10期。安排专人参与市委领导督查调研50多人次，协助省委市委督查室开展全省分片专项督查调研7件次；2017年共安排专项督查199项，出动督查人员100多人次，并协办第三届灯光文化节。

（蔡耀伟）

宣传工作

【宣传工作概况】 2017年，古镇镇宣传办（简称"镇宣传办"）以习近平总书记系列重要讲话以及十九大会议精神为指引，着力推动文化大发展大繁荣，提高宣传思想工作科学化水平，为推动经济社会跨越式发展营造了良好的舆论环境。

2017年协助完成27批次媒体到访采访调研，先后完成人民网直播、周五民生直播、"组团发展·微访谈"直播等大型直播活动。11月，协助CCTV4《走遍中国》的特色小镇专题拍摄，12月，组织元旦跨年晚会并连线CCTV2跨年晚会直播，力促古镇镇获评"全国特色小镇优秀项目""广东省十大明星小镇"。联动中央省市媒体，围绕灯博会和灯光文化节等活动契机独立宣传古镇，全年在各大媒体刊登新闻稿件500多篇。"灯都古镇"官微全年共发布1500多条信息，年阅读量超400万次。获评"2017年度中山十大最具影响力政务微信"。镇宣传办驻中山市古镇镇东兴东路1号213室。

【舆论宣传】 2017年，镇宣传办健全宣传体系，广用媒介，通过新闻宣传、网络宣传、专题宣传、社会宣传等抓好古镇镇形象宣传工作。抓好"两微三号两报一台一网"的宣传平台，发挥其喉舌作用，做好党的方针政策宣传，提升政务公开水平。微信、微博等新媒体平台凭借其迅速、裂变式传播的优势，在处理社会敏感热点问题上发挥了积极的舆论引导作用。在2017年的环保造谣事件、孩童走失事件和培训机构打骂儿童事件等，均通过新媒体平台及时发声，有效化解新闻危机。

对外积极联系中央省市媒体，抓好古镇镇形象宣传。与各级媒体保持友好合作与互动，在灯博会和灯光文化节期间邀请近60家媒体的记者前来采访报道，深入挖掘古镇镇作为灯饰之都、中国特色小镇、全球灯饰源产地的亮点进行宣传。做好媒体的采访接待工作，古镇镇灯饰产业转型升级及特色小镇建设得到各级媒体的关注。

【法治宣传教育】 2017年，古镇镇结合新媒体应用，于6月8日举行"法治古镇"微信公众号上线仪式暨古镇镇2017年法治文艺比赛。"法治古镇"微信公众号，集合法治资讯、微法互动、办事指引三大板块，以图文并茂的方式，向群众普及法治知识和宣传法治动态。至2017年12月，微平台共发布推文480余条，关注粉丝达4506人，阅读量达90000余次。开展法治文艺比赛，以文化搭台、法治唱戏的形式，吸引16支队伍参与角逐，有效发挥法治的引领和规范作用。古

· 资料链接 ·

两微指微信公众平台和官方微博，三号指头条号、企鹅号、南方号，两报指《灯都古镇》报和各村简报，一台指古镇电视台，一网指政府网站。

镇法制办与古镇电视台联合推出《灯都法制》普法电视栏目，根据谁执法谁普法原则组织安监分局、中国中山（灯饰）知识产权维权中心等部门拍摄播放8期栏目。联合全镇法治副校长、中山市第二人民法院等开展送法进校园活动；组织开展三八节普法讲堂、领导干部依法行政专题讲座、行政执法人员法律知识培训；结合学雷锋日、国家安全宣传日等主题日，开展法律援助、诉调对接等方面的法治宣传活动。累计开展法治宣传活动25场，派发宣传手册36000多本，服务群众59500人次。

【法治长廊】 2017年11月6日，古镇镇动工建设古镇镇法治文化长廊，形成以全民公益园为中心，以曹一公园和海洲文化广场为点面的法治文化宣传网格，实现古镇片、曹步片、海洲片三大片区全覆盖的格局。共计制作安装大牌坊3个，大宣传栏47个，小宣传栏78个，宣传喷画125幅，合同造价为224380元。

【《灯都古镇》报】 2017年，《灯都古镇》报共出版23期，春节休刊一期，元旦万人行增刊芳名录四个版。除一如既往

2017年7月5日，古镇镇第八届全民修身读书月活动在古镇大信新都汇举行开幕仪式

（镇宣传办供图）

地报道灯博会、灯光文化节、全镇两会等重大时政新闻外，还围绕古镇镇经济社会发展作了很多新闻报道，包括创建森林小镇、增强社会治理等，另刊登了文学原创等多个专题活动。

（米 华）

统战工作

【统战工作概况】 2017年，古镇镇统战工作以服务各界统战人士为中心，推进统一战线各项工作。积极联系各民主党派和无党派代表人士，及时通报情况，反映他们的意见和建议。开展以祖国统一为重点的海外统战工作。联系海外有关社团及代表人士。做好台胞、台属的有关工作。调查、研究并反映古镇镇非公有制经济代表人物的情况，协调关系，提出政策建议。调查研究党外知识分子的情况，反映意见，协调关系，提出政策建议；联系党外知识分子的代表人物。开展海内外统一战线的宣传工作。

【多党合作与党外知识分子工作】 2017年，古镇镇召集党外知识分子联谊会（简称"知联会"）成员参加学习贯彻党的十九大精神专题会议，观看教育片《不忘初心 继续前进》，学习习近平总书记新时代中国特色社会主义经济思想，激发会员爱国爱党的热情。组织全体会员为2017年慈善万人行筹款，并组织方阵于元旦当天参加万人行活动。开设健

康知识讲座，为协会开设法律知识讲座。为镇内部分社会公益组织担任免费顾问，为他们建言献策。组织镇知联会会员就医养结合养老新模式进行全镇性调研考察，为政府开展居家养老新模式提出专业性意见和建议。

【非公有制经济领域统战工作】 以工商联（商会）为抓手，凝聚全镇行业协会力量。2017年，古镇镇政府与照明行业协会联合主办第20届古镇灯饰国际博览会暨第三届中国灯都灯光文化节，吸引全球190多万人前来参展观看。成功举办国庆五人龙舟公开赛，推动镇内传统文化活动传承。引导工商联积极参与社会公益活动。工商联在2017年慈善活动中发挥了重要作用，筹集善款达530多万元用于建设灯都生态公园。开展镇内困难家庭、困难学生等节日慰问活动，把爱心和关怀送到困难家庭中。

【民族宗教领域统战工作】 2017年，古镇镇深化党政领导对民族宗教问题的认识，进一步运用法治思维和法治方式处理和解决宗教领域矛盾和问题，提高依法依规开展宗教活动的自觉性和主动性，提高民族宗教工作法治化水平。加强民间庙宇和宗教活动场所日常监管力度。完成民族宗教工作年度工作清单，确保全镇宗教领域和谐稳定。加强沟通，推动宗教活动和谐开展。定期与宗教场所负责人进行沟通交流，了解其年度活动开展情况和场所动态，开展"公益连萌"活动——民族宗教宣传专场，推动民族宗教和谐发展。镇相关部门实行重大节日值班制，协助宗教团体在重大节日安全愉快地举行宗教活动。古镇全年没发生重大宗教安全事故。

【培育统战类社会组织参与社会治理】 2017年，古镇镇知联会坚持充分尊重、广泛联系、加强团结、热情帮助、积极引导的方针，建立健全联席会议制度，在设置秘书处、配备专职人员及经费保障的基础上，为广大党外知识分子与政府搭建起沟通平台，打造"三大建设"品牌。举办基层统战理论主题培训班，学习《新形势下统一战线的基本理论、方针和政策》《跟毛泽东学国学》《广东经济社会形势分析》《国家安全与周边形势》等知识理论，激发会员爱国爱党的热情。组织全体会员为2017年慈善万人行筹款，并组织方阵于元旦当天参加万人行。免费为中老年人开设养生知识讲座，为协会开设法律知识讲座等。镇内部分社会公益组织担任免费顾问，建言献策。

（邓满林）

信 访

【信访工作概况】 2017年，古镇镇综治信访维稳中心共处理各类群众来访、来信、网信以及省、市交办等类型信访案件280宗536人次，其中前台受理案件来访133宗240人次，不予受理案件55宗230人次；国家以及省、市交办网信等类型信访案件48宗，不予受理案件44宗。案件办结情况方面，如期办结案件161宗，超期办结案件20宗，办理中案

·资料链接·

"三大建设"品牌：把知联会建设成为镇党委、政府与广大党外人士联系沟通的桥梁和纽带；建设成为积极向镇党委、政府建言献策的参谋军和智囊团；建设成为培养优秀党外代表人士的蓄水池和人才库。

件0宗，信访不予受理案件99宗；案件总体办结率100%。2017年共登记申请信访复查复核案件48宗，其中受理案件6宗，不予受理案件42宗，所有案件已按照信访复查复核程序如期办结。热点问题主要有：卫计计生占比16.59%、征地拆迁补偿占比6.27%、城乡建设占比3.58%、国土资源占比10.31%、村务公开及管理占比8.96%、基层换届选举占比8.07%、劳资纠纷占比7.17%、涉法涉诉占比13.73%。

【重点时期防护】 2017年，古镇镇以落实做好党的十九大会议期间防护安保工作为主线和重点，制定《古镇镇迎接党的十九大胜利召开维稳安保特别防护期工作实施方案》，部署相关安保防护工作事项。于4月底组建信访维稳工作专班，下设综合协调、信息研判、应急劝返三个工作小组，重点排查政治安全、企业改制、征地拆迁、涉众型经济案件等，妥善解决广中江高速征地补偿地办证、张建安土地界线问题等积案及省信访局督办案件。在全国"两会"、"一带一路"高峰会、广东省第十二次党代会、香港回归20周年等重要节点，落实做好矛盾排查、纠纷化解、应急劝返等方面工作，健全完善突发事件预警研判机制，细化应急处置工作预案，全年未发生越级违法上访和重大突发性事件。

（刘春晖）

综治维稳

【工作概况】 2017年，古镇镇围绕"平安古镇"建设总目标，深入开展"飓风2017"打击整治行动，对同益工业园进行重点整治；结合智慧城镇建设工作，推动信息技术在综治维稳方面的应用，成立镇综合治理网格化指挥中心，夯实社会平安基础。全年，古镇未发生重大群体性事件、重大安全生产事故和重大食品卫生安全事故，综治平安工作成效显著，获评"2017年度综治工作（平安建设）优秀镇区"。综治中心建设得到上级充分肯定，获评2017年中山市"十佳综治中心"称号，同时，古镇镇古二村综治中心获评"中山市优秀村（社区）综治中心"称号。

【社会治安重点地区排查整治】 古镇镇本着"哪类犯罪突出就重点打击哪类犯罪，哪类问题严重就重点整治哪类问题，哪里治安混乱就重点整治哪里，哪里防范薄弱就重点强化哪里"的原则，严厉打击影响群众安全感的违法犯罪活动，强力推进同益工业园的排查整治工作。开展整治工作以来，同益工业园共发刑事案件40起，同比下降22.5%；其中盗抢刑事案件21起，同比下降34.37%。发生行政案件55起，同比下降87.27%。

【综治网格化建设】 2017年，古镇镇以推进"中心＋网格化＋信息化"为抓手，以网格化服务管理工作为突破口，投入200余万元建成网格化服务管理指挥中心，投入190万元建成网格化社会综合管理平台，拨款500万元作为网格化绩效考核奖金。全镇共划分大小网格82个（一级网格1个，二级网格13个，三级网格68个），配备网格员958名（一级网格指挥员19名，二级网格调度员180名，三级网格巡视员759名）。全镇各级网格系统处理各类事件228385件，其中自报自理事件227612件，占99.66%，上报镇综治信访维稳中心协调处理773件，占总数0.34%；收集基层户籍人员、流动人口、基层党组织、工商企业等基础信息31346条。网格化服务管理指挥中心完成社会面视频采集点对接321个，覆盖全镇各交通要道。基层网格员累计巡查里程达448608公里。

【禁毒工作】 古镇镇依托吸毒人员网格化服务管理机制，由镇综治牵头，公安负责，基础网格具体组织实施，充分调动社村干部、社工、家属等力量，持续开展脱失吸毒人员大排查、大收戒、大管控，按时保质完成"清零"任务。对全镇辖区423名在册吸毒人员、50名社区戒毒人员和201名社区康复人员进行全面梳理核查，积极推进社区戒毒康复工作，及时落实帮扶工作。围绕"无毒青春，健康生活"这一主题，开展一系列形式新颖、内容丰富的活动，参与群众超过15万人次。

【防范和处理邪教工作】 2017年，古镇镇深入开展反邪教警示教育"进社区、进校园、进家庭、进厂企、进单位"等"五进"活动，开展摸底排查防控，成功解救28名在册"法轮功"人员。

【社会稳定风险评估】 2017年，古镇镇加强对重大决策、重大政策、重大改革、重大项目等方面的预测预警预报，对可能出现的不稳定因素逐项分析预测。全年对10个项目开展社会稳定风险评估，具体为：古镇曹安路道路改造工程、古镇东兴西路道路改造工程、古镇镇城轨站交通枢纽首期工程、广中江高速公路古镇安置地市政配套设施工程、古镇灯饰行业消防风险、基督教临时聚会点、冈东村冈东花园用地处理、冈东村严重精神障碍患者区某某、海洲高级中学周边污染情况、古镇涉危企业。

【社区矫正和安置帮教】 2017年，古镇镇接收新增社区矫正人员48人，因到期办理解除社区矫正51人，全镇在册社区矫正人员合计59人（缓刑58人，暂予监外执行1人），佩戴定位手环32人，"两个八小时"（社区服刑人员每月接受教育学习和参加社区服务的时间不少于八小时）达标率100%。成立过渡性安置帮教实体基地4个，对全镇132名刑满释放的安置帮扶人员建立定期回访制度。

（刘春晖）

保密工作

【保密工作概况】 2017年，古镇镇以高规格配备镇保密领导小组，党委副书记任组长，主管党政办、组织人事办、公安分局、综治办的党委委员任副组长，纪检办、党政办、组织办、武装部、综治办等部门负责人为成员。2017年间，无失泄密事件发生。

【制度建设】 2017年，在原有管理制度的基础上，进一步完善《古镇镇保密工作制度》《古镇镇计算机及移动存储介质保密管理规定》《古镇镇信息公开保密审查制度》等保密管理制度，增添新时期新形势下新的保密事项和管理措施。进一步明确各项保密工作的要求、流程，从密件的收发、流转、制发等各环节严格要求，加强对涉密人员、涉密介质、信息审查等的管理，防堵涉密漏洞，把各项保密工作制度落到实处。加强定密管理，恪守定密流程。严格执行密件制发审批制度，所有涉密事项（包括涉密的复函、汇报、文件汇编等）在制发过程中，要求承办人、承办单位从拟稿开始就按密件制发流程处理，最后由定密责任人（古镇镇定密责任人为镇长）签发。

【培训教育】 2017年7—9月，结合纪律教育学习月活动，开展保密法纪宣传教育。定期组织保密员及收发员参加中山市保密局组织的保密工作培训，强化机关工作人员保密意识，提高保密业务水平。2017年12月18日，镇保密工作领导小组在镇政府会议中心召开"2017年古镇镇保密工作培训班"，镇机关、事业单位中层干部，公务员，职能部门负责人，股级以上干部及保密员，各村（居）书记及办公室主任，各中小学校校长及办公室主任等近300人参加培训。

2017年12月18日，2017年古镇镇保密工作培训班在镇政府会议中心举行
（区伟华摄）

【保密事项管理】 2017年，签订保密责任书的保密干部共有24人，其中重要涉密人员5人，一般涉密人员19人。开展涉密岗位确认工作，确认涉密岗位共13个。

【保密检查】 每季度定期开展一次保密检查，同时辅以不定期抽检。2017年12月1日，中山市保密局联合市委统战部、市政法委、市公安局、市民政局对政法系统和统侨系统开展保密专项检查。根据市保密局在保密专项检查中发现的问题及市保密局领导的指示，12月4日，镇保密领导小组迅速制订保密专项检查方案，抽调党政办、纪检办、组织办、宣传办、综治办、武装部、经信局、社会事务局、人社分局等部门13名骨干，组成保密工作专项检查组，分4个检查小组对机关各部门纸质涉密文件的流转、存放和计算机、存储设备的保密管理情况进行详细检查。12月5—8日，4个检查小组对机关37个部门的保密工作进行了一次地毯式详细检查，除纸质文件外，共查内网计算机136台、外网计算机518台，针对存在问题提出整改意见。

（李宜芳）

中山市古镇镇人民代表大会

【镇人大概况】 中山市古镇镇人大代表会议由古镇镇镇人民代表大会（简称"镇人大"）代表全体组成人员组成。2017年，古镇镇共有17名市人大代表和81名镇人大代表，代表来自干部、教育、医疗、企业、农户等不同的界别。全年召开会议两次：古镇镇第十六届人民代表大会第二次会议与古镇镇第十六届人民代表大会第三次会议。

【古镇镇人大代表会议】 2017年1月18日，古镇镇第十六届人民代表大会第二次会议在镇政府会议中心召开，81名镇人大代表及100多名列席代表出席会议。会议审查和批准了《古镇镇2016年财政预算执行情况和2017年财政预算草案报告》，并对镇政府各单位、职能部门进行民主测评。

2017年8月28日，古镇镇

第十六届人民代表大会第三次会议在镇政府会议中心召开，81名镇人大代表及100多名列席代表出席会议。会议听取并审议通过《古镇镇2017年上半年经济工作和下半年工作任务报告》《古镇镇2017年上半年人大工作报告》《古镇镇2017年上半年财政预算执行情况报告》和《古镇镇2017年上半年财政预算调整（草案）报告》，通过《古镇镇2017年上半年议案建议办理情况报告》和《古镇镇关于加快全镇河涌综合治理工作的议案》。

【人大建议办理】 镇人大把认真督办代表议案、意见建议作为人大监督和推动政府工作、保障代表权利的重要途径，通过不断完善督办机制，推进办理工作规范化和制度化，切实增强代表意见建议的办理实效。中山市第十五届人大第四次会议期间，古镇代表团提出议案共5项，全部被确定采纳为市人大议案，采用率达100%。镇第十六届第一、二次会议期间，共收到代表议案、意见和建议28项。镇人大办与镇党委督查室对代表建议办理专题研究、专门部署，对每一条建议都做到定责、定标准、定时限，截至2017年12月31日，议案建议已完成19件，按计划开展9件，办理率和反馈率均为100%。

【人大代表工作】 2017年，镇人大组织执法检查4次，参与检查的代表达到80人次。结合"四看"工作，组织部分镇人大代表积极参与政府有关职能部门开展的户外广告设施检查、拆除工作，包括：星际灯饰广场空中线缆的整治、灯都生态湿地公园的基站建设、中兴大道户外广告牌清拆等，进一步加强对执法工作的监督，促进城市空间环境的美化。

镇人大共组织召开人大代表座谈会6次，参与座谈会的代表达到90人次，此外，镇人大还积极配合市人大开展城乡生活垃圾、城镇绿化等专题调研和执法检查，督促镇有关部门强化责任意识，提升服务质量，让改革发展成果更多惠及全镇人民。针对群众反映强烈的河涌发臭、发黑等环境问题，镇人大多次组织视察活动，重点检查《环境保护法》的贯彻落实情况，视察古镇冈东村龙舟江新河段、华艺广场周边河段等。针对存在的问题，镇人大组织相关部门、村（居）进行座谈，要求相关部门尽快履职，加强联动，确保短期整治出成效，长期管控有办法。

镇人大认真贯彻落实《中山市人大代表联络站规范化建设的意见》，按照"标准化、制度化、信息化、实效化"的原则推进镇人大代表联络站建设。2017年，古镇已建立"古镇镇灯饰行业协会人大代表联络站"和"古镇镇曹一村人大代表联络站"，并顺利迎来市人大工作组的检查验收，市人大予以充分肯定。建立镇人大主席团成员联系专业代表小组和代表制度。按照古镇实际，建立以镇人大主席袁松华同志为组长的立法代表小组、以副镇长王平同志为组长的安全生产代表小组、以副镇长林沃明同志为组长的生态建设代表小组，不断改进和加强人大工作。

2017年，共办理人民群众来信来访10件，接待群众来访32人次。针对群众来信来访情况组织代表对冈东龙江舟新河污染等问题进行督办，有效促进涉及民生问题的有效解决。

（张 威）

古镇镇人民政府

【工作概况】 古镇镇设镇长1名，副镇长4名。2017年，古镇镇全面贯彻落实党的十九大精神和习近平总书记对广东工作作出的重要批示精神，坚持以习近平新时代中国特色社会主义思想为指引，紧紧把握稳中求进的总基调，竭力推进稳增长、促改革、惠民生、保平安等各项工作，深入实施"工业立镇、商贸强镇、生态美镇、和谐兴镇"等发展措施，打造宜居宜业宜游的和美古镇。

【重要事项和决策】 **服务经济发展** 2017年，古镇镇出台《古镇镇促进外贸稳定增长专项资金管理暂行办法》《古镇镇招商引资专项资金管理暂行办法》等惠企政策，举办"中国灯饰之都百强企业"评选活动，评选出100家扎根在古镇镇的优秀企业。新建标准厂房12.46万平方米，工业技改投资增长119.3%，研发经费占生产总值比重达2.39%。坚持原创设计，升级优化广州知识产权法院中山诉讼服务处功能，为企业提供远程立案、远程调解、远程答疑接访等服务。组建"灯饰品牌联盟"，利于企业以创新抱团提升品牌的方式"走出去"。

完善城镇建设 完成全镇总体规划编制修编工作及特色小镇项目规划，深入打造灯饰产业中心区，加快推进海洲城际中心规划，推进城轨站交通枢纽首期工程、向阳二路中心河桥梁等项目建设。编制《古镇镇镇内公交线网规划方案》，推进公交体制改革试点工作，投入3312万元完善交通基础设施建设。

强力推进"创文"工作 借2017年中山复评"全国文明城市"的契机，大力清拆违法广告牌380宗，推进"住改厂"专项整治行动，加大锌铁棚违章建筑、无牌无证三轮车查处力度，加强大气污染防治、"小散乱污"整治、违法排污查处监察执法工作，推进绿化美化提升大行动，落实河长制，全镇人居环境不断优化，生态建设不断增强。

加强民生建设 通过举办大型公益招聘会、微信公众平台发布招聘信息等方式，城镇新增就业3000人。城镇基本养老保险和基本医疗保险实现全覆盖，参加基本医疗保险人数达10.7万人。用于助学助贫助老的费用超过2800万元，困难居民重特大疾病医疗救助比例提高到80%以上。全面实现14项基本公共卫生服务均等化，公共卫生考核成绩在中山市名列前茅。新增等级幼儿园幼儿学位450个，全镇公益普惠性幼儿园总数达17间，占比达81%。1280名流动人员子女通过流动人口积分制入读公办学校。全面推进基层公共服务平台建设，建成8个国家级基层综合性文化服务中心。

【依法行政】 2017年，古镇镇政府自觉接受人大监督，办结人大代表建议28件。创新行政执法典型案例发布，向社会公布全镇第二辑行政执法典型案例，2017年全市执法案件评查活动案件优秀率达100%。推进"互联网+政务服务"，办理12345政府服务热线和镇长信箱咨询、投诉、建议4460份。严格行政执法主体资格和行政执法证件管理，对全镇不符合申领行政执法证资格的行政执法人员（临时工、合同工等）进行清理，禁止临时工、合同工申领行政执法证。

【政府法律顾问】 2017年，古镇镇继续推行政府法律顾问参与接访机制，政府法律顾问于每月15日进驻镇信访维稳中心，并随同党政领导面对面接访，全年累计参加领导接访活动12次，提供专项法律服务342次。古镇镇政府全年制定规范性文件8份，规范性文件合法性审查率达100%，清理镇政府规范性文件45件。

为困难群众提供法律援助120余人次，办理法律援助案件17件，协助重大纠纷协调化解工作12次。

【应急管理】 2017年，古镇镇认真贯彻省、市应急管理工作的重要决策部署，全力做好突发事件风险隐患排查整改、应急值守和信息报送、防范和处置突发事件、应急体系建设等各项工作。修订《2017防汛防旱防风应急预案》《2017年古镇镇特大安全事故应急处理预案》《2017年古镇镇特大安全事故应急处理预案》《古镇镇灯光文化节应急预案》等应急预案。另外，针对其他突发事件也制订具体方案，如《印发古镇公安分局关于全国"两会"期间信访人拦截劝返工作预案的通知》《关于印发古镇分局2017年穆斯林非法聚会活动应急预案的通知》《印发古镇公安分局关于严重精神障碍患者肇事肇祸应急处置预案的通知》《关于印发〈金砖国家领导人第九次会晤安保工作方案〉的通知》等专项预案。消防大队对辖区106家重点单位灭火救援预案也重新修订，并制作70份数字化预案。按照"重点领域、重点行业、专项突破、专项治理"原则，深入排查和整改18个重点领域、重点行业，其他领域、行业的突发事件风险隐患排查和整改工作，全年共查出各类突发事件隐患2903个，其中按范围分：建筑施工类10个，危险化学品类1个，交通运输类43个，消防安全类2786个，传染病类66个，整改率99.9%。

深入开展应急知识宣传，提高群众应急意识和应急能力。多次在全镇范围内广泛深入开展应急知识宣传活动，督促各村开展消防摩托车宣传；组织大型灭火演习10余次；开展大型社会消防宣传4次；组织消防站开放10余次；印发宣传资料4万多份；在各级新闻媒体刊登消防信息89条，其中中央级媒体5条，省级媒体46条，市级媒体38条；开展红十字应急救护知识培训1次；开展古镇医院反恐防暴器材使用和对抗的培训；在《灯都古镇》报刊设立消防工作专栏，每月固定刊登2次消防工作动态信息。

不断充实应急救援队伍，2017年全镇有公安、消防、卫生、安全生产等应急分队4支，60余人。为普及各类应急知识，强化应急处置能力，2017年，开展安全生产应急演练、供水有限公司古镇分公司氯气泄漏事故应急救援演练、食品安全事故应急实战演练等大型应急演练。开展医院重点区域专项检查及突发停电事件应急预案演练、火灾突发事件消防应急预案演练、蚊媒密度控制应急演练、医院紧急疏散演练。深入辖区石油化工、人员密集场所、大型商业综合体等单位开展大队级灭火演练11次，中队级灭火演练168次，出动车辆600余车次、人员5000余人次。

做好突发公共事件的信息报送，在十九大及各类敏感特殊防护期和重大节假日活动，严格坚持24小时值班制度，认真做好日常值守应急和信息汇总工作，进一步提高信息报告的效率和质量，进一步严格执行重大事项报告制度和值班登记、交接班制度。

积极配合一体机建设，2017年，古镇镇应急办完成一体机硬件安装并投入使用，一体机在日常值守工作中正常使用，常用功能有电话调度、信息收发、传真收发、应急资源、数据上报等，有助于提高和规范日常值守工作。

【政务公开】 2017年，古镇镇政府网共发布古镇新闻775条、政务通知170条、招投标信息408条、部门信息402条、教育信息4591条。政府网处理网上咨询和投诉820条，其中投诉举报550条、咨询问题126条、镇长信箱144条。中山市12345行政服务热线的咨询投诉3618件。同时，按照市政府关于镇区政府网站集约化建设要求，古镇镇政府网站的数据完成迁移，启用新的镇政府网站（网址 http://www.zs.gov.cn/gzz/）。镇政府全年受理政府信息公开申请8宗，回复8宗。

【镇行政服务中心运营概况】 2017年，镇行政服务中心围绕"便民、贴心、高效、公平"的服务宗旨，着力从提效率、促规范、强服务等方面下工夫，切实解决服务群众"最后一公里"问题。推进"一门式、一网式"政府服务模式改革，制订改革方案、开展一体化系统培训、规范服务大厅建设，进一步提升服务水平。落实"八个有"建设目标，即有机构、有场地、有事项、有系统、有人员、有"一窗通办"模式窗口、有收件专用章、有制度。推动公共服务向基层覆盖延伸，镇政务办和社会事务局共同推进"市、镇、村"三级政务服务体系建设，通过市一体化管理系统，在网上建立起业务受理、审批、办结、出件全流程服务，实现市、镇、村三级政务服务体系，夯实为民服务基础。2017年，网上办事大厅古镇镇办事站共有358个服务事项，其中329项可以在线办理。

【法制工作】 概况 2017年，古镇镇法制办（简称"镇法制办"）不断推进法制工作力度，为全镇经济社会发展营造了良好的法治环境和氛围。古镇镇报送的《小舞台引领大法治》一文刊登在中国《社会与公益》刊物2017年第2期上。2017年古镇镇政府全年共制定规范性文件8份，合法性审查审核率达100%。政府法律顾问团队共提供专项法律服务342次，其中综合行政类61次，行政执法类86次，民商事类195次。古镇镇法制办驻中山市古镇镇东兴东路行政服务中心5号楼。

政府法律顾问室 2017年，政府法律顾问全面把关古镇镇综合行政、行政执法、民商事等三大领域的法律事务审核，全年共提供专项法律服务342次，其中综合行政类61次，行政执法类86次，民商事类195次。2017年政府法律顾问参与领导接访日活动，由政府法律顾问于每月15日进驻镇信访维稳中心参加接访，并随同党政领导面对面接访，就一些信访案件的处理，提出切实可行的法律意见。全年累计参与领导接访活动12次，接待群众共27批62人次，协助调处化解疑难矛盾纠纷7宗，对妥善化解纠纷，实现案件"访转诉"起到了积极作用。

行政执法监督 妥善处理涉法案件。为确保生效裁判文书的履行，统筹做好古一村股权确权系列案的强制执行工作，该批行政强制执行案共64件已执行到位，有效维护了村民的合法权益。严格执法证准入关口。按照省、市有关行政执法人员申领行政执法证的条件，确保执法证申领工作规范化，共办理执法证30人次。继续完善健全以案释法和典型案例发布工作制度，于12月召开新闻发布会，向社会公布全镇第二辑行政执法典型案例，并发布《法治灯都》普法系列读本第二辑，进一步发挥典型案例在执法实践中的示范、指导作用。

法治宣传 结合新媒体应用，于6月正式运行"法治古镇"微信公众号，集合法治资讯、微法互动、办事指引三大板块，以图文并茂的方式，向群众普及法治知识和宣传法治动态，共发布推文360篇，阅读量达71930次。继续开展《灯都法制》普法电视栏目，以古镇身边人身边事为栏目素材和"谁执法谁普法"的宣传模式，在镇电视台播放。开展法律进机关活动，结合"3·8妇女节"主题日，举办普法讲堂，为全镇机关女性带来生动的妇女权益保护和幸福婚姻课堂。围绕机关领导干部学法活动，于9月开展依法行政专题讲座，全镇各机关单位、村（居）等中层以上领导干部参加学习活动。

【港澳事务】 2017年，古镇镇继续贯彻落实港澳台海外统一战线工作方针，坚持"引进来，走出去"的宗旨，大力支持港澳社团组织活动，广交深交港澳台海外朋友，深入开展争取人心乡情工作。制定《关于进一步支持古镇港澳同乡会发展的意见》，对同乡会开展换届活动、年度重大活动予以活动经费支持，大大提高同乡会活动开展的积极性。镇党委书记赴港澳拜会赵曾学韫、汤福荣等知名乡亲，为推动家乡港澳交流铺桥搭路。主管统战工作党政领导联同镇统侨办积极参加香港社团总会、香港海洲同乡联谊会、香港海洲同乡会、澳门中国灯都古镇镇同乡会及兄弟镇港澳社团等活动共10多次。邀请港澳社团回乡参加镇国庆龙舟公开赛、工商联周年庆典、灯光文化节、灯博会、慈善万人行、天后诞等镇内大型活动。2017年9月9—10日，（澳门）中国灯都古镇镇同乡会区荣享会长将带领1300名乡亲回乡，举行千人游灯都活动。中山市委统战部副部长、中山海外联谊会副会长郑向荣，古镇镇党委副书记林少杰等领导热情接待了返乡参观游览的一众乡亲。

【涉台事务】 2017年，古镇镇共接待台南市安平区文平里参访团、台湾中华健康照护管理协会参访团、台中市西区公德里参访团、国台办领导等团组约100人。

【外事侨务工作】 2017年，古镇镇外事侨务工作紧紧围绕镇委政府中心工作，适应形势变化，强化统筹意识，加强资源整合，搭建全镇外事管理和服务平台，增强服务全镇经济建设、社会稳定、民生发展的能力，推动古镇对外交往与合作。2017年共接待港澳乡亲、侨商协会菲律宾分会、第三期太平洋岛国青年领袖研修班、越南司局级党政干部考察团、柬埔寨人民党高级干部考察团及各国驻穗领使团等参访使团30多批次、1500多人次。2017年灯博会、灯光文化节期间邀请伊朗旅游部驻广州代表处副领事法曼前来参观。

（蔡丽庆　顾贤满　邓满林）

2017年9月9—10日，（澳门）中国灯都古镇镇同乡会会长区荣享带领1300名乡亲回乡，举行千人游灯都活动

（梁悦华摄）

中国共产党中山市古镇镇纪律检查委员会

【工作概况】 2017年，中共中山市古镇镇纪律检查委员会（简称"镇纪委"）认真学习

贯彻党的十八大、十九大和习近平总书记系列重要讲话精神，坚决落实市纪委全会的决策部署，强化监督执纪问责，同时开展全方位、多层面、常态化的宣传教育活动，全面从严落实监督责任，协助党委落实主体责任。全年共立案9件，结案9件，给予党纪处分8人；共开展任前廉政谈话76人次，谈话提醒524人次，诫勉谈话5人次。古镇镇纪委驻中山市古镇镇东兴东路1号422室。

【纪律审查】 全年共收到群众信访举报44件，同比下降27.87%。检举控告类31件，占比70.45%。其中，重复举报16件，同比下降33.33%；实际应核已核信访举报15件，同比下降54.55%，核查率达100%。排查基层党员干部违纪违法重要线索16条，11条已进行初核，11条已办结。暂未发现换届和扶贫领域线索。通过办案挽回直接经济损失1900多万元。

【四种形态】 全面落实从严治党要求，坚持挺纪在前、纪法分开。严明换届纪律，加强对镇村两级换届风气监督，以铁的纪律确保换届工作风清气正。严把干部选拔任用廉政审查关，办理党风廉政情况回复184人次，防止"带病提拔""带病上岗"。坚持抓早抓小，动辄则咎方针，积极探索实践"四种形态"。建立谈话提醒工作机制，提升应用第一种形态的实效。

【宣传教育】 开展全方位、多层面、常态化的宣传教育活动，扎实推进纪律教育学习月活动。为新任村（居）"两委"成员作案例剖析专题授课，为镇城建系统、海洲村作纪律教育专题辅导课，筑牢重点部门、农村党员干部拒腐防变思想道德防线。组织党员干部观看《打铁还需自身硬》《失责必问》等专题教育片和《冼夫人之浩气英风》《邓小平登黄山》廉政电影，强化警示教育作用。发挥廉政教育阵地作用，先后组织机关部门负责人、村（居）"两委"等共174人次到广东省、中山市反腐倡廉教育基地参观学习。定制84块家风家训图片展板在各中小学举办"廉洁修身、廉洁齐家"巡回展览活动，共有9间学校的约12000名师生、家长参观了展览。同时，运用微信新媒体进行家风家训图片电子展。以廉洁读书月活动为契机，发放一批反腐倡廉教育学习资料，在镇图书馆设立廉政图书专柜，精心挑选实用性强、阅读意义深刻的优秀廉洁图书摆放，并向群众进行宣传推介。在全市第三届"廉洁火炬杯"党规党纪知识竞赛上，获得组织奖。

【队伍建设】 定期向市纪委和镇党委汇报党风廉政建设工作并提出建议。镇党委定期召开专题研究会，部署党风廉政建设工作任务，每季度召开纪委委员会议，学习党的十九大工作报告，传达市纪委重要会议、全市"三纪"班精神，通报监督执纪审查情况，探讨制度长效化建设。召开全镇纪检监察工作会议，部署村（居）、部门工作计划，层层分解责任，把监督责任压实到基层。由镇党委书记和新任村（居）党（委）支部书记、部门单位负责人签订党风廉政建设责任书。到9个重点村、部门开展党风廉政建设调研，层层传导压力，把从严治党主体责任向基层延伸。

结合"能力建设年"活动，深入开展"两学一做"教育，认真学习党的十九大精神和"三条例、两准则"等党内法规，积极参加省市纪委组织的纪检监察业务培训班，贯彻执行监督执纪工作规则，规范纪律审查工作，严把纪检干部准入关，不断提高纪检监察干部的综合素质和履职能力。严格遵守干部监督规定，凡有涉及纪检干部信访件，统一由市纪委干部监督室负责办理。全年办结涉及纪检干部信访1件。持续深化"三转"，巩固议事协调机构清理成果。加强两个"六有"规范化建设。先后调入3名干部，其中2名公务员，配强纪检监察队伍；完成3个谈话室软包、视频监控系统安装工程，增购专用电脑、便携式打印机、保密柜等办案设备，为纪律审查工作提供保障。

【驻村（居）副书记工作】 修订印发《古镇镇驻村（居）副书记管理办法》，进一步明确驻村（居）副书记14项职责任务，规范日常管理及考核评议内容;重新选派11名机关中层干部到农村担任副书记，分管党建和纪检工作，强化对基层党组织和领导班子成员的管理监督。定期召开驻村（居）副书记工作会议，及时研判和解决农村党风廉政建设工作中存在的问题和困难，要求各村主动查找"三资"管理中存在的廉政风险点，尤其是工程招投标领域，完善防控措施，农村"三资"管理得到进一步加强。

【派驻纪检监察组工作】 成立派驻镇综合行政执法局纪检监察工作组，印发《古镇镇纪委、监察室派驻纪检监察组工作方案》，以综合执法局为试点单位，细化派驻组工作内容，制定列席派驻单位会议、监督检查、约谈监督和内部管理系列制度。全年派驻组共参加各分局会议12次，其中业务培训会议3次，各分局人员集体见面会议3次，作集体廉洁执法宣传教育1次，参加"三重一大"讨论会议5次。组织谈话76人次，开展廉政建设问卷调查1次，设立廉政举报信箱1个，形成《古镇城管执法分局廉政建设调研报告》1份，处理信访举报1件，强化对领导班子和党员干部队伍廉洁从政的管理监督。

（吴宇静）

社团组织
SOCIAL ORGANIZATIONS

工 会

【工会概况】 2017年,古镇镇共有基层工会1551家,发展工会会员约4.4万名。新增市级"集体协商规范化建设示范点"1个(广东百佳百特实业有限公司)、"爱心妈妈小屋"1个(古镇人民医院),新增"市级职工书屋"3个(曹一村工联会、曹二村工联会、开元灯饰)。古镇镇工委会(简称"镇工委会")驻中山市古镇镇东兴东路1号110室。

【工会组织建设】 2017年,镇工委会在同益工业园建立区域性工联会,提高工业园区内工会组织覆盖面和职工入会率。全镇工会组织不断壮大,非公企业民主建会24家,非公企业民主换届56家,完成市总工会下达任务;农民工入会工作进一步推进,新发展农民工工会会员2305多人,会员队伍规模不断壮大;基层工会规范化建设水平进一步提升。

【干部培训】 2017年共组织举办工会业务、财务经审、宣传教育、法制建设、义工培训、干部培训及工作会议15次,参加人员达215余人次。通过培训,全镇工会干部队伍素质和能力不断提高。

【职工权益维护】 2017年中山市总工会继续在古镇推行工会法律服务站工作,为广大职工提供法律咨询、劳动争议调解、民主管理指导、工资集体协商规范等多元化服务。全年共接待来访165余次,涉及工人320余人。大力推进行业性、区域性工资集体协商工作,做到新建工会组织百分之百签订工资集体协商,推动发展成果共享。广东百佳百特实业有限公司申报成为中山市工资集体协商示范点。全镇共签订工资集体协议1298家企业,超过85%基层工会签订工资集体协商,有力推动了工资共决、劳资双赢。6月,联合镇妇联等部门为古镇镇基层工会职工子女约400人举办4场职工子女预防性侵讲座;组织镇工会义工开展"中山工会义工高温天气劳动保护法律法规宣传日活动",向广大职工派发宣传单2000多张及清凉饮料1000多份。7—10月开展形式多样的劳动安全卫生和暑期保健知识宣传教育活动。

【职工帮扶救助】 2017年,镇工委会为8名困难职工申请帮扶,共帮扶26000元。2月,镇工委会组织欧普、旺来参加中山市总工会"四送"大型活动,帮助广大求职者和用人单位搭建平台,缓解部分企事业单位招工难的问题。5—7月,对全镇特困职工进行摸底调查,并发动各工会开展职工解困互助月捐款活动,共筹集上交善款31000元。8—9月,委托广东省工人医院为古镇镇200多名女职工提供免费"两癌"体检,切实维护女职工合法权益,用实际行动关心女职工的健康。11月开始,全面开展困难职工调查工作,期间全镇共12人提交资料申请。

【职工文化建设】 2017年,镇工委会在推进职工素质建设、丰富职工群众文娱生活等方面做了一系列工作,共发动12名职工参加学历提升计划。1—6月,联合镇体委、镇电视台、镇旅游办文化站等部门举办"中环灯饰美食广场杯"足球联赛,古镇镇及其周边镇区共13支队伍、300余名足球爱好者参赛。"五一"期间,联合镇团委举办"庆五一迎五四"大型文艺比赛,欧普照明小品《缘》、华裕灯饰个人独唱《一夜》获得三等奖。6月,举办"活力灯都·与你同行"古镇镇职工趣味运动会，71支职工队伍共781名运动员参加，丰富活跃了古镇镇职工群众业余文体生活，促进和谐劳动关系。8月，举行工会财务和经审工作培训班，推进全镇工会财务和经审规范化建设；联合镇妇联举办"七夕笑牵牛"大型联谊活动，256名单身青年踊跃报名参加。8—9月，为欧普照明108名外来职工子女开设"小小欧普人"夏令营，丰富异地务工人员随迁子女的暑期生活，让广大异地务工人员感受第二故乡的热情。

【"三工"联动】 镇工委会注重联动专业社会工作者（简称"社工"）与义工，为广大职工群众提供多样化的服务。为深化"三工"联动的服务成效，中山市总工会于6月印发《中山市第三届"工益春笋"职工服务创投大赛方案》。古镇镇提交8个精品创投项目，其中4个项目脱颖而出为优秀项目，获得种子资金资助。

职工服务站是镇工委会联合社工、义工为职工服务的一个平台，服务内容包括：职工困难帮扶、工伤（职业病）关爱、就业促进、维权支持、助学助医、心理支援等。7月13日，广东百佳百特实业有限公司举行"三工"联动职工服务站揭牌仪式。这是古镇镇继欧普照明电器（中山）有限公司职工服务站之后，在企业中建立的第二个职工服务站。7月24日，中山市古镇益华百货有限公司举行"三工"联动职工服务站揭牌仪式。

（蔡小华）

中国共产主义青年团

【团工作概况】 2017年，古镇镇团委积极发挥组织青年、引导青年、服务青年、维护青少年合法权益，开拓创新、真抓实干的基本职能，推动古镇共青团工作不断发展。共青团中山市古镇镇第十七届委员会共有委员13名。2017年全镇有团组织194个：基层团委4个，团总支11个，团支部179个（含非公企业团支部89个，新社会组织团支部14个，学校及机关团组织91个）。其中2017年新建团组织22个。青年社会组织10个。全镇有在册团员1500人，2017年新增团员123人。古镇镇团委驻中山市古镇镇东兴东路1号215室。

【团组织建设】 2017年，古镇镇顺利完成镇团委的换届工作。经过广泛宣传，综合考察，完成镇团委3名编外副书记的选聘工作。新选聘编外副书记以企业管理者为主，资源整合能力强，有利于团结广大青年，有效增强古镇镇团工作力量。7月5日，共青团中山市古镇镇第十七次代表大会在古镇镇政府会议中心召开，来自全镇各条战线的145名团员代表参加会议。经新一届委员会选举，马梦华当选为共青团中山市古镇镇第十七届委员会书记；汪洋、李勇、邓巧玲当选为共青团中山市古镇镇第十七届会副书记。7月，召开2017年古镇镇农村团组织集中换届动员大会暨"一学一做"工作推进会。10月，完成农村团组织换届工作，各村优化配备好村级团组织负责人，选配政治素质高、道德品质好、工作能力强、带动作用大的优秀青年担任兼职团干部。换届后农村团组织委员平均年龄28岁，大专以上学历占87.1%。其中村团组织书记平均年龄31岁，党员占83.3%，由"两委"成员兼任率达75%。

【培训工作】 2017年，古镇镇团委响应共青团广东省委"万名团干讲党团课"的号召，积极开展自学修身、"学习总书

记讲话 做合格共青团员"等主题教育活动。古镇镇团委共组织24名团干参加"2017年中山市基层团干部培训班(北部片区)"。本次培训,课程内容以时政专题讲座、基层团工作实务、中山共青团品牌项目、青年文明号创建经验、网上共青团为主,采取集中学习、交流分享等相结合的方式进行。

党的十九大召开后,古镇镇举办"关于学习宣传贯彻党的十九大精神宣讲会",邀请广东省团校讲师张旭老师为灯都青年详细解读十九大报告,带动灯都青年学习宣传贯彻党的十九大精神工作掀起新高潮。全镇机关、农村、学校、两新企业等多个基层团组织近100名团支部书记、团干及学生团员代表参加会议,做到"团干带头学、团组织帮助学"。组织团员青年集中观看《不忘初心 继续前进》《将改革进行到底》《辉煌中国》等政论专题片,组织100多名团干召开全镇"学习总书记讲话 做合格共青团员"专题讲座暨集中入团推进会,举行"深入贯彻学习十九大精神,志愿者在行动暨2017古镇灯光文化节志愿服务总结大会",广泛发动团员青年参加主题征文活动,引导青年深入贯彻学习十九大精神。同时,利用新媒体打造"互联网+"的学习宣传格局,通过QQ群、微信群、微信公众号等方式发布十九大专题资料。

【干部队伍建设】 2017年,古镇镇各级团组织深入推进"从严治团"和"一学一做"教育实践活动。实施团干素质提升计划,组织团干100多人次参加市、镇举办的各类培训班。扩大基层组织覆盖面,强化层级化组织建设,完善镇、村二级团建网络,加强非公团建工作;广泛发动各团组织组织动员青少年通过讲团课、自学等形式学习宣传贯彻习近平总书记对广东工作作出的重要批示精神,深入学习宣传贯彻省党代会精神。认真贯彻落实团市委有关学校团工作的改革文件精神,严格抓好学生团员入团程序,重视发挥共青团员的模范带头作用,使学校共青团组织成为在校青年学生的核心。

【志愿服务】 2017年,古镇镇团委充分利用"i志愿"系统平台以及"灯都古镇青年""灯都古镇"微信公众号平台,积极发动组织志愿服务活动。全年共组织志愿活动达90次,其中有"慈善万人行""古镇半程马拉松""五人龙舟赛""灯光文化节""慈善跨年晚会"等大型志愿活动。"i志愿"系统新增注册志愿者220人。全年共有4个团支部、3名团干、7名团员、6名青年志愿者获评优秀榜样,镇青年志愿者协会获评"2017年度最佳青年志愿者协会(服务总队)"。

春节前,举办爱心花房义卖活动,通过义卖盆栽、年花等形式唤起大家对志愿事业的关注,同时筹集善款用于镇内其他公益活动。联合镇流管办、镇交通运输分局、镇执法分局等部门到古镇镇城轨站开展2017年"青春情暖 温暖回家路"春运青年志愿服务,为返乡旅客提供面包糕点、饮料等1000多份;结合"我在中山挺好的"活动,在服务摊位旁设立具有古镇人文特色的"我在古镇挺好的"背景板,免费为返乡的外来务工者拍照、打印。

"学雷锋"月活动中,镇团委积极搭建平台,组织医院、流管、司法、人社、工会、妇联、执法、卫计等部门共设立十多个摊位,为群众提供义诊、青年服务、职工妇儿权益维护、心理咨询、法律咨询等多项志愿服务。

2017年4月23日,首届古镇镇半程马拉松公开赛在古镇人民广场开跑,镇团委共招募

200名志愿者参与志愿活动。

【青年活动】 2017年，古镇镇团委举办了一系列青年活动。5月，举办古镇镇青年"一学一做"教育实践展演暨庆祝"五四"青年节文艺比赛决赛，为近2000名观众展示古镇镇青年风采，节目包括舞蹈、大合唱、歌曲演唱、魔术、小品等。暑假期间，举办少年军校特色活动，全镇共210名学生参与活动；结合"我的中国梦"主题教育实践活动，举办"展翅计划"，利用大学生科技学术节、大学生文体艺术节等活动载体，举办青年就业创业大讲堂和报告会，引导青年学生把创业梦、就业梦、实现个人抱负融入到中国梦的伟大实践中。

另外，镇团委联合禁毒协会和清风禁毒义工以及志愿者，举办禁毒巡展，结合具体的案例为学生做禁毒讲解，引导学生认识毒品的危害。6月26日"禁毒日"，在中学生及外来务工青少年群体中组织开展禁毒知识竞赛、禁毒签名、禁毒义演等主题宣传教育活动，2000多名师生参与活动。同时，大力开展法律实践和法制宣传教育活动，提高青少年的法制观念和自护能力，持续深入开展"预防青少年违法犯罪活动"，重点抓好特殊青少年群体的教育和预防犯罪工作。

在青年文明号创建实践中，继续完善"青年文明号"动态管理机制，中山市公安局古镇刑侦大队获市示范青年文明号称号，国家税务局中山市税务局古镇税务分局办税服务厅获市青年文明号称号。

深入开展青年创业行动，以创业促就业，联合镇人社分局等有关部门，搭建就业服务平台，通过"展翅计划"为青年提供机关企事业单位优质实习岗位100多个。组织青年商会举办创业论坛、创业培训，2月、6月分别赴越南、湖南开展参观考察活动；12月，联合镇人社分局举办青年创业集市。

【粤港澳青年交流】 粤港澳大湾区是青年人可以一展所长的平台，古镇镇团委不断加强粤港澳青年交流，于6月发动青年参加在江门举办的"粤港澳大湾区共同开拓国际市场日"活动，10月组织古镇青年商会会员参加香港国际秋季灯饰展览会。

【精准扶贫】 按照广东省委省政府关于新时期精准扶贫精准脱贫三年攻坚的工作部署，古镇镇对口扶贫潮州市饶平县浮滨镇五祉村、大新溪村、宫下村、麦园村、排江村等五条村。在扶贫工作中，古镇镇团委联合古镇青年商会，对浮滨镇的单丛茶项目进行精准帮扶。

【宣传工作】 2017年，古镇镇团委加大网络宣传力度，增强品牌活动的社会影响力。6月发布的亲子教育讲座吸引近100人报名，"少年军校"夏令营活动吸引近210人报名参加，有效提升了用户注册量及"青年之声"影响力指数。经过不断完善，微信公众号"灯都古镇青年"不仅用于日常发布青年资讯，还具有志愿服务、便民服务、创业指导等服务功能。

在使用"青年之声""i志愿"等线上系统的同时，充分利用线下活动联系青年。2017年，团干参与包括主题团日活动、基层调研、团员大会、培训讲座、志愿活动等线下活动近50场，与团员青年面对面倾谈、交流。

（区杰彬 魏建华）

古镇镇妇女联合会

【妇女工作概况】 2017年，古镇镇妇女联合会（简称"镇妇联"）召开古镇镇妇女第十一次代表大会，选举产生古镇镇妇女第十一届执行委员会委员27名。经执行委员会第一次会议通过，袁素萍同志任妇联主席，何红英、苏婉兰同志任妇联副主席。2017年全镇有省级"妇女之家"3个，市级"妇女之家"8个，市级"巾帼示范基地"4个，市级"儿童友好社区示范点"13个。镇妇联驻中山市古镇镇东兴东路1号110室。

【妇女组织建设】 镇妇联从2017年7月全面启动妇代会改建妇联工作，至2017年9月，镇内13个村（居）顺利完成妇代会改建妇联工作。各村（居）顺利选举出15位新一届执委成员，并产生新一届妇联主席、副主席。全镇13个村（居）妇女代表共411名，执委成员共195名，妇联主席13名，副主席25名。

【家庭文化建设】 开展"家庭教育公益大讲堂"进社区活动、法律讲座等系列家庭教育讲座，全年共开展"家庭教育公益大讲堂进社区"，亲子讲座、活动等家庭教育讲座52场，参与家长5000多人次。其中，举办"一切为了孩子"古镇镇家庭教育公益讲座，邀请原纪中校长贺优琳主讲，结合中山纪念中学的办学实践，从学园、花园、乐园、家园四个方面，谈培养学生的品德、性格、自信心、生存能力、抗压能力、创新能力、竞争能力等综合素质，提升古镇镇家庭教育质量，从而提升全镇人文质素，共有400名家长参与活动。另外，联合中山市家教中心举办家庭教育沙龙和"雁阵飞"家庭教育亲子团康活动等。

【妇儿阵地建设】 坚持"组织共建、队伍共建、阵地共建"，村（社区）"妇女之家"建设稳步推进。全镇各村（社区）"妇女之家"已100%挂牌。2017年共有省级"妇女之家"3个，市级"妇女之家"8个，市级"巾帼示范基地"4个，市级"儿童友好社区示范点"13个。"妇女之家"和"儿童友好社区"日渐成为各级妇联服务妇女儿童和家庭的重要载体和良好品牌，成为妇女儿童和群众的活动阵地、教育基地和温暖之家，得到普遍认可和良好评价。

古镇妇女儿童活动中心成立以来，以提升妇女儿童整体素质为宗旨，开设各类素质培训，提升古镇镇文艺素养，以未成年人素质教育为重要平台和主要抓手，开设音乐、舞蹈、声乐、书法等6大项目培训，共120多个班次，定期举办大型公益活动：如少儿围棋大赛、亲子绘画比赛等。2017年12月8日，在古镇体育馆一楼举办2017年古镇镇中小幼学生智力运动会。分围棋和国际象棋两个项目，共计参赛选手440人，其中围棋230人，国际象棋210人。

开展丰富多彩的公益活动。突出中心作用，开展两期DIY黏土手工公益制作班、美术亲子活动；参与开展古镇镇中小学"三独"比赛、"融融母亲节 暖暖家庭日"活动、永怀屈原包粽接力大赛等，充分发挥妇儿中心的特色，争取更多资源服务广大妇女儿童。在中心内设置庇护站，帮助受家暴的女同志走出困境。2017年7月成立古镇镇婚姻家庭调解室，竭力为有婚姻矛盾的夫妻提供帮助。据反映，通过婚姻家庭调解室社工介入，将近70%有离婚意向的夫妻都改变了主意，重新经营家庭。

【宣传教育】 2017年，镇妇联共撰写各类妇女工作信息38篇，通过电视台、报纸、新媒体等方式宣扬妇女独立、进步新理念。利用各村宣传栏等宣传阵地，张贴宣传画及宣传标语，并在街道悬挂宣传标语，

社团组织

2017年古镇镇妇儿阵地建设情况表

荣 誉	具体机构名称
省级"妇女之家"（3个）	古二村妇女之家、古三村妇女之家、冈东村妇女之家
市级"妇女之家"（8个）	古三村妇女之家、古二村妇女之家、六坊村妇女之家、七坊村妇女之家、冈南村妇女之家、曹一村妇女之家、古一村妇女之家、冈东村妇女之家
市级"巾帼示范基地"（4个）	开心龟园、振兴花木场、巴比伦园林有限公司、古镇绿化苗木及名龟生产示范基地
市级"儿童友好社区示范点"（13个）	古一村儿童友好社区、古二村儿童友好社区、古三村儿童友好社区、古四村儿童友好社区、六坊村儿童友好社区、七坊村儿童友好社区、冈东村儿童友好社区、冈南村儿童友好社区、曹一村儿童友好社区、曹二村儿童友好社区、曹三村儿童友好社区、海洲村儿童友好社区、居委儿童友好社区

倡导尊重妇女、关爱女性的社会风气，鼓励广大妇女用法、依法维权。同时，通过在学校、社区、企业举办讲座等活动，提升家庭教育水平。

【干部培训】 2017年，全镇13个村（居）委会妇代主任100%进入村两委班子，女村委17人（女性两委交叉任职13人），女性参政议政的比例不断提高。为提高妇女干部的执政水平，2017年镇妇联组织各妇女干部不定期参与讲座等相关活动，让广大妇女工作者的综合素质、专业技巧和工作水平得到稳步提升。

【古镇倩英志愿者服务队】 2017年，古镇倩英志愿者服务队在定期到敬老院慰问长者的同时，慰问了镇内96个特困、助学、残疾儿童家庭；联合女企业家开展爱心大联盟活动，通过"多对一"的帮扶方式，为古镇镇12个单亲特困家庭的14名特困儿童送上关怀。9月28日，在庆祝倩英志愿者服务队成立十二周年的慈善晚会上，市、镇、村各级领导，各兄弟商会及社会各界人士，倩英志愿者服务队队员等700多人齐聚一堂，晚会共筹得善款211000元。

（袁素萍　苏智韵）

古镇镇残疾人联合会

【镇残疾人工作概况】 2017年，古镇镇领取第二代残疾人证825人，其中男性505人，女性320人。肢体残疾367人、言语残疾31人、听力残疾57人、视力残疾45人、精神残疾186人、智力残疾116人、多重残疾23人。新办证12人，注销12人。2017年12月29日，召开古镇镇残疾人联合会第七次代表大会，选举产生残疾人联合会第七届主席团委员7名及出席中山市残联第七次代表大会代表7名。新一届残联主席由杨荣超担任，副主席由蔡中文、袁钰嫦担任。古镇镇残疾人联合会（简称"镇残联"）驻中山市古镇镇东兴东路1号102室。

【残疾人保障体系建设】 2017年古镇镇持证残疾人员825人，镇残联根据实际认真摸底调查，积极解决贫困残疾人的基本生活保障问题。享受残疾人生活津贴补助对象84人，重度残疾人护理补贴对象360人，残疾人居家托养家庭35户，获得残疾人机动车驾驶员燃油补贴对象12人，全年合计发放补贴106.587万元。

【残疾人康复】 2017年，镇残联开展白内障免费筛查活动，共1200人参加筛查活动，其中白内障患者142人，需做白内障手术者32人，胬肉2人，患有其他眼疾的35人。投入1.4875万元为6户贫困残疾人家庭安装卫厕、扶手、坐厕器及行走坡道等无障碍设施，改善残疾人居家环境。

【社区精神病防治康复】 为做好严重精神障碍患者医疗救治救助工作，2017年镇残联结合网格化管理，彻底摸清疑似严重患者基础信息，共签订322份《中山市肇事肇祸等严重精神障碍患者有奖监护协议》，逐一落实监控责任、稳控责任，发放监护补贴奖励49.55万元。

【残疾人基本服务状况和需求调查】 2017年7—8月，古镇镇积极推进"人人享有康复服务"的工作建设，完成全镇815名残疾人基本服务状况和需求信息数据《残疾人登记表》和《社区登记表》的动态更新采集、登记、核实、录入、上报等工作。

【助残体验日】 2017年5月20日于古镇全民公益园开展"公益连萌助残体验日——有爱不孤独"活动，发动社会力量，宣传有关康复知识、精神疾病预防知识，共发放宣传小册子300份，号召社会各界给予残障人士更多关爱，鼓励残障人士融入社区生活，增强自信心。

（江春林）

侨 联

【侨联工作概况】 2017年，古镇镇有华侨华人、港澳台同胞3208户，总计人数达22051人。广大旅外乡亲爱国爱乡，兴教育，建医院，热心慈善事业，捐资赠物，累计捐赠公益慈善金额超1000万港元。

古镇镇共有村（居）基层侨联组织13个，组织架构完善。古镇镇侨联（简称"镇侨联"）致力于巩固和发展与海外社团及乡亲的情谊，进一步了解侨情，拓展侨联工作，切实维护归侨侨眷和海外侨胞、港澳同胞的合法权益，为他们排忧解难、办好事。镇侨联驻中山市古镇镇东兴东路1号103室。

【海外联谊】 2017年，镇侨联充分发挥侨联工作群众性、民间性、统战性、涉外性的特点和优势，积极为古镇的经济建设和广大企业搭桥牵线，认真当好"经济红娘"这一特殊角色。以灯博会、灯光文化节为工作契机，以"以灯会友"为工作创新，打好特色牌，做好以灯博会、灯光文化节为重头戏的接待工作；以慈善万人行、国际灯饰博览会、灯光文化节等大型活动作为平台，为古镇经济建设服务添砖加瓦做了大量有效的工作。慈善万人行期间共接待星洲古镇同乡会、香港中山古镇镇同乡会、香港中山海洲同乡会、中国灯都澳门古镇镇同乡会等乡亲共100多人。

2017年，镇统侨办接待侨商协会菲律宾分会、各国驻穗领使团、柬埔寨人民党高级干部考察团、美国加州政要代表团、美国西部市长代表团、广东省国际友城联络人代表团、台湾参访团等地参访使团超35批次，600多人次。

【为侨服务】 2017年，镇侨联以基层工作为工作重点，继续贯彻执行两法等涉侨法律法规，加强侨务法制工作，依法维护归侨侨眷的合法权益。及时反映归侨侨眷、海外侨胞和港澳同胞的建议和意见，对他们的困难和问题合理解决，真心实意地为他们办好事、办实事。全年共受理境外有关宅地纠纷来电12次，来访6次，寻亲2次，办理购房证明16次，来信来访回结率达100%。

【维护侨益】 古镇镇各级侨联会在日常工作中结合实际，努力发挥侨联优势，为弱势群体办实事。为帮助特困归侨，除在每年春节、中秋节上门向他们送上慰问品和慰问金外，在日常生活中也时时关心他们。每当冬季寒流来临前，镇侨联均组织人员前往探望归侨，及时给他们送上寒衣和棉被，并协助他们做好防寒工作。

（邓满林）

古镇镇工商联（商会）

【镇工商联工作概况】 2017年，古镇镇工商联（商会）（简称"镇工商联"）充分发挥其统战性、经济性、民间性的特色，统筹、协调、团结镇内各兄弟商协会、非公经济人士积极参与、支持古镇各项工作，对古镇经济及中山灯饰照明产业的发展做出贡献。镇工商联有主席1名，常务副主席5名，常务副会长1名，副主席24名，秘书长1名，常委21名，执委35名。镇工商联驻中山市古镇镇中兴大道灯饰大厦A座20楼。

【党建工作】 2017年，镇工商联组织党支部成员前往孙中山故居纪念馆参观学习，开展了4场传达、学习十九大会议报告精神的宣讲会。邀请中山火炬职业技术学院思想政治教育部副教授罗红希为古镇镇两新组织党组织书记和党务工作者授课等，引领党员认真学习习近平总书记系列重要讲话精神。

【对外交流】 2017年，镇工商联积极实施"引进来，走出去"战略，接待来自秦皇岛海港区、邯郸林安、重庆、常州、顺德南海、中山翠亨新区、江门等来自全国的工商社团12个，举办各类交流座谈会19场。同时，积极开展各类考察活动，如参观深圳时尚家居设计周、深圳国际家具展、香港国际春季灯饰展、香港国际秋季灯饰展、中国智能装备产业博览会、广州国际照明展览会（光亚展）、深圳国际电子展，考察柬埔寨、陕西韩城及河北邯郸灯饰市场。2017年5月，组织近40家企业的骨干先后赴木林森股份有限公司、中山市光阳电器有限公司、中山市东海表面贴装有限公司参观，与小榄镇工商联（商会）座谈交流。与华迅商务服务有限公司合作，先了解市场资讯与需求，再推广宣传。举办"一带一路"照明行业非洲市场需求发布会，针对性地组织企业组团，重点开拓南非、中东及东南亚等国外新兴市场。

【服务企业】 2017年，镇工商联联合法律服务中心为企业提供法律咨询、知识产权维权、纠纷调解等服务，开展版权实务培训4次。联合中国中山（灯饰）知识产权快速维权中心，开展"2017年版权创意灯饰设计大赛"，为463件作品提供登记服务。

【承接政府职能】 2017年，镇工商联继续积极承接政府部分职能，配合镇政府办好中国·古镇国际灯饰博览会春季展和秋季展。组织发动企业、村委筹集资金超300万元，成功主办"五人龙舟公开赛"。承接2017年"彩车嘉年华"项目，落实12家企业参与其中。

【公益事业】 2017年，镇工商联积极动员企业家投身于社会慈善公益事业，荣获"爱心党组织""慈善金星奖""博爱金奖"等荣誉称号。年初，组织发动会员企业为古镇镇慈善万人行捐出400多万元的善款。6月，镇工商联（商会）主席区炳文当选中潮慈善爱心基金会副理事长，发动会员企业捐出100万元善款用于中山市对口帮扶潮州。9月27日晚,在中山市"两新"组织党工委举办的"红色创投"活动中,成功对接红色创投项目"'返脑还童'——古镇镇脑退化照顾者支援计划2.0"。

(蔡燕怡)

女企业家协会

【工作概况】 2017年,古镇镇女企业家协会(简称"女企")结合"传承、分享、共成长"主题风俗文化活动,团结和带领会员积极参与古镇镇经济建设。2017年女企共吸收新会员18名、新理事2名。女企驻中山市古镇镇中兴大道灯饰大厦A栋20楼。

【文化活动】 2017年,女企以"传承、分享、共成长"为主题,先后开展"缅怀屈原、端午粽粽香"包粽子大赛、"七夕笑牵牛"大型未婚青年联谊活动、"中秋情浓聚灯都——追月"活动。其他主题活动包括:庆祝"三八"妇女节暨"我爱你"主题演讲比赛,女企五周年庆典暨"寻找中华文化——禅学之旅"活动,环保宣讲,学习党的十九大精神讲座和"网络时代背景下的企业党建"专题授课培训等。

【慈善公益】 2017年古镇镇"慈善万人行"筹款捐款活动中,女企共筹得款项29.696万元。通过春节、"六一"儿童节、母亲节、重阳节等节日的慰问帮扶活动,发放慰问金6万多元。6月,启动"爱心大联盟",对12个单亲特困家庭开展"多对一"帮扶活动。一年一度的倩英志愿者慈善晚会是女企筹款的重要日子,当晚共为古镇倩英妇幼助残基金会筹得善款122000元,为中山市儿童福利院"推动摇篮之手"项目筹得善款30000元。

【对外交流】 2017年,女企定期组织协会对外交流、学习活动,其中包括2017年古镇制造及商贸展产业对接会,中山市科学技术协会主办的"中山市科技型人才创新能力提升研讨会",2017企业信用建设高峰论坛(8个企业获得"百强诚信企业"奖),2017年广东省盘景协会成立30周年会员作品

2017年5月18日,古镇镇女企业家协会带领第一届理事会成员一行78人到韶关市经律论文化小镇开展中山市古镇镇女企业家协会五周年庆典暨"寻找中华文化——禅学之旅"活动

(古镇镇女企业家协会供图)

展暨中国盘景艺术大师、广东岭南盘景艺术大师、广东岭南艺术家精品展，古镇镇2017年国际灯饰博览会暨"第18届中国灯都产业高峰论坛"，灯光艺术与产业经济高峰论坛。在2017年国际灯都灯光文化节上，女企会长苏彩明组织会内成员向大会献礼，并参与花车巡礼。

（林秀英）

古镇镇老年人协会

【镇老年人协会工作概况】 2017年，古镇镇户籍人口中，长者为13650人，其中高龄老人1888人、失能老人56人、残疾老人222人、困难老人7人、空巢老人56人、独居老人33人。古镇镇老年人协会（简称"镇老年人协会"）坚持"老有所教、老有所学、老有所为、老有所乐"的工作理念，开展一系列的老年人活动，包括第九届灯都长者文化节"庆中秋·迎重阳"特色菜肴烹饪大赛和嘉年华游园活动、组织长者参加中山市第22届老年人运动会等。

【老年人服务】 镇老年人协会为户籍年满65周岁以上的老人提供关爱铃升级服务，定期为退休老人举办生日会，提供免费健康体检。利用科普画廊、小黑板等广泛宣传法律知识，通过法律咨询服务、墙报专栏宣传、发放老年人维权宣传资料等，深入做好老年人涉法维权方面的法律服务工作，提高老年人依法维权的意识。协会工作人员定期到困难老人住处，了解困难老人生活需要，为老人带去大米、食用油等生活用品，帮助打扫卫生，解决生活中的困难。

【老年人运动会】 2017年11月21—28日，镇老年人协会组织镇内41名长者参加中山市第22届老年人运动会。古镇镇代表队获得健身球（操）项目第一名、体育舞蹈（拉丁舞）第二名、乒乓球男子组第四名、乒乓球女子组第五名、秧歌第五名、太极拳第五名和乒乓球男子组第六名。

（区艳芳）

古镇镇红十字会

【古镇镇红十字会概况】 2017年，古镇镇红十字会（简称"镇红十字会"）开展"博爱送温暖""扶贫济困""人道救助"等活动，慰问、帮扶镇内弱势群体260人次，发放救助资金275183.73元。全镇共有红十字会员96人，红十字志愿者326人。镇红十字会驻中山市古镇镇东兴东路1号103室。

【宣传培训】 镇红十字会于5月3、4日在镇政府一楼会议中心举办现场应急救护员培训班，邀请中山市红十字会卫生救护培训中心的四位老师，为来自各村（居）委会、企业工会及有关单位的约150名学员讲授应急救护知识。5月8日，第70个"世界红十字日"，在全镇范围内开展《红十字会法》的宣传普及活动。通过电视宣传、张贴海报等形式，增强人们对遗体器官捐献的科学认识。

【无偿献血】 古镇镇于每月第三个星期六开展无偿献血活动。2017年，镇红十字会组织12场献血活动，2151人次参加献血，同比增加30%以上，献血量692840毫升，同比增加41%，创历史新高。

【志愿服务】 2017年，镇红十字会围绕救护知识培训、筹资劝募、人道救助、艾滋病预防、社区陪伴等主题，开展形式多样的志愿服务活动，联合镇团委、镇残疾人联合会、古镇医院等，开展白内障无障碍工作，关爱外来工儿童、老人活动，送温暖等志愿服务。

【参加中山市慈善万人行】 2017年2月11日，古镇镇组织方队约100人参加中山市2017年慈善万人行。方队由副镇长杨荣超带队，巡游主题为"绿色生态，共建共享——为共筑绿色生态家园筹款"。善款绝大部分用于公园建设，其他用于救急救难、人道帮扶困难群体。截至2017年12月31日，全镇共为灯都生态公园筹款2202万元。

（邓满林）

古镇镇慈善会

【古镇镇慈善工作概况】 古镇镇慈善会（简称"镇慈善会"）主要负责举办筹募善款、赈灾救济、扶贫济困、慈善援助等公益性活动，包括每年的古镇镇慈善万人行。2017年，古镇镇慈善万人行筹得善款2202万元，帮助困难家庭232户，受益群众达8万人次。目前有会长1名，副秘书长1名，会长助理1名，工作人员2名。镇慈善会驻中山市古镇镇东兴东路一号大楼2楼217室。

【社会公益】 古镇从2013年6月开始实施"和美安居"计划，致力于改善古镇低保、低收入、困难家庭的居住环境、生活环境。2017年，镇慈善会用于"和美安居"计划的资金达252480元，发放低保困难家庭住房津贴82300元。镇慈善会在全民公益园开办"爱心超市"，聘请4名镇内残疾人士上岗，全年营业额达22万元。开展古镇村（居）、异地商会重大疾病家庭救助，全年发放本、异地重大疾病家庭救助42万元。投入12万元用于古镇镇敬老院的园林绿化、破旧木门翻新，向"古镇镇慈善会儿童图书馆"捐赠2万元用于购置少儿读物及其他相关设施。曹步经济合作社、曹步观音古庙通过镇慈善会定向捐款48万元到曹步初级中学用于奖教奖学。

【长者紧急呼叫系统】 镇慈善会于2010年开始为年满65周岁的长者免费安装"关爱铃"。2017年，镇慈善会将关爱铃项目升级为"长者紧急呼叫系统"，并出资100万元为镇内7500名65岁以上的长者免费升级。"长者紧急呼叫系统"为移动式，定位更为准确的同时还具备求助报警功能、历史位置查看等功能。

（李亮胜　侯银佩）

政法军事
LEGAL SYSTEM AND MILITARY AFFAIRS

公 安

【公安概况】 2017年，中山市公安局古镇分局（简称"镇公安分局"）紧紧围绕"平安古镇"建设总目标，以"智慧公安"建设为主线，大力开展"飓风2017"等专项行动，并制定《古镇公安分局打击突出刑事犯罪"飓风2017"专项行动方案》，重点打击电信网络诈骗、"两抢一盗"、打黑除恶、金融领域突出、涉黄赌毒犯罪。年内共立刑事案件2169起，破案1032起，受理治安案件4410起，查处1821起。

【刑事犯罪打击】 2017年以来，镇公安分局牢固树立打击犯罪主业意识，始终保持严打高压态势，严厉打击各类突出刑事犯罪，总体实现立案数下降、破案率上升、抓获数上升的良好势头。全镇共立刑事案件2169起，同比下降6.31%；破案1032起，同比下降2.92%（完成市局下达目标1027起破案任务，破案数与前三年破案平均数相比上升0.49%）；刑拘570人，同比下降1.38%；逮捕444人，同比上升8.03%；移送起诉案件375起486人；共立八类严重暴力案件129起，同比上升6.61%，破案78起，同比上升20%，现行案件破案率为60.47%，同比上升12.57%。

【经济犯罪打击】 2017年，公安部经侦局在全国范围内开展打击风险型经济犯罪"2017云端行动"，镇公安分局成立打击金融领域突出犯罪专项行动领导小组，将打击金融领域突出犯罪和打击防范经济犯罪有机结合起来，破经济案件101起。

【缉毒禁毒】 2017年，古镇镇深入推进"全民禁毒"及"全国禁毒工作示范市"创建工作，共立毒品犯罪案件80起，破案70起，同比分别下降19.1%、26.3%；刑拘毒品犯罪嫌疑人77人，同比上升8.45%，完成全年目标任务的102.6%；逮捕毒品犯罪嫌疑人70人，同比下降1.4%，完成全年目标任务的116.6%；查处吸毒人员433人次，同比下降36.04%，完成全年目标任务的76.23%；收戒吸毒人员173人，同比下降19.15%，完成全年目标任务的91.53%；核查吸毒人员245人，完成率为65.86%。毒品违法犯罪活动突出情况得到有效遏制，社区戒毒康复执行率达到100%。依托吸毒人员网格化服务管理机制，由镇综治牵头，公安负责，基础网格具体组织实施，充分调动村干部、社工、家属等力量，对全镇423名在册吸毒人员、50名社区戒毒人员和201名社区康复人员进行全面梳理核查。戒毒康复人员101人就业，就业率24%，复吸率27.55%，戒断三年的49人，戒断率11.64%。

【重大活动安保】 2017年，镇公安分局成立应急处突大队，两次参与市局组织的应急处突拉动演练。完成"十九大"、全国"两会"、村（居）"两委"换届、龙舟赛、灯光文化节等大型活动期间安保任务，制订安保方案40余份，各重大活动均实现了"六个不发生"的目标。

【治安管理】 2017年，镇公安分局继续深化"平安建设"，受理治安案件4097起，查处1821起，抓获违法人员2163人，罚款593人，拘留1570人。强力推进同益工业园的治安隐患排查整治工作，组织开展整治清查行动11次，出动警力870余人次，盘查可疑车辆862台，发现并督促整改消防安全隐患25处。开展整治工作以来，同益工业园共发生刑事案件40起，同比下降22.5%，其中盗抢刑事案件 21 起，同比下降 34.37%；行政案件 55 起，同比下降 87.27%。

【文化娱乐场所管理】 2017年，镇公安分局结合"飓风2017"专项行动，以及文化娱乐场所"无三害"巩固和深化工作，进一步加强对辖区废旧收购业、二手手机市场以及旅业、印章刻制业、物流行业、娱乐场所等重点行业的治安管理工作，做到每周一查，每月一培训，行业信息100%录入警综系统、宣传培训率达100%、与经营单位法人100%签订治安责任状。到有关场所开展宣传培训60多场次，培训人员超过2200人次，与辖区92家文化娱乐服务场所签订自律承诺书。

【"三非"外国人管理】 镇公安分局通过在电视台播出警示宣传片、深入工厂企业进行专项检查、详细验证外籍人员的护照等方式，促使厂企转变对"三非"（非法入境、非法居留、非法就业）外国人的认识，提高对"三非"人员的管控力度。2017年，全镇共查处"三非"案件56起，抓获"三非"越南籍人员125人，处罚金额共计人民币70.5万元。

【反恐工作】 2017年镇公安分局以党的"十九大"安保工作为主线，坚持把维护国家政治安全和社会稳定放在首位，进一步加强辖区关注人群和24个涉恐重点国家和地区人员的管控工作。抓获1名涉嫌危害国家安全网上在逃人员、5名有现实危害风险人员。

【打黑除恶】 镇公安分局坚持"主动进攻、打早打小、露头就打"的原则，以"智慧公安，智侦合成"为引领，对涉黑恶犯罪始终保持严打态势，工作成效显著。年内，全镇共立涉恶案件64起，破案44起，刑拘134人，逮捕77人，同比分别上升28%、15.79%、48.89%、45.28%，逮捕指标完成率为110%；公诉50人，指标完成率为71.4%；查破制贩枪弹类案件1起，刑拘5人，逮捕1人；公诉涉枪犯罪嫌疑人2人，指标完成率为50%。

【智慧公安建设】 2017年，镇公安分局按照中山市视频监控系统建设"十三五"规划，完成对全镇一期视频监控的高清改造，发动灯饰门市、灯配城、购物广场等一类场所开展WIFI警用采集点建设，年内完成安装2082个点。积极推广摩托车智能防控系统，完成电子标签装车量2142台。完成24小时办证区建设，配置出入境自助办证一体机、出入境自助发卡机、居民身份证自助受理领取设备及交通违章业务自助服务终端等设备，做到签证、换证、办违章一体化。通过"鹰眼"系统查处交通违法行为35宗。

（蔡照成）

交 警

【交警工作概况】 2017年，中山市公安局古镇分局交警大队（简称"镇交警大队"）共接处警32907宗，处理交通违法行为共28267宗。全年全天候抓拍交通违法84553宗，处理道路交通事故2626宗。开展交通宣传教育工作814次。镇交警大队驻中山市古镇镇岐江公路冈东路段交警古镇大队。

【交通事故整治】 2017年，古镇交警共接警32907宗，日均接警90宗。其中快处快赔共2334宗，共处理适用一般程序处理的道路交通事故2626宗，同比（2397宗）上升9.6%；死亡44人，同比（30宗）上升46.7%；受伤793，同比（769

宗）上升3.1%；直接经济损失302.8万元，同比（247.2万元）上升22.5%。涉嫌危险驾驶214人（纠违查获42人，事故查获172人）；刑事立案234宗，其中，危险驾驶208宗，交通肇事案21宗，包庇案3宗，撤案2宗；刑事拘留152人，其中涉嫌危险驾驶罪129人，涉嫌交通肇事罪20人，涉嫌包庇罪3人；取保候审125人（刑拘转取保78人，直接取保47人）；行政拘留396人。

【交通秩序整治】 2017年，镇交警大队重点整治六坊花园医院后路段摩托车不戴安全头盔和逆向行驶等违法行为，全年移动DV抓拍交通安全违法行为563宗；将"移动鹰眼"系统应用与日常执勤模式相结合，深入辖区各路段对机动车对假牌、套牌、逾期未年检、多次违法未处理、逾期未报废等交通违法行为开展"地毯式"整治。开展酒驾整治专项行动共出动警力1324人次，执勤警车465车次，查获醉驾42人、酒驾46人。查处交通违法行为28266宗，共查处违停车辆22771辆，其中三轮车1284辆、暂扣1277辆，二轮摩托车2392辆、暂扣2385辆，泡沫车135辆，工程车105辆，查扣"僵尸车"372辆。全天候抓拍交通违法共84553宗，其中不按信号灯通行17899宗，违反禁令标识2047宗，违反禁止标线63041宗，违停1118宗，不戴头盔249宗，逆向行驶141宗，不按车道行驶58宗。2017年共查处酒后驾驶71宗，醉酒驾驶41宗。

【大型活动交通安保工作】 2017年，镇交警大队圆满完成"古镇镇慈善万人行""灯博会""龙舟赛""半程马拉松""灯光文化节"等多场大型活动安保工作。其中，灯光文化节的交通安保共设置岗点42个，投入警力1000多人次，出动警车300多辆次，摆放交通管制标牌47套、指引标牌24套，人车流量达40余万次。拥堵路段数量、拥堵长度、拥堵时间均比2016年下降13.5%，文化节期间未发生群死群伤的重大交通事故，事故量比2016年下降11.7%。

【巡逻防控】 2017年，镇交警大队超常态巡逻任务出动警力1350人/次，执勤警车685车/次，共查处重点车辆160辆、泡沫车135辆、工程车105宗。

【道路安全管理】 2017年，镇交警大队共向镇政府呈报8处道路交通安全隐患报告，向市交通局、交通集团发出3次整改通知书。确定西岸路马滘桥路口为市级督导路段，并已完成整改；确定东岸公路、顺康大道为镇级督导路段，其中顺康大道已完成整治。

【交通安全宣传教育】 2017年，镇交警大队共计走访厂企129次、农村（社区）134次、学校137次，走访驾校、客货运企业94次，深入厂企、农村交通安全服务站开展宣传工作120次。联合电视台制作宣传短片29辑，利用企信通发布交通安全提示短信41300余条。在交警支队网络发布稿件1095篇，

2017年古镇交警信访工作一览表

网上信访平台	咨询建议/投诉数（宗）
网格化	46423
微信工单	157
市信访系统	1
累计 46581	

在古镇公安信息网、政府网发布稿件127篇。自制"古镇交警温馨提示"400余份、提示卡2000张、宣传单张30000张。派发宣传单张、折页、小册子以及光盘53200余份。

【维稳工作】 2017年,镇交警大队共受理信访案件344宗。其中,交通事故类38宗(分局30宗、法制科8宗);交通违法类265宗(僵尸车94宗、违停132宗、三轮车12宗、其他27宗);交通拥堵类12宗(分局12宗);交通设施类18宗(分局18宗);警员态度问题5宗(分局5宗);业务咨询6宗(分局6宗)。共办理各类网站咨询建议、投诉约47000宗。目前,镇交警大队共负责"网格化""微信工单"和市信访系统3个平台的网上咨询投诉业务。

【勤务制度改革】 2017年,镇交警大队制定《古镇镇道路交通疏导工作预案》,大力推进勤务制度改革,对事故中队和勤务中队的职责进行更细致的分工,实现巡逻接警与行动整治相结合。对镇政府、国贸红绿灯路口等易堵塞的路段,视情况实行定点执勤。勤务制度改革后,镇交警大队每天出勤人员达100%,路面见警率、管事率同比上升近30%,违法查处率上升40%。

(苏丽芬)

消 防

【消防工作概况】 2017年,中山市公安消防支队古镇大队(简称"镇消防大队")创新社会面消防安全管理,完成以防火和灭火为中心的各项工作,率先实现全市领先的灯都消防新格局。全年共接警556起,出动消防车997辆次,其中火灾160起,社会救援396起。出动消防员6198人次,抢救被困群众10人,保护财产700余万元,挽回直接经济损失740360元。2017年,全镇未发生伤人亡人火灾事故;共组织大队级灭火演练11次,中队级灭火演练168次,出动车辆600余车次,人员5000余人次,对辖区106家消防安全重点单位灭火救援预案进行修订,100%完成六熟悉卡的制定,同时制作了70份灭火救援数字化预案,完成市消防支队地震救援拉动演练任务。镇消防大队驻中山市古镇镇古神公路曹二路段。

【防火工作】 2017年,镇消防大队共检查单位3818家次,督促整改火灾隐患或违法行为3618处,责令44家单位"三停"(停止施工、停止使用、停止停业),罚款90.35万余元,行政拘留10人。先后开展"三合一"(生产、经验、住宿合一)、高层建筑、"住改厂"、狭小空间快速灭火简易系统推广和农村消防站升级改造工作。特别是针对"三小"场所(小档口、小作坊、小娱乐场所、小餐厅以及出租屋等场所)整治工作,出动500余人次对辖区的"三小"场所进行排查和整治,查封了8家校外培训机构、9家存在严重消防安全隐患的娱乐场所。全镇网格化系统录入监管单位共计25323家,签订责任书或承诺书16246份,全镇网格化系统下发任务11487家,完成任务11225家,完成率97.72%,整改处理火灾隐患203处,新建立"三合一"专项整治档案1646个。

【战训工作】 2017年,镇消防大队开展"六熟悉"训练,100%完成辖区内六熟悉卡的制定工作。对辖区106家重点单位灭火救援预案进行重新修订。认真做好数字化预案编制工作,共制定数字化预案70份。深入辖区石油化工、人员密集场所、大型商业综合体等单位开展大队级灭火救援演练11次，中队实地实战演练168次，出动车辆600余车次，人员5000余人次。在全年支队比武会操中，现役中队先后取得"第一名"一次、"第二名"一次、"第三名"一次的佳绩，专职消防队先后取得"第一名"一次、"第二名"一次的佳绩。

【队伍建设】 2017年，镇消防大队围绕学习党章、习近平总书记系列重要讲话、十九大精神，开展"全面从严治警、创人民满意队伍"纪律作风专项教育整顿活动、"深入学习贯彻习近平总书记重要讲话精神、创建人民满意消防队伍"、"维护核心、听从指挥"和"两学一做"学习教育常态化制度化教育等系列专项教育活动。以深化酒驾问题集中整治为主抓手，镇消防大队召开专题会议研究讨论酒驾典型案例，学习酒驾相关法律法规，切实增强官兵对酒后驾驶危害性的认识，筑牢安全思想意识。

【消防安保工作】 2017年，镇消防大队根据工作任务的变化，制订完善各类消防安保实施方案，先后圆满完成"两节"、"两会"、"一带一路"高峰论坛、"省十二大"、香港回归20周年、五人龙舟赛、中国（古镇）灯博会、灯都灯光文化节、"十九大"及各大节假日消防安全保卫任务。在"十九大"及中国（古镇）灯博会、灯都灯光文化节期间，全体消防官兵提前对社会各场所开展消防宣传、防火巡查、维护秩序等工作，保障了人民群众的生命和财产安全。

【后勤保障】 2017年，镇消防大队对1辆大功率水罐泡沫车、1辆水罐泡沫车完成核查验收、固定资产登记及商业保险购买工作，两部消防车已正式投入执勤使用。6月，承接中山市专职消防队业务技能比赛的集训任务，并为集训队提供后勤保障工作。追加180万元购置城市消防主战车和20万元购置消防作战指挥车，调剂预算经费11.66万元用于第一专职队营房修缮。

【消防知识宣传教育】 2017年，镇消防大队持续开展消防宣传"七进"活动，更新各村消防宣传栏、沿街广告宣传等固定阵地内容，督促各村开展消防摩托车宣传。组织大型灭火演习10余次，开展大型社会消防宣传4次，组织开放消防站10余次，印发宣传资料4万多份。发挥古镇资源优势，在各主要路口、商业中心大型户外LED视频播放消防宣传警示片。强化媒体消防宣传，在各级新闻媒体刊登消防信息159条，其中中央级媒体7条，省级媒体68条，市级媒体39条。在《灯都古镇》报刊设立消防工作专栏，每月固定刊登2次消防工作动态信息。在镇电视台加大火灾隐患、消防违法行为曝光力度，提升专项整治行动震慑力。利用官方微信宣传，

> ·资料链接·
>
> "六熟悉"即熟悉消防队责任区的交通道路、水源情况；熟悉责任区内重点单位的分类、数量及分布情况；熟悉责任区内主要灾害事故处置的对策及基本程序；熟悉责任区内重点单位建筑物使用及重点部位情况；熟悉重点单位内部的消防设施情况；熟悉重点单位的消防组织及其灭火救援任务分工情况。
>
> "七进"即进机关、进学校、进社区、进家庭、进企业、进农村、进网站。

定期向社会发布公益消防安全知识,实时曝光消防安全隐患,起到较好的宣传效果。

【消防网格化】 全镇12个村全部建立网格化管理办公室,并由专人负责"网格化"工作,有专(兼)职网格员98人。其中,专职消防网格巡查员79人,专职消防网格资料员17人、兼职2人,各村专职网格员人数均达到镇网格化建设指定数量。截至2017年12月底,全镇网格化系统录入监管单位共计25323家,签订责任书或承诺书16246份,全镇网格化系统下发任务11487家,各村网格员落实完成任务11225家,完成率97.72%,整改处理火灾隐患2603处,共建立"三合一"专项整治档案3250份。

2017年,网格化督导队共巡查各类场所13406家,检查发现"三合一"2604家,规劝辖区工厂企业、"三小"场所整改迁出违规住宿人员5639人次;检查、督促、指导相关单位、场所14742家进行火灾隐患整改和消防安全培训,发现各类火灾隐患约2.9万处,发现存在"三合一"3150家,指导各村制作"三合一"场所档案3150份;对全镇637家餐饮单位开展专项检查。加大力度开展"2017年古镇镇六坊村火灾隐患整治工作"。

(陈 翼)

司 法

【司法工作概况】 2017年,古镇镇按照"排查得早,发现得早,控制得住,解决得好"的要求,开展矛盾纠纷排查化解专项活动;13个村(居)聘请了村(居)法律顾问,实现一村(社区)一法律顾问全覆盖。

【矛盾纠纷排查】 积极发挥行业性调委会在信息沟通和行业调解方面的优势,成立中山市现代物流协会人民调解委员会和中山市灯饰照明行业协会人民调解委员会。全年共有各类调委会47个,专职及兼职调解员队伍近240人。全镇调解委员会共调处各类民间纠纷1442宗,涉及人员2758人,涉及资金1945万元,成功调解1399宗,调解成功率达97%;妥善处理劳动争议案件966宗,涉及1750人、1954.16万元,调解成功897宗,调解成功率达92.86%。调处利和广场贴瓷砖工程矛盾纠纷、海洲海都广场美食节涉43户商家合同纠纷、嘉信童彩学前教育咨询服务中心打骂学生事件等涉及人数众多、社会影响较大的疑难纠纷。加强部门联动,做好重点时期安保防护工作,维护全镇政治和谐稳定。在十九大防护期期间,司法所、信访、维稳专班等部门组成工作小组分赴广州、武汉、北京等地开展防护布控工作,预防出现越级上访、闹访事件,确保不出现影响社会政治稳定事件。建立多元立体调解机制,打造镇一级知识产权保护高地。8月15日,广州知识产权法院确立将中山诉讼服务处立案的案件委托中山知识产权人民调解委员会进行审前调解,并与中山知识产权人民调解委员会签订合作协议,探索建立知识产权纠纷民间调解与诉讼解决的无缝对接机制。

【村(居)法律顾问】 2017年,古镇镇13个村(居)聘请了村(居)法律顾问,实现一村(社区)一法律顾问全覆盖。各村(居)法律顾问共举办法制讲座62场次,提供法律咨询250多人次,出具法律意见71份,参与调解纠纷32宗,审查各类合同94次。

【法律援助工作】 依托各村

（居）法律援助服务点，古镇镇为困难群众主动提供各种法律援助。2017年解答群众法律援助咨询120余人次，办理法律援助案件17件，其中代写法律文书2件，仲裁、诉讼案件15件，挽回经济损失192余万元。通过法律援助方式有效化解涉法涉诉案件7件，有效避免缠访闹访发生。

（何树沛）

审　判

【**审判概况**】　中山市第二人民法院古镇人民法庭（简称"古镇法庭"）属中山市第二人民法院派出机构。法庭设庭长、副庭长、审判员、书记员、法警等若干名，主要受理涉及辖区古镇镇、横栏镇范围内的一审民商事案件。截至2017年，古镇法庭共有法官7名，干警24名。2017年，古镇法庭将送达、庭审记录等司法辅助工作中独立出来，由专人负责，减轻审判团队压力；对人员组合进行调整、完备，明确各类司法人员职责，落实法官办案为主体的审判单元机制，一审一书一助的专业化审判团队已有效运行；充分发挥人民陪审员的作用，一定程度上缓解人案矛盾的困局。

【**案件审判**】　2017年，古镇法庭共受理各类民商事案件4633件（其中新收3380件、旧存1253件），同比增长19.07%；审结3596件，同比增长36.32%，结案率为77.62%，增加9.82个百分点；结收案比106.39%，同比去年的81.7%大幅增长24.69个百分点；未结案件1037件，同比下降17.24%。调撤案件1187件，调撤率35.58%。上诉案件558件，上诉率16.73%，退案483件，改判136件（其中逾期办证改判83件）。全庭共7名法官，人均结案480.47件（不含分流案件），全庭人均结案173.06件，均位列民商事审判业务部门第一位。案件审理总体情况呈现出收案、结案均大幅增加，结案数超过收案数，存案大幅下降的良好运行态势。

审理买卖合同纠纷案件1712件，金融借款及民间借贷纠纷772件，票据纠纷110件，货物运输合同纠纷23件，诉讼标的额约13亿元。审理物权纠纷、房地产纠纷、租赁合同纠纷等574件，包括涉古镇光立方、古镇国贸大酒店等标的逾1000万元的租赁合同纠纷等大要案及海洲村委起诉多名耕户逾期未交租的案件（租金超过1000万元），还审理了古神公路二期扩建项目建筑材料款、劳工款纠纷，以及中江高速修路时引起的损害赔偿等。

审理婚姻家庭、继承、抚养等案件186宗，无一上诉改判，无一当事人投诉信访。审理古镇、横栏农村土地承包合同纠纷117件。依法审理侵权损害赔偿纠纷，保护民事主体合法权益，预防和制裁侵权行为，促进社会公平正义，受理古镇医院、海洲医院、横栏医院等医疗损害赔偿纠纷。

【**司法调解**】　2017年，古镇法庭综合运用政策、法律、行政、经济等复合手段妥善处理部分简单明了的矛盾纠纷，对260宗诉前联调案件作出司法确认，案件自动履行率100%。

【**多元化纠纷解决机制**】　2017年，古镇法庭积极推进繁简分流，依法适用简易程序、小额诉讼程序。全年全庭共结案3596件，其中以简易程序审结1693件，占结案总数的47.08%。对重大复杂疑难案件，合议庭反复推敲，并在每周四下午的法官联席会议进行讨论。引导和鼓励当事人自主选择调解、和解、协调等解决纠纷方式，在更高层次上实现公正和效率的平衡。全年全庭共调撤案件1187件，调撤率达35.58%。

（卢嘉泳）

武 装

【武装工作概况】 中山市古镇镇人民武装部（简称"镇武装部"）主要负责民兵整组、民兵训练、民兵基层组织建设、民兵政治教育、兵役登记、征兵等工作。2017年，镇武装部在做好现役军人、烈军属优抚政策的落实工作，协助民政部门做好退伍军人的接待安置工作的同时，制定《古镇镇民兵应急分队执行各类军事行动后勤保障方案》，成立后勤保障工作领导小组。2017年古镇镇共有28名优秀青年光荣地应征入伍。镇武装部驻中山市古镇镇东兴东路1号527室。

【征兵工作】 2017年，古镇镇制订2017年征兵工作计划，成立征兵工作领导组，并从其他部门抽调人员组成征兵工作办公室。同时做好征兵宣传发动工作，充分利用报纸、电视、手机短信、微信等媒体，采取新闻报道、开设专栏专题、发布社会公告、电视专访、电视文字滚动播出等多种形式，结合宣传单、LED显示屏、宣传车、宣传栏、墙报、板报、橱窗、标语、横幅等，大力宣传《国防法》《兵役法》《征兵工作条例》等法规和国家的优抚安置政策，宣传入伍青年建功军营、献身国防的感人事迹，营造良好的社会政治氛围。结合兵役登记工作，对适龄青年进行法规教育，全面掌握适龄青年及预征对象的有关动向。全镇共有676人通过网上兵役登记和应征报名。

镇征兵办结合兵检情况和中山市规定的兵检任务数，集中组织613人在古镇镇曹二村小学进行体检。经过筛选，76人得以参加中山市的征兵体检，其中34人预检合格。经反复多次的身体检查、政治审查，最终有28名优秀青年光荣地应征入伍。2017年征集的新兵综合素质有较大的提高，本（专）科毕业生3人，大学在读生10人，高校新生6人，高中（中职）生6人，初中生3人。大学生比例67.86%。

【思想政治建设】 2017年，镇武装部结合民兵训练、民兵整组、国防教育、兵役登记、征兵及民兵干部会议等工作，广泛开展以学习贯彻科学发展观为主线，强化"国家兴亡、匹夫有责"的意识，履行新世纪新阶段民兵预备役历史使命为主题的思想政治宣传教育工作。教育形式包括张贴标语、悬挂横幅、制作宣传展板、新闻媒体报道、印发以会代训学习资料等。2017年，共张贴标语325条、悬挂横幅124幅、制作宣传展板12块。组织一支合唱队伍参加中山市军分区的"人民军队忠于党"曲艺汇演，同时创作了一首军旅歌曲。

【队伍建设】 2017年，镇武装部成立民兵整组工作领导小组，制订整组计划和方案。2月28日召开全镇民兵整组工作会议，召集12个村民兵营长进行业务培训，并对全镇18至35周岁的公民进行全方位的摸底。经整组，全镇共有民兵323人。其中基干民兵40人，编为1个应急独立排；预备役部队25人；基干民兵交通运输分队40人，安全警戒分队30人，后勤保障分队20人，铁路护路分队20人，作战勤务保障分队120人。民兵中退伍军人服预备役117人，地方与军事专业对口20人。基干民兵转队22人，新入队23人。基层民兵营的规范化建设进一步得到落实，做到各村有活动场所，有阅览室、资料柜等活动设施。整组期间共出专栏2期，大小标语40条。

【军事训练】 2017年，镇武装部组织基干民兵40人分别参加队列、体能、轻舟训练，抗洪演练及应对突发事件训练。同时还参加军分区组织的专武干部、民兵营长及工兵营集训。全年多次取得总评优秀的训练成绩。由于2017年台风天气较多，镇武装部多次组织应急分队参加防台风任务。在"龙鳞沙管涌"事件中，应急分队充分发挥部队优良作风，在现场奋战两天两夜，有效防止了事件扩大。

【后勤装备建设】 2017年，古镇镇制定《古镇镇民兵应急分队执行各类军事行动后勤保障方案》，成立后勤保障工作领导小组。按照方案，镇武装部以古镇镇社会服务保障网络为依托，采取定点保障与伴随保障相结合的方式，先后与镇财政分局、党政办、应急办、医院、学校、加油站、饭店、商场及运输公司等单位签订联储联供协议书，对镇应急分队在执行各类军事行动时提供经费、给养、野营、运输和卫勤等保障。

【双拥工作】 2017年，古镇镇贯彻落实双拥工作，确保拥军优属活动扎实有效开展。在春节、八一建军节，召开不同时期复退转军人代表和现役军人家属代表座谈茶话会。按期足额发放优抚对象的定恤定补款，做到送款上门，抚恤补助优待账目齐全、清楚，并建有公账。

【应急工作】 2017年7月，因连续强降雨和长时间高水位浸泡，古镇镇龙鳞沙上围泵闸出现管涌险情。镇武装部组织应急分队40人在水闸后50米处龙鳞沙旧堤桥涵口填土筑堤。经过两天的连续奋斗，基本排除管涌险情，无人员伤亡。

8月26日，因台风"天鸽"造成神湾、三乡、坦洲等地方灾情严重，镇武装部紧急集合应急分队40人第一时间奔赴坦洲一线救灾。经过两天的连续奋斗，清理道路50公里、树木50多棵，道路交通基本恢复。

（沈其斯）

人民防空

【人民防空工作概况】 2017年，古镇镇做好人防事权下放的工程报建及教育宣传等工作；积极、有序地推进古镇警报器安装及维护工作；规范人防办事流程，把工作职能、办事程序、收费标准和项目向群众公开，接受群众监督。全年共办结人防易地建设业务审批62宗，报建面积达30599.48平方米，缴费金额104.9万元，安装设置防空警报器14个。

【人民防空工程建设】 2017年，古镇镇已验收的人防工程有：华裕置地大厦人防工程面积3097.58平方米，绿博灯饰员工宿舍人防工程1552.58平方米，大信新都汇古镇店人防工程4229.5平方米，中山市盛世嘉元花园人防工程6041.8平方米，中山市古镇镇晋兴住宅楼、宿舍楼人防工程3553.27平方米，金汇宿舍人防地下室1406.18平方米，光之源商住楼人防工程2563.97平方米，海都广场人防工程3699.38平方米。2017年新增人防工程报建有：天宏绿茵豪庭二期人防工程3767平方米，曹二综合农贸市场人防工程5504.06平方米，御秀花园一区人防工程3920.18平方米，御秀花园二区人防工程6115.6平方米。

（周美红）

农业
AGRICULTURE

农业农村

【农业概况】 2017年，古镇镇农业经营总面积1.3万亩，农林牧渔业总产值2.1亿元，比上年增长0.3%；城镇常住居民人均可支配收入4.3万元；到镇外、异地经营农业面积超3万亩。全镇花卉苗木业种植面积1.1万亩，花卉苗木生产专业户1250户，其中超50亩花木场310个。古镇镇农业和农村工作局（简称"镇农业局"）驻中山市古镇镇东兴东路1号506—508室。

【农民收入】 2017年农村集体总收入9.3亿元。其中：物业租赁收入59866万元，土地出租收入16491万元，农业收入3362万元；各村集体纯收入38162万元。全镇股民人数为59103人，股民人均收入15735元。

【古镇耕地情况】 全镇总面积47.8平方公里，镇内实际农业经营土地面积13524.63亩。古镇镇现有四大绿地，分别是南方绿博园实际面积3500亩，灯王公园实际面积800亩，龙鳞沙花木基地实际面积6815亩，镇南绿化苗木假植基地实际面积3628亩。

【农业基础设施建设】 2017年完成七坊横沙滘机耕路、绿博园东路、河边道路的施工工程共2公里，总投资218万元，其中中山市农业局下达农路专项补助资金71.5万元。龙鳞沙河道水利工程及绿博园道路桥梁工程，经过前期的筹备及建设，项目基本完工。

【动物卫生监督】 2017年来，古镇镇落实基础免疫，狠抓春、秋两防工作，基本实现禽流感应免疫密度达97%以上，应免畜禽免疫密度达到100%，狂犬病的应免犬只免疫密度达到98%以上等防疫要求。春、秋防期间共采集病学H5、H7亚型禽流感、禽类血清等检测7次，检测结果全部合格。1月1日起，古镇肉类联合加工厂正式关闭停产。开展动物诊疗和兽医处方活动专项整顿行动5次，巡查发现有1家兽医诊所经营欠规范，已责令其整顿。

【畜牧兽医工作】 为防范民间私屠滥宰等违法行为发生，古镇镇成立"扫雷行动"巡查小组，定期配合镇食品药品监督局、公安等部门开展联合整治行动，全年共开展散养猪户巡查20次，出动巡查人员105人次，未发现畜类养殖场所及私屠滥宰、肉食品加工等违法行为。全年共开具动物检疫合格证明（产品B）6份共5000羽白鸽。

【农产品检测工作】 2017年，检测蔬菜基地农药残留3547

2017年4月12日，古镇镇食品综合快检中心检测人员对市场委托的蔬菜进行农药残留检测

（镇农业局供图）

份，开展水产品鱼药残留基地抽样检测283份，合格率均为100%；开展蔬菜种植基地巡查共71次，每次检查286户，未发现违规使用禁用农药等情况；水产品养殖基地共计巡查79次，每次检测236户，未发现养殖户违规使用禁用投入品等情况。受理蔬菜农药残留委托检测4435份，合格率为98.76%；水产品鱼药残留委托检测部分共计检测924份，合格率为99.78%。

【农资打假】 2017年共开展农资打假专项整治行动13次，出动人数63人次，打击制售劣质假冒种子、化肥等农用品，严防销售假冒伪劣和禁售农资产品。未发现违规销售四无饲料、兽药、人用药等违禁品，未发现销售假冒伪劣种子、化肥等相关违规行为。

【红火蚁防控及农业技术服务】 2017年共开展2次红火蚁普查工作、2次红火蚁药派发工作，派发红火蚁药140件，其中红火蚁药粉剂70件，饵剂70件。开展畜禽暨犬只防疫防控宣传活动1次，撰写农业方面信息稿36篇次，发放农业信息宣传单约2000张，落户指导农业技术约230场次，联合市开展农业专业技术培训1次，多次与周边镇区进行农业服务技术交流。

【秀美村庄建设】 镇政府结合实际，制定《古镇镇农村人居环境综合整治行动工作方案》《古镇镇改善农村人居环境建设专项资金奖补方案》，全面开展人居环境综合整治专项行动。全镇12个行政村先后成功创建秀美村庄。曹一村为镇级示范村。

【南方绿博园】 南方绿博园于2017年1月在生态公园前广场（即原灯王广场）举办迎春花市，共吸引海洲、曹步、古镇片约3万人次前往选购。9月，协助广东省盆景协会、中山市龟友龟鳖专业合作社筹办2017灯都古镇特色农业展，包括"2017年广东省盆景协会成立30周年会员作品展暨中国盆景艺术大师广东岭南盆景艺术大师广东岭南盆景艺术家精品展"及"2017中山首届名龟文化科普展"。

【对口扶贫】 潮州市饶平县浮滨镇五祉村、排江村、麦园村、宫下村和大新溪村为古镇镇对口帮扶地区，共有建档立卡贫困人口129户、315人。驻村工作队通过投入资金、与当地企业合作发展产业、医疗救助、教育扶贫等有效措施，帮扶当地人员提高经济收入，实现预脱贫人口增加73户232人，整体脱贫率93%（超过省定考核标准23个百分点）。

古镇镇投入资金与饶平县科发生态农业专业合作社合作发展茶园产业项目，实现当地茶叶产业连片开发，推动当地茶叶产业发展。项目投入总资金200万元，分别为五祉村80万元、排江村30万元、麦园村30万元、宫下村30万元和大新溪村30万元。项目已于2017年11月落地，合作期10年，预计年均收益是投资总额的6%。前四年收益全部分配给建档立卡贫困户，余下六年收益由各村委支配，但必须用于解决贫困户生活困难问题和民生项目建设。

【土地确权工作】 2017年，古镇镇共9个村12154户应进行确权颁证工作。镇政府制定《古镇镇农村土地承包经营权确权登记颁证工作方案》，成立以刘建辉书记任组长的确权工作领导组，抽调各村精通业务的人员组成确权工作团队，全年完成确权证书7823本。

（区锦钊　卓二妹　梁慧怡　苏泽能）

林 业

【林业概况】 2017年，古镇镇土地总面积为5199.47公顷，森林覆盖率18.83%。建成区面积为772.9公顷，绿地面积为378.1公顷，绿化覆盖率63.6%，人均公园绿地面积13.4平方米。2017年，古镇镇被广东省林业厅认定为"广东省森林小镇"。

【湿地公园体系建设】 古镇镇深入推进灯都生态湿地公园、中心河滨河湿地公园、海洲城际中心中央湿地公园、横琴河畔公园、龙鳞沙休闲农业园建设，加强完善西江边森林长廊美化绿化。其中占地逾千亩的灯都生态湿地公园，按照"海绵城市"理念设计，将防洪排涝、改善环境与休闲健身、科普教育融合。公园内设山、湖、岛、溪、塘等丰富的生态湿地景观，配置200多种植物，形成200多亩湖面，配套篮球场、足球场、羽毛球场、健身步道等。灯都生态湿地公园为2017第三届灯光文化节主场地之一，文化节期间吸引游客逾100多万人次。

【三年绿化大行动】 2017年，古镇镇设立5000万元绿化基金，镇村两级及社会力量以"认种、认养、认捐"方式共同推动三年绿化城镇行动，推进开花树种进机关、进企业、进村庄、进学校医院、进公园等，绿化东兴路、中兴路、同兴路、中兴大道北、华兴路、体育路、华庭路等十多条主干道路。2017年，全镇有72条市政道路（含同益工业园）种有常绿大树及红花楹、蓝花楹、宫粉紫荆、黄花风铃木、勒杜鹃等花树近万株。

【农村绿化美化】 古镇镇以秀美乡村建设为载体，大力推动乡村"四旁"绿化、街头公园绿化和生态农业示范区高值苗木规模化种植。镇内12条村全面通过中山市秀美村庄建设评审验收。冈南、冈东、古一、古二、曹一、海洲等村先后完成村心公园建设，六坊、七坊、古三、曹二、曹三等村相继完成村路两旁绿化。此外，以镇南花木基地、龙鳞沙、绿博园三大块农地为基础，建设生态农业示范区，大力推广高值苗木种植，共发展了500多个苗圃场。

【古树名木保护】 根据《中山市古树名木保护管理规定》，古镇镇全面开展古树名木资源普查工作，摸清全镇42棵古树名木的情况。对古树名木及后备古树制订分株养护管理方案，落实养护责任单位、责任人，定期进行检查指导和备案工作。组织办公室人员参加中山市古树名木普查管护技术培训班，定期分派人员到12条村指导管护培训，确保古树名木得到有效的保护。

【城镇绿化管理】 成立市政环境管理中心，每年安排财政预算，统筹负责公共绿地及环境绿化的建设与管理。印发《中山市城乡绿化管护指引》，严把绿化的行政审批关，组织召开各村园林绿化管理工作会议，深入探讨绿化树木修剪问题并提出改进工作的意见和建议。

【全民同植"灯都树"】 在建设生态灯都古镇的过程中，古镇镇将植树与全民修身行动紧密结合，倡导"树木即树人，绿化即修身"理念，先后开展"生态灯都·绿化家园""全民绿化齐修身·共建和美新古镇"等"认捐、认种、认养"植树活动，广泛发动社会各界人士积极参与绿化行动。共募集绿化资金1000余万元（含捐树折价），用于灯都生态湿地公园的建设。2017年，古镇镇全民义务植树折合34万多株，义务植树尽责率为100%。

【森林小镇建设】 2017年，古镇镇不断完善南方绿博园、镇南苗木精品市场、龙鳞沙苗木基地等绿地系统，打造生态安全格局和绿色屏障，并以灯都生态湿地公园为基点，将龙鳞沙、绿博园、镇南苗木区和西江、海洲水道、中心河、浦板河、中沙河、横琴河、拱北河以及其他内河涌连为一体，构建完整的古镇公园系统，助力古镇镇获批广东省森林小镇。

（李东宁）

海洋与渔业

【海洋渔业概况】 古镇镇主要养殖龟、四大家鱼、虾和水鱼。2017年，水产养殖总产量约543吨，总面积约51公顷，养殖户约100户，从业人员300人，产值约3620万元。截至2017年12月31日，古镇镇共审核审查水生野生动物行政审批有关事项48份。

【水产品质量监管】 2017年对全镇60个水产品养殖场进行执法检查，检测水产品鱼药残留1207份，合格数为1205份，合格率为99.83%。其中水产品鱼药残留委托检测部分共计检测924份，其中氯霉素超标数为2份，合格率为99.78%；水产品鱼药残留基地抽样检测份数为283份，合格率为100%。

【渔政执法管理】 2017年古镇镇渔政执法中队开展2次专项行动，对古镇辖区范围内的电鱼、毒鱼等违法行为进行打击。经对外省籍"三无"渔船的执法行动，停留在古镇镇的"三无"渔船由2016年的20多艘减少至2017年的4—5艘。在禁渔期间，组织开展禁渔期宣传专项行动，渔政执法中队每周至少巡航1次。

（苏亮胜）

水 务

【水务概况】 2017年，古镇镇水利所（简称"镇水利所"）设52岗位，共有干部职工52人。镇水利所在内河水环境整治、水利工程建设、防汛排涝工作、水事执法工作、水利秩序维护方面开展工作。镇水利所驻古镇镇西岸南路1号镇三防指挥中心大楼。

【内河水环境治理】 2017年，除防洪关闸外，古镇镇水利所共安排约850人次，平均每日调换内河水1—2次，全年累计开闸、开泵时间2000多小时，用电140多万度，引入西江活水，大大地改善了内河水质，主河涌全年水质达Ⅳ类水以上。疏浚海洲片内河道7.72公里，总清土方37570立方米。工程完成后海洲片河涌水质明显改善，多处水域可见鱼群。疏浚同益中心河和创业园河2.86公里。疏浚古镇生态公园浦板河道1.88公里。为开展河道生态修复、配合森林小镇建设，在海洲水道种植落羽杉5400棵，绿化河道6.9公里。

【水利工程建设】 实施古三村江头滘泵闸工程。工程总投资5100万元。泵站采用的卧式双向潜水泵，暴雨洪水期间可排涝，枯水期可引外江水灌溉和改善内河水环境。泵站设计流量为20立方米/秒，配套交通桥长28.6米、宽30米。

开展横琴生态河岸整治工程前期工作。主要包括修整护岸，新建生态岸墙、亲水平台、河岸护栏，重建水闸、内河疏浚。工程总投资6500万元，省市两级财政补助64%。设计方案已获得广东省水利厅批准，于2017年初通过中山市发展和改革局立项。

2017年，古三村江头滘泵闸工程

（镇水利所供图）

完成海洲蔬菜基地新开河工程，解决了此片区的用水困难问题。开挖河道长1250米，宽15米。

【"三防"工作】 2017年，古镇镇于汛前重新修订及印发《古镇镇三防应急行动方案》，并制定《古镇镇三防应急行动人员安排一览表》，大堤防守段面按防汛连锁责任制落实到人。现有防汛抢险队（520人）、巡逻队（252人）、抢修队（640人）、救护队（230人）。7月4日，龙鳞沙上围泵站受西江洪水持续袭击发生管涌险情，镇水利所立即上报镇主要领导和市水务局，同时启动应急预案，并马上发出抢险通知，召集三防成员单位赶赴现场投入抢险。

2017年，台风"天鸽""帕卡""卡努"接连正面袭击广东省，并对古镇产生直接的影响。镇水利所及时发布预警信息，提前做好各项防风防涝措施，并在镇政府及时部署、科学指挥，各部门通力协作、严密防范，竭力奋战下，把台风造成的损失减少到最低程度，取得了年度防台风工作的全面胜利。

【依法治水】 2017年，镇水利所积极做好堤围、河道的巡查和执法，依法处理在河道、堤围管理范围内发生的违章行为。全年共清理内河拦网捕鱼2宗，制止在堤岸边违章建筑2宗，制止在大堤违章开沟2宗，制止在河道建设桥梁遗留淤泥杂物1宗，制止占用西江行洪河道违建岸墙1宗，制止砂石场违规超高堆放4宗，驱赶停泊在防洪泵闸入河口渔船只15条，协助环保部门整治饮用水源保护区违建项目2宗，协助环保部门排查西江（古镇段和海洲水道沿线）排污厂点5个，未发现违法采砂现象。

（区德洪）

工业·商贸服务业
INDUSTRY AND COMMERCIAL SERVICE INDUSTRY

工　业

【工业概况】 2017年，古镇镇工业增加值27.4亿元，工业总产值106.5亿元（其中灯饰产业产值79.9亿元），规上工业产值为81.3亿元，规上工业增加值16.3亿元。全镇工商部门登记各类企业、个体户3.4万户，其中登记注册灯饰销售企业1264户、灯饰制造企业3126户。

2017年，古镇镇被评选为"广东省特色小镇创建工作示范点"、中国轻工业特色区域和产业集群创新升级示范区。

（李智钊）

商贸业

【商贸业概况】 古镇镇现代流通体系建设不断加快，市场监管不断加强，商品流通和社会消费活跃，零售、酒店、饮食、娱乐等行业稳步发展。2017年社会消费品零售总额92.9亿元，同比增长11.4%。限上批发业销售额为19.1亿元，比增9.4%；限上零售业零售额为15.9亿元，比增41.2%；限上住宿业营业额为1.1亿元，比增2.6%；限上餐饮业营业额为1.1亿元，比增-3.5%。

【对外贸易概况】 2017年，古镇镇外贸进出口保持平稳。8月，古镇镇外贸促进服务平台——中山市华迅商务服务有限公司成功在南非约翰内斯堡举办2017—iSA非洲时尚照明展，吸引了南非当地一线顶级灯饰采购集团数千人前来参观采购。成功创建国家级出口灯饰质量示范区并高分通过评审，共有16家企业进驻，享受出国参展、国际认定等一系列的政策扶持。

【会展】 2017年，古镇镇延续"一年两展、展店联动"的办展模式，成功举办第19届、第20届灯博会，其中第20届灯博会以"1+7展店联动"、超过150万平方米的展览规模，吸引118个国家和地区逾30万人次观展采购。9月29日至10月2日，南方绿博园承办的灯都古镇特色农业展举行。由广东省盆景协会和中山市龟友龟鳖专业合作社联合举办的以岭南盆景、珍稀名龟为主的农业产品交流展示展览会共吸引了9万人次前来观看。11月，以"点亮世界、放飞梦想"为主题的第三届中国古镇国际灯光文化节，共吸引218.5万人次参与。

（卢燕莹）

灯饰产业

【灯饰产业概况】 2017年，古镇镇灯饰产业产值79.9亿元。全镇登记注册的灯饰销售企业1264户、灯饰制造企业3126户。除继续举办国际灯博会、国际照明灯具设计大赛，古镇镇于年初启动首次"中国灯饰之都百强企业"评选活动，最终评选出100家扎根在古镇的优秀企业。5月16日，广东莱亚智能光电股份有限公司（位于古镇镇曹三竹围工业区，主营LED照明产品的研发、生产和销售）的挂牌申请获得批准，成功挂牌新三板。这是古镇第三家新三板挂牌企业。古镇对成功挂牌新三板的企业最高奖励400万元。6月，古镇启动首届创意灯光小品设计大赛，奖金总额高达268万元，最终于10月评出52件优秀灯光景观作品。

【中国·古镇国际灯饰博览会】 2017年，古镇镇延续"一年两展、展店联动"的办展模式，成功举办第19届、第20届灯博会，共吸引来自244个国家和地区58万人次前来参加。为适应市场发展需求，春季展创造性地分设两期。

第19届古镇国际灯饰博览

会（春季展一期） 2017年3月18—21日，第19届古镇国际灯饰博览会（春季展一期）在古镇镇灯都古镇会议展览中心启幕。灯博会延续往届的特色，通过组团买家及特邀买家等形式，重点邀请国内外优质买家、外国企业集团、照明协会成员、企业采购商、零售商等团体买家到现场采购、订货。截至3月21日13时（闭馆时间），镇内六大卖场、2000多家灯饰企业一共吸引了专业买家近28万人次。其中，主会场登记办理入场采购商共计37726人，同比增长10.35%。海外买家达1706人，相比去年春季展增长7.03%。

2017古镇制造及商贸展 3月28—31日，2017古镇制造及商贸展以古镇灯博会春季展二期的形态启幕，与此前闭幕的春季展一期联动互补。2017古镇制造及商贸展以"灯都聚商机，制造赢天下"为主题，展品类别贯穿灯饰照明产业链上游及下游各个环节，涵盖生产设备、配件、原料及灯饰设计、服务、物流、3D打印、金融等。因有别于一期的服务范围，大会精选四大卖场——古镇长安灯配电子城、开元灯配城、瑞丰国际灯配城、环球LED灯配城作为二期的分会场。"1+4展店联动"使制造及商贸展构建了一个达50万平方米的大型采购平台。主展馆展览面积较2016年灯博会的同类展区增长了115%，达12800平方米；展商数量增加了99%，达203家；主会场总计11683名专业买家入场。

第20届古镇国际灯饰博览会（秋季） 10月30日至11月3日，第20届古镇国际灯饰博览会（秋季）举行。灯博会继续深化"展店联动"，新增"灯都国际路灯城"作为分会场，与七大分会场强强联手打造超150万平方米的采购盛宴。其中主会场展览面积达37,000平方米；主会场展商数量达至811家；主会场专业买家数量增加了7.1%，再创新高。本届预登记再创历史新高，预登记总人数达71174人，同比增长19.7%，其中国内63264人，同比增长18.7%；并吸引来自163个国家和地区共7910人，同比增长28.3%。

【中国灯都（古镇）国际灯光文化节】 2017年中国灯都（古镇）国际灯光文化节于2017年11月5日至11日举办。灯光文化节由古镇镇与中国照明电器协会联合主办，古镇建设开发总公司承办，以"点亮世界、放飞梦想"为活动主题。此次举办的第三届灯光文化节以人民广场、灯都生态湿地公园和公园前广场为三大活动主场地，大中小景点搭配协调，表演、互动、展示多种形式结合，53

2017年10月30日—11月3日，第20届古镇国际灯饰博览会（秋季）在灯都古镇会议展览中心举行

（区伟华摄）

2017年9月27日，中国轻工业联合会会长张崇和（左）为中国国际照明灯具设计大赛工程装饰类一等奖颁奖

（区伟华摄）

个"企业灯光小品"初步展现了灯饰企业在灯光科技艺术方面的创作实力。"3D音乐喷泉""灯火燎原""荷塘月色""萤火虫之森""大鱼海棠"等景点成为灯光文化节的亮点。其中，设置在灯都生态湿地公园南侧湖面的3D音乐喷泉，中心喷泉高度达160米。灯光文化节期间还有传统文化演出项目，如彩车巡游、六坊云龙、荷花龙、醒狮等。沙地音乐会也为灯光文化节活动增色不少。灯光文化节三大主会场共展示70多个景点和作品，展览规模和品质较高，7天的时间里共吸引218.5万人次参与。

【中国国际照明灯具设计大赛】 2017年3月，由古镇镇人民政府与中国照明电器协会联合主办的中国国际照明灯具设计大赛在古镇春季灯饰博览会期间启动，大赛的主题是"设计、艺术、创新、发展"。截至9月15日（投稿截止日），征集到企业及院校相关作品共770件，其中实物作品201件，创意作品569件。9月27日，由中国照明电器协会执行理事长刘升平、清华大学美术学院唐林涛副教授、国家灯具质量监督检验中心庄晓波博士等专家组成的评审小组，评出功能类、家居装饰类、工程装饰类和创意类获奖作品47件。

（卢燕莹）

旅　游

【旅游业概况】 2017年，古镇镇有AAA级国家旅游景区1个，AA级景区2个，5家单位筹备创建AAAA及AAA级景区。古镇镇旅游促进会有会员单位54个，创新古镇特色工业研学旅游项目2个，全年录得工业研学旅游项目7万多人次，比增60.2%。中山市古镇镇旅游办公室（简称"镇旅游办"）全力配合市委市政府、市旅游局进行全域旅游发展规划相关工作。镇旅游办驻中山市古镇镇东兴东路1号政府大楼213办公室。

【创建国家级旅游景区】 2017年，镇旅游办协助华艺广场成功创建国家AAAA级旅游景区，国家AAA级旅游景区星光联盟·全球品牌灯饰中心筹备创建AAAA级旅游景区，大信新都汇、中山市龙泉博物馆筹备创建国家AAA级旅游景区。根据中山市旅游局制定的《中山市旅游业发展专项资金管理办法》，古镇镇旅游办协助华艺广场申请获得30万元奖励金、中山市龙泉博物馆申请获得26万元奖励金、星光联盟申请获得20万元奖励金。星光联盟2017年1—10月共录得旅客人数137.66万人次，龙泉博物馆1—10月共录得旅客人数16.81万人次，灯都灯文化博物馆1—10月共录得旅客人数 5.63 万人次。

【旅游购物狂欢节】 2017 年 3 月 19—25 日，镇旅游办联合古镇镇旅游促进会等举办 "2017 灯都旅游购物狂欢节"。活动参与商家包括龙泉博物馆等景区景点、星光联盟、华艺广场等商旅综合大卖场，国贸酒店、希尔顿花园酒店等酒店业商家，国宴饭店等餐饮业商家以及大信云顶星河等娱乐行业商家。

为期七天的活动中，主办方推出一系列灯都特色旅游线路，多项新型旅游项目也同时亮相，如半程马拉松，DIY 灯具、茶饼、鱼饼等亲子休闲旅游项目，治未病调养等养生旅游项目。

【《国际灯饰文化休闲名镇全景图》旅游地图】 2017 年，古镇镇旅游办监制、印刷了 2 万份《国际灯饰文化休闲名镇全景图》（第二版）。新版旅游地图以手绘形式呈现，内容涵盖古镇主街道线路、旅游相关信息（包括景点、大卖场、酒店、饭店、娱乐场所、高速路出入口、汽车站、公交线路、单车租赁点、停车场、直升机停机场、公共厕所、加油站等）景点图文介绍。相较于第一版，第二版收录的旅游项目、当地特色美食及酒店、餐饮等配套信息都有所增加。旅游地图尺寸为 540mm×880mm，双面彩印，于镇内主要旅游景点投入使用。

【灯饰研学旅行】 2017 年，古镇镇结合国家对研学旅行的新要求，积极引导企业开发、创新工业旅游项目，打造灯饰研学旅行项目，并制定多条灯饰研学旅行线路。其中包括灯饰 DIY 组装体验、赏灯光秀、品古灯具、学茶艺、书画即席挥毫、素食 DIY 等。

【基础设施建设】 古镇在 2016 年 11 月开通镇内第一条 "村村通" 环保免费穿梭巴士线路。至 2017 年 4 月，古镇开通 4 条 "村村通"，其中包括 2 条海洲线、2 条古镇旅游专线。两条旅游专线，一条为 T003 文化线路，由绿博园始发，途经生态公园、观音庙、天后宫、魏邦平故居等景点，终于魏氏宗祠；另一条为 T004 商业圈线路，由大信新都汇始发，经星光联盟、灯文化博物馆、龙泉博物馆、华艺广场、利和灯博中心（希尔顿花园酒店），至灯饰学院。穿梭巴士在行驶范围内招手即停，十分方便。推进厕所革命，华艺、利和已设置有 "第三卫生间"。

【中山市南方绿博园有限公司】

综述 中山市南方绿博园有限公司（简称 "绿博园"）2017 年紧紧围绕南方绿博园转型升级的中心工作，积极筹办各项大型活动和特色展会。成功筹办 2017 古镇镇迎春花市、2017

2017 年 3 月 19 日，灯都旅游购物狂欢节启动仪式在华艺广场举行

（区伟华摄）

2018年9月28日—10月7日，2018南方绿化苗木博览会暨国际盆景协会（BCI）中国地区委员会会员盆景精品展及中国盆景邀请展在中山市古镇镇中国灯都盆景园举办，图为展览航拍图

（蔡锦霞摄）

灯都古镇特色农业展。绿博园位于中山市古镇镇海洲村。

灯都古镇特色农业展 2017年，绿博园以打造"综合型的农业旅游景点"为目标，协助广东省盆景协会、中山市龟友龟鳖专业合作社筹办2017灯都古镇特色农业展。特色农业展包括2017岭南盆景艺术大师精品展和2017年首届名龟文化科普展，参观游客约9万人次，总销售金额约1360万元（其中盆景展360万元）。除了日常的盆景展示外，还首创夜色盆景展示。

中国灯都盆景园 为促进中山盆景产业发展，推动古镇镇花木产业转型升级，由中山花木城园林有限公司投入资金建设，位于中兴大道北旁打造"中国灯都盆景园"。9月在盆景园举办2017年广东省盆景协会成立30周年会员作品展暨中国盆景艺术大师广东岭南盆景艺术大师广东岭南盆景艺术家精品展。盆景园的建设目的是把中国灯都盆景园打造成为华南地区最热门、最专业的盆景交易市场，同时也为古镇镇绿色文化产业添砖加瓦。

（梁淑贤　麦韵婷）

财税·金融
FISCAL TAXATION AND FINANCIAL INDUSTRY

财 政

【财政收支概况】 2017年全镇一般公共预算收入为52890.77万元，完成年初预算的122.00%，同比增长3.92%。2017年全镇公共预算支出80351.26万元，完成年初预算的71.09%，同比增长42.86%。中山市财政局古镇分局（简称"镇财政分局"）突出稳中求进，坚持改善民生、厉行节约，提高财政资金使用效益，增强财政实力。主要在财政税收管理、财政制度改革、优化财政支出结构、执行财政纪律等方面开展工作。镇财政分局驻古镇镇东兴路1号203—205室。

【财政收入征管】 2017年，镇财政分局加强财政税收管理，促进财政收入稳定增长，细化分解各项收入任务，继续加强对宏观经济形势和财税政策变化的研究，特别是营改增改革对税收收入的影响，提升税收征管力度。继续加强支持非税收入征缴部门组织收入的力度，及时做好税源变动的监控与分析，全年非税收入7897.50万元，完成年初预算的104.41%。采取主动措施应对收入增长中的不确定因素，培植财源，力求促进财政收入稳定增长。

【财政支出管理】 2017年古镇镇财政支出继续坚持开源节流，量入为出，突出重点、惠泽民生，集中财力保障民生及事关改革发展稳定的重点项目，重点增加生态环保、就业、教育、医疗卫生、社会保障和文化建设等方面投入。至2017年底，全镇公共预算支出80351.26万元，完成年初预算的71.09%。

【民生项目建设保障】 2017年，加大民生保障力度，落实共享发展理念，着力持续改善民生。安排2890多万元提高基本公共卫生服务均等化水平，继续投入700多万元用于海洲村民生事业发展基金，安排770多万元补助支持实施重大疾病救助、事故救助和缴付社会养老保险费用，拨付1740多万元向低保对象、"五保"人员、残疾人等困难群众发放困难补助、高龄津贴，实施医疗救助等。

【教育发展保障】 2017年安排教育支出20380多万元，保障小学、初中的公办学校基础教育投入力度，支持奖教奖学、师资培训、聘请外语教师等，提升教育水平。其中：拨付140万元启动古镇小学建设；继续安排380多万元完善曹步中学、海洲中学运动场建设；拨付270多万元补助民办学校义务教育公用经费和教科书经费；投资10多万元建设古镇初级中学体育馆，完成海洲第二小学体育馆工程。

【特色小镇建设】 2017年，古镇镇着力推进环境治理，打造"产城人文"深度融合的特色小镇。财政方面，投入6800多万元创建广东省森林小镇，深化特色小镇建设，提升城市品位，优化人居环境。其中包括建设中心河滨湿地公园和灯都生态湿地公园；整治农村人居环境以及开展"创文"和"四看"等环境整治工作；举办第19届、第20届灯博会，坚持特色发展，深筑产业优移；举办以"点亮世界、放飞梦理"为主题的第三届灯光文化节；建设利和广场周边，同时引入社会资本打造品牌楼盘和商业圈；建设海洲城际中心，深入打造灯饰产业中心区；大气污染防治、饮用水源保护、"小散乱污"整治、违法排污处监察等保护生态环境工作。

【交通项目建设推进】 2017年，投入12990万元着重完善"一环三纵七横上高速"骨干路网体系，推进"智慧畅通城市"建设。加快中兴大道南、东裕路、同裕路等项目建设，完善海洲城际中心、利和广场周边配套道路、同益工业园等重点地区配套路网建设。积极改善旧区路网，加大对古镇、曹步、海洲三大旧城片区道路网升级改造。加快启动环镇路建设及曹安路、东兴西路等道路升级改造，完成十水线道路工程。投入建设同兴路、东兴东路、育才路、东裕路、十水线、沙古公路入口、龙鳞沙中心河两岸以及均安、小榄路口的绿化工程。坚持公交优先战略，绿色公交先行，支付公交运营补贴、特定人员乘车补贴，完善村镇小巴全镇布局和站点设置，方便群众出行。

【平安古镇建设保障】 2017年安排公共安全支出13070多万元，保障公共安全运营，支持公安分局、交警大队、消防大队等部门更新装备、完善设施，增强防灾防火、抢险救灾能力，提升道路事故防范能力，建设"平安古镇"。为全面推进网格化管理服务，全力打造职责分明、信息共享、处理迅速、服务有效的网格体系，安排网格化建设经费500多万元。

【财政制度改革】 2017年，镇财政分局深化预算管理改革，严格执行中央有关厉行节约的文件要求，落实各项节约措施，严格控制"三公"经费等一般性支出，紧缩行政运行成本，简化财政经费拨款程序。深化国库集中支付制度改革，实现预算单位全覆盖，将公共财政预算资金、政府性基金预算和国有资本经营预算资金全部纳入集中支付范围。盘活财政存量资金，积极推进"公务卡"结算制度，继续规范现金流量管理。加大预决算信息公开力度，建立健全预决算信息披露制度和公开反馈机制，积极稳妥推进"三公"经费预决算的公开，依法接受人大、审计和社会公众的监督。在政府网站公开的文件中除经人大批准的《古镇镇2017年公共财政预算收入预算》《古镇镇2017年政府性基金收入预算》《古镇镇2016年公共财政预算收入实绩》《古镇镇2016年政府性基金收入实绩》等，还有《古镇镇2016年的"三公"经费决算财政拨款情况汇总统计表》和《古镇镇2017年的"三公"经费决算财政拨款情况汇总统计表》。

【财政效能管理】 2017年，镇财政分局深化财政支出绩效评价工作，坚持科学理财。为进一步加强对财政支出的监督管理，提高财政资金使用效益，增强预算编制的科学性，古镇镇重新修改收支管理规定，并出台《古镇镇行政和企事业单位财务收支管理办法》（古府办〔2017〕5号）。预算单位根据《古镇镇部门预算绩效管理工作实施方案》进行绩效预算和项目库管理，进一步扩大财政支出绩效评价工作的范围，加强预算事前审核、过程管理、事后评价、结果应用反馈管理，建立全过程预算管理机制。

（蔡健芬）

国家税务

【工作概况】 2017年，中山市国家税务局古镇税务分局（简称"古镇国税分局"）主管业户23100户，其中一般纳税人4629户，小规模纳税人18471户。全年完成税收收入9.93亿元，其中增值税税收收入8.77亿元，企业所得税税收收入1.15亿元，消费税税收收入135.74万元。古镇国税分局驻中山市古镇东兴路3号7号楼。

【税种管理】 2017年，古镇国税分局加强增值税管理，针对增值税管理中的薄弱环节，强化监控管理措施，加强对小规模纳税人的管理，督促部分收入未达起征点、申报收入低、零申报业户对纳税情况进行自查，堵塞税收征管漏洞。进一步规范企业所得税管理，全面完成企业所得税汇算清缴工作，全年应参加汇算清缴居民企业共3338户，其中查账征收企业1338户，核定征收企业2000户，汇算清缴准期申报率100%。

【纳税服务】 2017年，广东省电子税务局单轨运行，古镇国税分局依托"互联网+"思维，整合资源，破解时空限制，做到税企办税"双赢"。推行回单柜取票、发票领用、网上代开发票，免去纳税人窗口排队等候的麻烦，方便纳税人的同时大大提高了工作效率。结合电子税务局实名制办税的推行，实现"一照一码、两证整合"优化升级，依托数据共享平台联合比对工商部门登记信息，减少纳税人来回奔跑及数据多头报、重复报的现象。借助电子税务局及金税三期，实现纳税人线上申请，税务机关一次受理，变更信息共享并同步写入国税、地税登记档案，简化日常变更登记流程的同时减轻了纳税人负担。

【国税文化建设】 2017年，古镇国税分局以办税服务厅为主要载体开展以"扬青春之帆，书国税之章，聚团队之力，创服务之优"为主题的青年文明号申报创建工作并以全市总分第一名的优异成绩荣获中山市"青年文明号"。下半年，中山市国家税务局古镇税务分局办税服务厅荣获中山市"巾帼文明岗"称号。按照中山市国家税务局要求，古镇国税分局积极创建"党员之家""团青之家""妇女之家""职工之家"，专门组建以局长室牵头的专职小组，还在前期方案策划、工期跟进、后期修改反馈等环节抓紧抓好，从硬件设施、文化宣传保障"四个之家"落实到位。

（杜嘉蕙）

2016—2017年古镇镇国家税务局税收收入表

项目	2016年	2017年	增长率（%）
按税种划分			
税收收入合计	80858.35	99315.53	22.83%
一、国内税收收入	80858.35	99315.53	22.83%
（一）国内增值税、消费税"两税"收入	68803.91	87805.16	27.62%
1. 增值税	68682.6	87669.42	27.64%
2. 消费税	121.31	135.74	11.90%
（二）其他税种收入	12054.43	11510.36	-4.51%
1. 企业所得税	12054.43	11510.36	-4.51%
2. 储蓄存款利息所得个人所得税	0	0	—
3. 车辆购置税	0	0	—
二、海关代征	0	0	—
按预算级次划分			
税收收入合计	80858.35	99315.53	22.83%
一、国内税收收入	80858.35	99315.53	22.83%
其中：中央级收入	46702.52	50876.67	8.94%
省级收入	14353.86	24219.43	68.73%
市级收入	19801.97	24219.42	22.31%
二、海关代征	0	0	—

地方税务

【组织收入】 2017年，中山市地方税务局古镇税务分局（以下简称古镇地税分局）全年共组织税费收入123422.78万元。税收收入方面，受"营改增"政策影响，全年组织税收收入67288.1万元，同比减收16531.66万元，下降19.72%；全年共组织规费收入56134.68万元，同比增收7020.68万元，增长14.29%。其中：组织社保费51231.64万元，同比增收7927.75万元，增长18.31%。截至2017年底，辖管固定业户28391户，含正常户24840户，包括企业类纳税人6828户，占正常户27.49%；个体类纳税人17851户，占正常户71.86%；其他纳税人161户，占正常户0.65%。古镇地税分局驻古镇镇政府第二办公区4号楼。

【税收征管】 古镇地税分局以收入任务完成率、税收收入预测率和税源预测吻合度三个绩效指标为抓手，抓好组织收入，确保完成税收预期目标。推进企业所得税预缴和汇算清缴管理，补缴企业所得税4135.27万元，汇缴面达100%。整合自然人涉税数据，推进个人所得税全员全额明细申报，加强对"股权转让所得""利息、股息、红利所得"个人所得税的审核，有效提高自然人税收管理效能。优化土地增值税清算流程，推进对企业所得税和土地增值税的联动管理，实现土地增值税增长35%。构筑物业租赁行业"四位一体"征管新模式，对镇属企业、村委会物业、企业大卖场、私人物业四大出租对象，全年组织补缴税款3812.86万元。以国税、工商、国土、流管办等多个部门的交换数据以及征管系统的数据对比为依据，重点通过金三系统数据与第三方信息进行综合分析比对，准确评估企业、重点税种、重点项目涉税问题，开展税收评估工作，评估税收收入2845.91万元。

【依法治税】 按照市地税局的工作部署，开展税收行政执法公示试点工作，通过市地税局执法公示平台，对12大类、59小类执法信息予以公示。研究制定分局税收行政执法公示管理办法，对执法公示的采集、审核、审定、发布，以及台账登记、档案管理、责任追究等事项进行明确和规范。积极推进税收执法全过程记录制度，配置执法记录仪，明确记录方式、资料保管归档，确保执法过程记录完整、规范、全面。严格执行法制员审核制度，强化对行政强制措施等重大执法事项的法制员审核机制，防范执法风险。联合市地税稽查局、市公安经侦支队，对欠税"老赖"开展稽征警联动清欠行动，清缴欠税77余万元。制定《注销纳税评估工作规程》，深度梳理注销检查工作，年内累计开展注销检查509户，查补税款137.88万元。

【纳税服务】 持续开展"便民办税春风行动"，落实税务总局纳税服务和税收征管规范，严格落实首问责任、限时办结、网上预约、延时服务、提醒服务、"二维码"一性次性告知等办税服务制度，打造规范、高效、现代化办税服务厅。截至2017年12月，古镇地税分局征收大厅的平均等候时间和平均办理时间均低于省、市平均水平，在全市居中上水平，纳税服务质效明显提升。不断推广完善网上办税体系，95%的税费业务可在网上办理，可通过电子办税渠道办理的业务占比达到98.5%。推行二手房交易智能管理系统，解决纳税人"来回跑"的问题。推广中山社保网报App，用户足不出户即可办理社保业务。推进国地税合作，按要求完成属于县级分局负责的42个合作项目，并在"一照一码"纳税人联合清税、联合开展税收宣传、联合开展风险管理等工作取得突破，实现国地税联合办税服务"全覆盖"。

（黄婉珍）

2016—2017年古镇镇地方税务局税费收入表

单位：万元

项目	2016年	2017年	增长率（%）
税费合计	132943.77	123422.78	-7.16%
一、税收收入	83819.76	67288.1	-19.72%
其中：中央级	12596.29	17167.75	36.29%
省级	20873.58	9915.85	-52.5%
市级	50349.89	40204.5	-20.15%
1. 营业税	20817.17	421.83	-97.97%
2. 企业所得税	8951.17	15134.35	69.08%
其中：国有企业	1.49	0	-100%
集体企业	359.58	7810.69	2069.72%
私营企业	734.47	538.65	-26.57%
股份企业	7336.49	6751.24	-7.97%
其他	519.14	33.77	-93.65%
3. 资源税	0	0	—
4. 土地使用税	2502.23	2948.45	17.83%
5. 个人所得税	11546.65	12060.22	4.45%
6. 城市维护建设税	4532.11	4278.38	-5.6%
7. 印花税	1230.67	1317.12	7.02%
8. 房产税	9708.15	11590.89	19.39%
9. 车船税	2030.58	2374.09	16.92%
10. 土地增值税	12466.43	8102.87	-35%
11. 契税	9167.35	7408.09	-19.19%
12. 耕地占用税	477.22	371.63	-22.13%
13. 增值税	390.03	1280.18	228.23%
二、规费及其他收入	49124.01	56134.68	14.27%
1. 社会保险费	43303.89	51231.64	18.31%
2. 教育费附加	2532.25	2274.76	-10.17%
3. 文化事业建设费	37.56	0.06	-99.84%
4. 其他罚没收入	17.04	20.93	16.97%
5. 堤围防护费	625.21	7.02	-98.66%
6. 残疾人就业保障金	392.98	610.44	55.34%
7. 地方教育附加	1687.87	1516.42	-10.16%
8. 工会经费	527.21	473.41	-10.20%

说明：受2016年5月开始实施的"营改增"政策影响，2017年营业税与2016年相比减收20395.34万元，减收97.97%，其中附征税费也相应减收。

金融服务

【**金融概况**】 2017年，古镇镇金融工作办公室（简称"镇金融办"）积极引导金融业态稳步发展，促进金融助推实体经济发展的作用，为全镇经济社会发展提供了有力保障。全年古镇镇新增银行1家，共有银行机构16家（含村镇银行1家），营业网点43个，自助银行网点327个；新增证券公司2家，共4家证券公司；另有保险机构15家、小额贷款公司1家、融资担保公司1家。新增1家企业成功挂牌新三板，累计已有3家。2017年全镇金融机构存款余额256.88亿元，贷款余额174.58亿元；小额贷款公司累计投放贷款笔数46笔，累计投放金额2.125亿元。镇金融办驻中山市古镇镇东兴东路1号402室。

【**金融服务**】 2017年，古镇镇紧扣特色小镇、西北组团发展、产业平台建设等重要环节，加强与金融机构项目对接，解决项目资金需求。2月召开

2017年全镇银行同业金融工作座谈会,并多次组织企业、商会、部门交流会,与不同金融机构商讨项目融资方案及产业投资基金合作方案。新增广东莱亚智能光电股份有限公司登陆新三板挂牌上市,全镇上市企业累计有3家;参照市政府扶持一比一配比原则,对成功挂牌新三板的优秀企业配套共计400万的资金奖励。

【金融环境建设】 2017年,镇金融办制定防范非法集资宣传方案,开展各类宣传教育活动共8次,制作宣传条幅800条。开展金融排查活动,及时处置排查中发现的"全返通平台"。加强对小额贷款公司、融资担保公司的监管和指导,多途径督促其合规经营、稳健发展。围绕对资金来源及运用情况、合规经营情况和风险防范情况进行重点检查,促进两类公司规范经营。

【古镇(利和)金融街建设】 2017年,古镇镇深入打造古镇(利和)金融街,采取"先租后补"的方式,为进驻古镇(利和)金融街的机构提供租金和装修费用等补贴,降低运营成本,吸引优质金融机构进驻。截止2017年末,古镇(利

2016—2017年度古镇镇地方税务局各产业类型税收表

单位:万元

项目	2016年				2017年				比2016年增长(%)			
	合计	营业税	企业所得税	个人所得税	合计	营业税	企业所得税	个人所得税	合计	营业税	企业所得税	个人所得税
合计	41314.99	20817.17	8951.17	11546.65	27616.4	421.83	15134.35	12060.22	-33.16%	-97.97%	69.08%	4.45%
第一产业	1.5	0	0	1.5	2.45	0	0	2.45	63.33%	—	—	63.33%
第二产业	15778.22	7750.73	1600.36	6427.13	8251.83	0	1306.01	6945.82	-47.7%	-100%	-18.39%	8.07%
其中:制造业	7320.45	0	1184.29	6136.16	7778.03	0	1024.47	6753.56	6.25%	—	-13.5%	10.06%
建筑业	8457.77	7750.73	416.07	290.97	474.01	0.21	281.54	192.26	-94.39%	-100%	-32.33%	-33.92%
第三产业	25535.27	13066.44	7350.81	5118.02	19361.91	421.62	13828.34	5111.95	-24.18%	-96.77%	88.12%	-0.12%
其中:交通运输、仓储及邮政业	174.14	4.1	20.16	149.88	174.39	0	23.27	151.12	0.14%	-100%	15.43%	0.83%
批发和零售业	882.82	0	190.11	692.71	987.65	0	201.62	786.03	11.87%	—	6.05%	13.47%
金融业	1341.13	190.89	218.17	932.07	657.22	0	146.19	511.03	-51%	-100%	-32.99%	-45.17%
住宿和餐饮业	746.26	572.49	46.84	126.93	186.28	1.97	68.73	115.58	-75.04%	-99.66%	46.73%	8.94%
租赁和商务服务业	1272.44	1783.47	-731.3	220.27	7854.35	136.59	7231.33	486.43	517.27%	-92.34%	—	120.83%
房地产业	16075.56	8965.23	6906.31	204.02	6331.66	77.59	5988.13	265.94	-60.61%	-99.13%	-13.29%	30.35%

2016—2017年度古镇镇地方税务局各企业类型税收表

单位：万元

项目	2016年				2017年				比2016年增长（%）			
	合计	营业税	企业所得税	个人所得税	合计	营业税	企业所得税	个人所得税	合计	营业税	企业所得税	个人所得税
合计	41314.99	20817.17	8951.17	11546.65	27616.4	421.83	15134.35	12060.22	-15.77%	-97.97%	69.08%	4.45%
国有企业	180.84	179.24	1.35	0.25	0.03	0	0.02	0.01	-99.98%	-100%	-98.52%	-96%
集体企业	761.82	381.06	359.58	21.18	7846.35	12.73	7810.69	22.93	929.95%	-96.66%	2072.17%	8.26%
有限责任公司	22863.99	14564.4	6848.53	1451.06	7291.9	54.63	6280.29	1011.61	-68.1%	-99.62%	-8.3%	-30.28%
股份有限公司	1778.78	326.48	475.92	976.38	1311.09	0	470.92	840.17	26.29%	-100%	-1.05%	-13.95%
私营企业	7000.25	1714.87	734.47	4550.91	6121.39	6.05	538.65	5574.69	12.55%	-99.65%	-26.66%	22.5%
港澳台企业	116.38	84.23	0.35	31.8	38.37	0	0.24	38.13	-67.03%	-100%	-31.43%	19.91%
外商投资企业	56.96	28.6	1.6	26.76	24.09	0	7.73	16.36	-57.71%	-100%	383.13%	-38.86%
个体经营户	3533.11	573.81	0	2959.3	3047.02	12.55	—	3035.47	-13.76%	-97.81%	—	2.57%
其他类型	5022.86	2964.48	529.37	1529.01	1882.53	335.87	25.81	1520.85	-62.52%	-88.67%	-95.12%	-0.53%

和）金融街共进驻2家金融机构，分别为：工商银行、浦发银行。

（袁维孝）

银行业

【银行业概况】 2017年，古镇镇新增银行1家，共有银行机构16家（含村镇银行1家），营业网点43个，自助银行网点327个。全镇金融机构存款余额256.88亿元，同比下降2.6%，其中：储蓄余额211.24亿元，同比下降2.0%，对公余额45.64亿元，同比下降5.6%；贷款余额174.58亿元，同比增幅4.7%。

【中国银行古镇支行】 2017年，中国银行股份有限公司中山古镇支行（简称"中国银行古镇支行"）本外币各项存款余额突破23亿元，各项贷款余额超过27亿元，营业净收入超过1.2亿元，净利润超过0.7亿元，同比均呈增长。中国银行古镇支行辖管3个经营性支行，包括海洲支行、中兴大道支行、横栏支行。全行在职员工56人，驻中山市古镇镇华廷路灯都华廷A1型5号C1—C3卡商铺。

2017年，中国银行古镇支行大力推进投贷联动、跨境撮合、科技金融"三位一体"创新服务模式，中小企授信余额超过8亿元，客户数90多户，授信余额、授信客户数及整体业务贡献度在镇内各大商业银行中均排名前列。有效拓展古镇国贸大酒店有限公司、古镇镇政府灯饰大厦项目落地，重点支持授信业务超5亿元。2017年，中国银行古镇支行成为省行指定个贷直通式放款首家试点行。致力改革创新，加快推进智能柜台，辖内4家机构投产智能柜台，覆盖率100%。推广应用中银全球智汇（GPI）产品，积极开展反假货币工作。各机构设置"中行温暖角"，为社会工作者和广大市民提供便利。

【工商银行古镇支行】 2017年，中国工商银行股份有限公司中山古镇支行（简称"工商银行古镇支行"）实现拨备前利润超2亿元，各项存款时点数比上年增加1.2亿元。2017年工商银行古镇支行继续保持位居全省一级支行30强。工商银行古镇支行驻中山市古镇镇东兴中路10号，下辖海洲支行、曹步支行、国贸分理处、横栏分理处、横栏北区分理处。

截至2017年末，古镇支行小企业贷款余额超20亿元，较年初增长2.8亿元；小企业户数156户，较年初净增22户，新增投放39户小微企业，投放金额4.32亿元。截至2017年末，古镇支行人民币对公存款余额14亿元，继续保持同业第一。工商银行古镇支行表内外总融资余额共47亿元，较年初净增0.34亿元。年末实现个人存款时点首超50亿元。个人客户规模不断增大，工商银行古镇支行辖下共有个人客户46万户，增加3.4万户，全年新发储蓄卡超5万张；全年新增信用卡客户6000多户。

【农业银行古镇支行】 2017年，中国农业银行股份有限公司中山古镇支行（简称"农业银行古镇支行"）各项存款余额70.53亿元，比年初增长171万元；人民币核心存款日均余额68.66亿元，日均增量2.69亿元，增长4.08%。各项贷款余额31.92亿元，其中法人实体贷款余额14.85亿元，个人贷款余额17.08亿元。全年实现拨备前利润19245万元。2017年，农行银行古镇支行被评选为"中国银行业协会五星级网点"。农业银行古镇支行设在古镇东兴路79—83号铺位首层。

2017年，农行银行古镇支行积极参与社会公益事业，开展"金融知识进校园"、"珍惜信用记录，拒签空头支票"、"金融知识进万家"、金融网络安全客户教育等多项公益宣传活动，积极履行社会责任，并参加系列扶贫济困捐款活动，被古镇镇慈善会授予"灯都慈善铜奖"。

【建设银行古镇支行】 中国建设银行股份有限公司古镇支行（简称"建设银行古镇支行"）2017年本外币各项存款余额26.93亿元，本外币各项贷款余额12.3亿元。共有辖属网点3个、私人银行1个。建设银行古镇支行驻中山市古镇镇华庭路灯都华庭A1型12号E11—12卡。

2017年，建设银行古镇支行为古镇各村委近1000户村民办理分红发放及代收学费；为大型优质企业解决超过10亿元的信贷资金需求；向高新技术企业、民营企业、小微企业提供近3亿元的信贷支持，给予10家进出口企业3000万元授信业务。

【交通银行古镇支行】 2017年，交通银行股份有限公司中山分行古镇支行（简称"交通银行古镇支行"）在古镇镇当地设置营业机构1个、普惠型网点1个，从业人员22人。本外币各项存款余额16.92亿元，本外币各项贷款余额21.32亿元，国际结算1196万美元，获得中山分行小微专营支行称号。交通银行古镇支行驻中山市古镇镇华廷路灯都华廷A型2号A9—A12卡首层、A9—A10卡二层。

【广发银行古镇支行】 2017年，广发银行股份有限公司中山古镇支行（简称"广发银行古镇支行")各项存款余额57998万元,比年初下降603.6万元,降幅0.13%;各项贷款余额30324.02万元,下降1829.25万元,降幅5.68%。广发银行古镇支行驻中山市古镇镇怡廷豪园二期9—11卡。

2017年,广发银行古镇支行市场份额、品牌形象与影响力均得到了进一步的提升,力促无贷户存款大幅增长、结算规模提升与公积金存款发展。同时加强个人存款拓展。抓好VIP客户维护拓展、回款产品的保本转化与储蓄理财的新增提升。

【农商银行古镇支行】 2017年,中山农村商业银行股份有限公司古镇支行(简称"农商银行古镇支行")各项存款余额为470963万元,比年初增加12103万元,增加幅度为2.64%;各项贷款余额392967.61万元,比年初增长34456.71万元,增幅为9.61%。农商银行古镇支行拥有11个营业网点,在职员工117名,是古镇镇营业网点与从业人员数量最多、服务面最广、历史最悠久的地方金融机构。农商银行古镇支行驻中山市古镇镇东兴中路7号。

2017年,农商银行古镇支行完成11个网点的转型升级,古镇营业部、南兴支行与海洲市场支行率先开展"高转低"网点转型工作,陆续配备专属理财经理或专属大堂经理,并于11月完成低柜设置,投入运营。四个社区银行先后举办"国家安全教育日"户外宣传、实物贵金属展销会、代理保险专项客户回馈、"鲜特汇收银台"业务推广、"金融知识进万家"等活动,同时开展"喜迎十九大,合力铸造中山平安金融""支付惠民生,喜迎十九大""学习贯彻十九大精神,积极践行普惠金融"等宣传活动,推进十九大精神进社区、进学校、进厂区、进村庄,践行普惠金融。

【民生银行古镇支行】 2017年,中国民生银行中山古镇支行(简称"民生银行古镇支行")各项存款人民币12.04亿元,各项贷款人民币5.05亿元,金融资产在年底突破30亿元大关。民生银行古镇支行驻古镇镇华廷路灯都华廷A型4号B9至B11卡。

2017年,民生银行古镇支行在狠抓业务的同时,认真抓好内部管理的各项工作,坚持内控先行的理念,强化内控促效益,深入开展"内控和案防制度执行年"活动,在年底突破30亿大关,被上级广州分行评为优秀财富管理团队。

【兴业银行古镇支行】 2017年,兴业银行股份有限公司中山古镇支行(简称"兴业银行古镇支行")人民币存款余额48000万元;贷款余额84000万元。兴业银行古镇支行共有员工22人,驻中山市古镇中兴大道南华艺广场一楼17—B。

兴业银行古镇支行根据古镇灯饰产业小微企业为主的特点,针对成长型经营业主的金融服务需求,量身定制集"贷款融资、支付结算、理财规划、贵宾服务与专属认同"于一身的综合金融服务方案——"兴业通"。现网点配置多台智能化设备,包括ATM机、远程视频柜员机、大额存取款机等。

【光大银行古镇支行】 中国光大银行股份有限公司中山古镇支行(简称"光大银行古镇支行")2017年存款规模7.61亿元,贷款规模7.63亿元。光大银行古镇支行驻中山市古镇华廷路灯都华廷A座3号B1、B2。

2017年,光大银行与中山市知识产权局、中山市中盈产业基金、人保财险(PICC)、云创知识产权服务中心达成协议,开办具有中山特色的"知识产权贷",并专门成立信贷工厂,从授信材料、审查审批、放款等环节均予以优化,保证高效服务,从本质上解决了轻资产型高新技术企业的融资困难问题。

【平安银行古镇支行】 平安银行股份有限公司中山古镇支行(简称"平安银行古镇支行")2017年资产余额为15.56亿元,同比增长22.91%,存款余额为4.58亿元,同比增长9.94%,贷款余额为8.24亿元,同比增长26.61%。平安银行古镇支行驻古镇灯都华廷A型3号B3—B5卡。

2017年,平安银行古镇支行以"零售"为业务核心,打造领先的智能化零售银行。以"科技引领、零售突破、对公做精"为三大关键经营战略,在保持良好品质的前提下实现业务快速增长,并在服务、产品、渠道和组织上不断创新和升级。

【招商银行古镇支行】 2017年,招商银行股份有限公司中山古镇支行(简称"招商银行古镇支行")个人存款为4.69亿元,净增5116万元;理财产品销售新增1.2亿元;个人贷款1.06亿元,对公贷款7930万元。招商银行古镇支行驻中山市古镇镇东兴中路灯都华廷A型3号B5—B9商铺。

2017年,招商银行古镇支行继续加大力度为个人和企业提供贷款融资服务。始终坚持为个人客户提供综合资产配置服务;持续开展理财宣传和远离非法集资、防范电信诈骗宣传,提升个人客户金融安全意识。

【邮储银行古镇支行】 2017年,中国邮政储蓄银行中山市古镇支行(以下简称"邮储银行古镇支行")存款余额1.3亿元,累计净增2200万元,投放贷款8000万元,小企业贷款结存量增加至3亿元。贷款余额4亿元。辖下有3处网点,其中自营网点1处。邮储银行古镇支行驻中山市古镇华廷路灯都华廷A1型5号首层C5、C6卡。

2017年,邮储银行古镇支行通过举办首届小微企业金融服务镇区行系列活动,搭建邮储银行与企业沟通交流平台,为企业提供全方位金融服务,陆续推出"经销贷""税贷通""助保贷""科技贷"多种创新贷款产品。同时,大力发展"代发工资"业务,为广大的外来务工人员及本地企业员工提供更加便捷的基础金融服务。

【中山古镇南粤村镇银行】
2017年,中山古镇南粤村镇银行股份有限公司(简称"中山古镇南粤村镇银行")本外币各项存款余额8.45亿元;本外币各项贷款余额5.86亿元,不良贷款率为1.56%。中山古镇南粤村镇银行设营业网点2个,分别为总行营业部与海洲支行。从业人员46人。中山古镇南粤村镇银行驻中山市古镇镇华廷路灯都华廷A型4号B12、B13、B14、B15卡商铺一、二层。

2017年,中山古镇南粤村镇银行着力打造小微灯饰合作伙伴银行,为古镇镇灯饰和花木两大主导产业的转型升级提供有力的金融支持。引进和利用发起行广东南粤银行的先进管理经验和资源平台,引进国内外先进小微服务模式,不断扩大服务覆盖面,满足区域金融需求,为城乡居民和中山经济发展提供优质高效的金融服务。

【中信银行古镇支行】 2017年,中信银行股份有限公司中山古镇支行(简称"中信银行古镇支行")各项存款余额约15亿元(其中个人存款1.1亿元),各项贷款余额6.6亿元,个人客户1.67万户,管理资产2.3亿元。中信银行古镇支行共有营业网点1个,员工13人,驻中山市古镇镇中兴大道光立方LED城首层B39—B41卡,二层B35—B39卡商铺。

2017年,中信银行中山古镇支行分别开展多次围绕普惠金融、防范电信网络诈骗新型违法犯罪、人民币银行结算账户、支付系统、移动金融、银行卡、票据等非现金支付工具及新型支付业态等内容的宣传活动,宣传个人账户分类管理、移动金融、银行卡、电子商业汇票、支付系统功能等支付结算服务和产品,提高支付结算服务水平,切实增强社会大众支付风险防范意识,为社会经济发展营造安全和谐的环境。

【浦发银行古镇小微支行】 上海浦东发展银行中山古镇小微支行(简称"浦发银行古镇小微支行")成立于2017年9月,是浦发银行中山分行下辖的第三家小微支行。与传统银行的营业网点相比,小微支行仅配备了4名工作人员,除了不提供现金柜员服务以外,小微银行涵盖开户、转账、查询、理财、融资等业务功能。浦发银行古镇小微支行位于古镇镇同兴路105号长丰公寓106卡。

浦发银行古镇小微支行积极践行普惠金融理念,针对小微企业融资"短、小、频、急"的特点,推出"三宝两通"等系列产品,极大地契合了小微企业各种个性化需求。截至2017年末,浦发银行古镇小微支行本外币各类存款余额2026万元,各类金融资产余额5000万元,各类贷款余额3.8亿元。

(袁维孝)

小额贷款

【中山市古镇镇灯都小额贷款股份有限公司】 中山市古镇镇灯都小额贷款股份有限公司(简称"小额贷款公司")2017年累计投放贷款46笔、21250万元,贷款余额为3085万元,本息基本按期收回。其中:对自然人投放贷款合计44笔,投放额20250万元,占总投放额的95.29%,贷款余额3085万元;对小型企业累计投放贷款2笔,投放额1000万元,占总投放额的4.71%。截至2017年12月底,共实现贷款利息收入669万元,上缴税收98.6万元,税后利润为469万元。小额贷款公司驻中山市古镇体育路灯都新天地D区15号铺首层。

小额贷款公司接受房产抵押、有价单证质押和公司保证三种担保方式。贷款利率上、下限分别为中国人民银行公布的同期限同档次贷款基准利率的4倍和0.9倍。公司以中小企业、"三农"和地方区域自主创业居民为目标客户。

(袁维孝)

证券业

【银河证券古镇营业部】 中国银河证券股份有限公司中山古镇证券营业部(简称"银河证券古镇营业部")2017年成交量386.06亿元,手续费收入2117.27万元。2017年有员工40名,为客户提供股票、基金、稳健理财、期货IB、融资融券、港股通、个股期权、新三板挂牌指导等综合金融服务。银河证券古镇营业部位于灯都华廷商业街C17号。

【国元证券古镇营业部】 国元证券股份有限公司中山古镇体育路证券营业部(简称"国元证券古镇营业部")2017年有员工队伍12人,托管资产约3亿元。2017年交易量57.65亿元,手续费收入208.9万元,连续三年均实现盈利。国元证券古镇营业部位于古镇镇体育路灯都新天地E区3号铺1层。

(袁维孝)

经济监督管理

ECONOMIC SURVEILLANCE AND ADMINISTRATION

发展与改革

【发展与改革概况】 2017年，古镇镇围绕市发改局和镇政府的中心工作部署和目标任务，在省市重点项目申报与资料报送，亿元以上项目、固定资产项目投资立项事权下放审批，以及服务、粮食等方面工作都取得了较好的成果。完善固定资产投资的相关工作，做好楼宇经济资金申报、新兴业态服务业、生产性服务业等重点项目和服务业工作申报，扶持发展一批新服务业企业。

【固定资产投资管理】 2017年，古镇镇固定资产投资总额为71.1亿元，比增13.4%。其中新增立项29个，包括企业的工商业投资项目21个、限制类项目2个和政府投资项目6个；新增1000万以下审批项目1个（华盛东路中心河桥梁工程），总投资796.2万元；在建及拟建亿元以上项目24个，包括17个非房地产项目和7个房地产项目。

【重点项目建设】 2017年，古镇镇实施重点项目7个，列入市级重点项目7个，其中2个为省级重点项目，总投资149.9亿元，年度投资目标15.3亿元。全年完成投资17.3亿元，为年度计划的113%。7个市级重点项目分别是：古镇灯饰产业生产生活配套服务业集聚区（省、市）、古镇利和广场（省、市）、六坊商业广场、中山市古镇古四同益工业厂房、冈东东方明珠商业大厦、珠西教育城、中山乐丰国际灯饰城。

【服务业发展】 2017年古镇镇服务业增加值为75.8亿元，比增12.0%，服务业占比72.1%。服务业上规上限企业入库情况：批发业3家，零售业4家，住餐业5家，规上服务业4家，大个体1家，产业活动单位1家，共18家，基本达标，产业结构进一步优化。

"古镇灯饰产业生产生活配套服务业集聚区"是中山市第三批市镇（区）共建服务业集聚区，是古镇继"古镇镇灯饰产业综合性生产服务业集聚区"之后的第二个服务业集聚区，主要包括"古镇大信新都汇"及"中国灯都（古镇）电子商贸基地"两个项目。

2017年古镇镇华艺广场、利和灯博中心、大信购物广场已全面运营，其中古镇利和国际商业中心（总投资98.1亿元，续建）、六坊商业广场（总投资16.3亿元，续建）、古镇灯饰产业生产生活配套服务业集聚区（总投资32.4亿元，续建）、冈东东方明珠商业大厦（总投资6.5亿元，续建）正在逐步建设中。

【重大项目申报情况】 2017年，古镇镇新增两个市级前期预备项目，分别是中山乐丰国际灯饰城（总投资20亿元）、珠西教育园（总投资5亿元）。

（郑莹莹）

资产经营管理

【资产概况】 2017年，古镇镇资产办（简称"镇资产办"）协助公共资源交易中心，在公平、公正、公开的原则基础上，以节约高效的宗旨为资产采购及调配把关。2017年资产办审批资产申购表505份，涉及预算金额12510万元；参与资产验收工作688宗，涉及金额61690万元，其中固定资产验收410宗，涉及金额1763万元；工程类验收278宗，涉及金额59927万元；资产转移49宗，涉及金额1419万元；资产报废63宗，涉及金额632万元。镇资产办驻中山市古镇镇东兴东路1号403室。

经济监督管理

【物业营运】 2017年，古镇镇出租位于同益工业园内共70.1亩用地给广兴驾驶公司开发使用，租赁年限为10年，每年增加土地出租收入119.17万元。灯都华廷商铺出租面积22427平方米，实现收入1290万元；灯饰大厦出租面积33801平方米，实现收入673万元。

【土地供应】 2017年，古镇镇公开出让位于古镇镇信腾路（大信新都汇北面）的两块商住用地（面积分别为25亩、32亩）。两地块由鹤山市共和碧桂园房地产开发有限公司竞得，出让收入6.1亿元，另须配建10800平方米的人才安置房。

【征收用地】 2017年，新征用地11.86亩建设古镇镇生态公园体育训练馆；按照镇政府与古二村签订的征地协议，分配教育园区北面共165亩给古二村，其中112亩商住地已办理有关新征用地报批手续。

（区颖霞）

国土资源管理

【国土资源概况】 2017年，古镇镇辖区内面积5221.42公顷，包括农用地面积1606.52公顷，其中耕地面积52.43公顷，可调整用地面积1048.56公顷，园地面积153.57公顷，林地面积6.44公顷，其他农用地面积345.52公顷；建设用地2879.06公顷，其中城镇村及工矿用地面积（含城市、建制镇、村庄、采矿用地、风景名胜及特殊用地）2635.07公顷，交通运输用地面积206.3公顷，水域及水利设施用地37.69公顷；未利用地面积735.84公顷。

2017年，中山市国土资源局古镇分局（简称"镇国土分局"）不断提升国土资源管理工作水平，全力推进土地利用总体规划编制、地籍调查工作，协助做好土地、房产登记发证、国土资源执法监察及地质灾害防治等工作。全年共办理各类土地、房产业务6504宗，较往年业务量增加了一倍。全年按时完成转办信访案件49宗，依法妥善处理好土地信访突出问题，有效解决群众的合理诉求。

镇国土分局驻中山市古镇镇东兴东路3号政府第二办公区5号楼2、3楼。

【土地管理】 2017年，古镇镇着力解决重点项目用地问题，通过挖掘存量用地、新增建设用地等措施，为未来珠西教育城、体育公园、TOD项目、智慧物流园等重点项目落地提供有力的土地资源保障。全年新增建设用地规模1780.2亩（其中TOD项目1486.54亩），调整后古镇镇建设用地规模为30822亩；新增151.3亩风景名胜建设用地规模用于湿地公园；核减基本农田面积2189亩（其中TOD项目核减1304.91亩），核减后基本农田面积为11747亩。

【土地执法监察】 2017年，镇国土分局加强日常动态巡查，狠抓卫片（卫星遥感图片）违法图斑整改工作。全年共拆除整改卫片违法用地图斑4个，

2017年古镇镇土地出让统计表

项　目	数　额	同比增长率
宗数（宗）	7	40%
面积（亩）	88.71	71.92%
总成交价（万元）	69299.5	159.4%
平均单价（万元/亩）	781.19	50.89%

补办用地手续6个。

【土地报批】 2017年，镇国土分局做好土地报批工作。全年新增建设用地两个批次（分别为教育园区、体育公园用地），面积约111亩。集体流转用地报批5个批次，面积约134亩，具体包括生态公园、东裕路及古一村、曹二村、曹三村等用地。

【地籍管理】 配合做好地籍调查工作。做好市镇配套经费的发放，共约31万元；定期到社区加强业务指导和督办。全年共完成调查24178宗，已建库土地13490宗。

【"三旧"改造】 2017年，"三旧"改造面积新增114亩，包括冈东工业区、古四幼儿园项目、六坊商业广场。

【政策法规宣传】 2017年，镇国土分局组织各村开展地籍调查、"三旧"政策等培训，及时传达土地管理重要政策信息。结合"4·22"地球日、"6·25"全国土地日、"七五"保密法治宣传教育等主题，开展宣传活动3次，增强土地使用人依法用的意识。

（潘玉珊）

工商行政管理

【工商行政管理概况】 2017年，中山市工商行政管理局古镇分局（简称"古镇工商分局"）进一步贯彻落实商事登记制度改革、工商行政管理体制改革，做好登记窗口服务工作、市场主体年度报告工作，全力助推镇创文工作，以处罚信息公示、企业信息公示抽查、经营异常目录管理为主要抓手，加强商事改革的后续监管。截至2017年12月31日，全镇共有市场主体34411户，同比增长11.7%；其中开业6793户，注销3513户，净增加3280户，同比增长44.1%；全年受理信访投诉2938宗，立案查处各类违法行为568宗，同比增长38.5%。受理合同纠纷案件77宗，其中成功调解65宗，挽回经济损失约113.48万元。古镇工商分局驻中山市古镇镇新兴中路125号。

【注册登记管理】 2017年，古镇工商分局登记注册大厅以打造群众满意的登记窗口为目标，不断提高登记工作效率，深入推进商事制度改革。截至12月31日，登记窗口业务总量为87244人次，同比增长7.7%；办结登记业务量17549宗，同比增长5.2%。

【商事登记改革】 古镇工商分局深化商事登记改革，进一步放宽名称、住所等登记条件，规范登记、备案等事项流程，简化审批事项，在申请方式、受理条件、登记方式、办理期限等方面给予申请人便利；积极推进"五证合一、一照一码""个体户二证合一"工作；允许辖区商事主体办理"一照多址"和"一址多照"营业执照；认真执行《工商总局关于进一步推动企业简易注销改革试点有关工作的通知》及《中山市企业简易注销程序规定》，对特定个体工商户、未开业企业及无债权债务企业试行简易注销程序，进一步提高市场主体退出效率，降低市场主体退出成本。

【市场监督管理】 2017年，古镇工商分局认真履行工商执法职责，切实转变执法理念，严厉查处无照经营，强化经营异常管理，认真处理各类信访投诉。截至12月31日，立案查处各类违法行为568宗，同比增长38.5%；开展4次大型专项"查无"行动，查处无照经营413宗；立案查处一般案件

74宗，其中侵权和假冒伪劣商品案件37宗；配合企业查处侵权商品3210件。实地巡查网络经营者185个，约谈185家灯饰企业负责人；开展5次商品质量抽查专项行动，出动执法人员51人次，检测出质量不合格商品37批次；受理各类信访投诉2249宗，已处理2217宗。

【经营异常管理】 古镇工商分局在经营异常名录管理工作方面，实行多级审核，严格登记录入，全年共有1034家企业被标记为"异常企业"，125家被移出"异常企业"，10878家个体户被标记为经营异常状态，1342家恢复正常记载。

【年报报送工作】 古镇工商分局大力推进年报公示工作，全年共发放宣传单张4000多份，发送手机信息9000多条，张贴海报100多张，电话督导3000多人次。共有5707户市场主体报送年报，占比超过86.6%，顺利完成企业年报率85%的工作目标。

【打击传销工作】 古镇工商分局以"坚持打早打小，将传销隐患消灭在萌芽状态"为主要思路，通过"打、防、管、控"相结合，2017年共出动执法人员51人次、执法车辆22台(次)，走访社区、企业21家，派发宣传资料160多份。

【集贸市场监督管理】 古镇工商分局严把市场准入关，规范有序开展集贸市场监督管理，提升市场规范化管理水平，为古镇顺利通过国家文明镇复检做出贡献。全年共检查场内经营主体1449户（次），查处无照经营案件36宗，参与镇"创文"联合检查35次，出动执法人员241人次、车辆68车次，发出责令改正通知书41份。"市场联络员"引导127户新开业商户按规办照，办理变更业务31宗。根据农贸市场信用分类级别（古镇19个农贸市场，其中A类市场5个，B类4个，C类8个，D类2个）建立巡查制度，录入市场巡查记录327条。检查镇内活禽市场落实"禽流感防控1110"制度，开展"一天一清洗，一周一大扫除"的宣传。

【商标"守重"管理】 2017年，古镇工商分局紧紧围绕全镇经济结构调整和产业发展规划，突出对重点产业商标的培育指导，结合辖区特色经济及企业发展实际，紧扣引导、培育、保护、宣传四个着力点，积极实施商标品牌发展战略。继续深化守合同重信用企业公示活动改革，进一步强化镇内的经济合同管理工作。古镇镇共有广东省著名商标11件，中国驰名商标3件，54家企业荣获"广东省2016年度守合同重信用企业"称号，其中新增申报"守重"企业8家。

（区月宋）

质量技术监督管理

【质量技术监督管理概况】 2017年，中山市质量技术监督局古镇分局（简称"镇质监分局"）围绕"质量强镇"开展各项质量监督工作，确保古镇镇产品质量稳定提高。组织召开2017年质量强镇领导小组工作协调会议和2017年推进质量强镇暨品牌创建动员大会，明确了以镇长匡志为组长，党委委员陆振坚为副组长，经信、工商、住建、环保等24个部门负责人为成员的古镇镇质量强镇工作领导小组，成立专门的质量监管机构。制定《古镇镇落实中山市深入推进质量强市建设2017年行动计划的工作方案》，将"质量强镇"融入部门工作方案或规划，动员和引导全镇企业积极参与质量强镇的建设工作。全镇13个村（居）设置质量监管人员。做好"中山市2016—2017年度镇（区）质量工作考核"，古镇镇在全市24个镇区考核中荣获"A级"荣誉。镇质监分局驻中山市古镇镇新兴中路125号。

【产品质量监管】 2017年，镇质监分局坚持开展日常监督检查来强化企业质量意识，为全镇灯具产品整体质量提升打基础。严厉查处无证经营，未经强制性认证擅自出厂、销售，生产不符合国家标准、行业标准的灯饰产品，以次充好、以假充真、以不合格产品冒充合格产品等质量违法行为。配合市质监对120家企业开展灯具质量抽检183批次，合格率72.1%。及时解决群众反映投诉的质量案件（集中在灯具质量方面），通过实地核查、督促整改、协调处理等措施，及时化解买卖双方的矛盾，有效维护消费者的合法权益。2017年，共接群众反映投诉的质量案件52宗，办结率达100%。

【特种设备安全监察】 2017年镇质监分局组织人员对古镇227台（条）特种设备进行安全检查；出动检查人员112人次对52家特种设备生产、使用企业开展专项整治检查行动，发现特种设备安全隐患4宗，全部整改完毕。在日常巡查的基础上，加强向企业普及特种设备安全知识工作，进一步提高广大群众的自我防范意识。根据质监分局人员少、全镇特种设备面广量大的实际，指导村级安全巡查员在日常安全检查中加入特种设备安全检查项目，发现重大隐患及时向质监分局报告，由镇质监分局协调处理，有效预防特种设备安全事故发生。

【电线电缆安全监察】 为提升古镇电线电缆生产使用整体水平，镇质监分局对全镇18家取得强制性产品认证的电线电缆生产企业进行全面专项检查，发现问题的2家企业已责令整改完毕。在中山市质监局支持和指导下，古镇镇于7月28日举办电线电缆生产企业质量提升培训班，邀请VDE环球服务广州分公司的技术专家，就电线电缆产品标准、检测方法和产品认证等进行深入浅出的讲解。全镇共有34家企业代表参加培训。

【打假打私】 加强部门间的沟通合作，镇质监分局联合食药监、工商、公安、农业、交通执法分局等部门开展打假整治行动，加强对灯具、食品、药品、农资产品、儿童玩具、烟草及烟草制品等重点产品的质量监督巡查、抽检。加强对重点整治区域、市场的集中整治，严厉打击各类制假售假行为及制假窝点。全年出动执法人员110人次，检查109家单位（食品销售、餐饮单位30家，药店16家，化妆品专营店10家，农资企业3家，货运企业50家），发出责令改正通知书5份，立案1宗。

联合镇食药监、农业、公安等多个部门，对辖区内各大集贸市场、药材店、工艺店等场所开展全面清查行动，以象牙等野生动植物及其制品、农产品、海产品、冻品、药品等为重点检查对象，严厉打击销售走私象牙等野生动植物及其制品的违法行为。出动执法人员68人次，检查经营单位66户，检查集贸市场21个，排查货运企业60家、货运车辆120辆次，未发现有销售走私象牙等野生动植物及其制品的情况。

【宣传教育】 2017年，镇质监分局紧紧围绕"精美城市 和美家园"中山质量精神，积极组织开展宣传活动，开展质量强镇"进校园、进社区、进企业"签名活动，倡导精益求精、精雕细琢、追求卓越的质量文化。积极动员中山市龙泉博物馆、星光联盟全球品牌灯饰中心、中山华艺灯饰照明股份有限公司创建中小学质量教育基地，并组织学生参观学习，开展质量教育活动。开展产品质量、特种设备相关政策和法律法规宣传，增强企业产品质量和特种设备安全生产意识。

（吴寿坚）

食品药品监督管理

【食品药品监督管理概况】 2017年，古镇镇食品药品监督所（简称"食药监所"）以"监管＋服务"模式，坚持高效服务原则，实行"首问责任制""一次性告知""限时办结制"等服务制度，切实为群众提供优质、高效、便捷、满意的服务。2017年共审批食品药品经营许可1021个，其中主体业态为餐饮服务的有506个，食品经营498个，药品经营17个，第二类医疗器械备案19个，均在审批时限前办结；全年共发放5日内办结的"承诺制"食品药品经营许可证35张。食药监所驻中山市古镇镇东兴东路3号政府第二行政办公区3号楼4楼。

【食品流通安全监管】 2017年，食药监所在食品流通环节共检查食品经营主体984家，出动执法人员702人次。在日常监管过程中，重点检查经营户落实进货查验、索票索证、建立台账制度等情况，并及时对未履行责任的经营户发出"责令整改通知书"，共责令整改29家，当场行政处罚警告20宗。

【"三品一械"安全监管】 食品、药品、化妆品、医疗器械统称"三品一械"。2017年，古镇镇加强日常监管和信用分级工作，重点核查药品经营企业是否按规定凭处方销售处方药，药品的养护保管是否全程使用计算机记录管理，药学技术人员是否在职在岗等问题。共检查药品经营单位151家，出动执法人员320人次，其中评为A级单位的18家，B级单位的127家，C级单位的6家。开展易霉变中药饮片专项整治行动，保障中药饮片的质量安全，加强对中药饮片的养护及记录，完善中药饮片的装斗记录和清斗记录管理，共出动执法人员88人次，发出"责令整改通知书"5份，企业提交自查报告151份。

对示范区内9家化妆品经营、使用单位开展检查工作，及时总结示范建设工作中的好经验及做法，逐步推广，形成以点带面的示范格局，引导全镇化妆品经营企业合法经营。

2017年，食药监所共检查医疗器械经营使用单位27家次，医疗机构13家次，第二类医疗器械备案企业160家次，第三类医疗器械经营企业21家次。为保障超声刀产品的合法使用，要求辖区内10家民营医疗机构开展自查工作，并实地检查古镇人民医院的使用情况；对辖区内眼镜店、光学仪器销售部等10家单位开展角膜塑型用硬性透气接触镜专项排查工作，未发现违法行为。

【餐饮安全监管】 2017年，食药监所共检查餐饮服务主体业态单位1346家，出动执法人员895人次。重点检查餐饮单位是否存在超范围经营、从业人员健康证是否齐全、是否落实索票索证制度、是否按操作规范来处理食品等。检查中，当场行政处罚警告45份，发出"责令改正通知书"42份。同时，根据日常检查情况，对经营企业进行量化分级。其中，A级

13家，B级432家，C级287家。

开展元旦、春节餐饮环节重点品种检查、农村食品安全专项整治工作、学校及周边食品安全监管工作。在食品经营环节日常监督检查中做好"石花菜"及其制品排查工作，打击"两超一非"百日专项整治工作；做好餐饮环节网络食品经营备案工作，畜禽水产品抗生素、禁用化合物及兽药残留超标专项整治行动，水产品质量安全专项整治行动。开展企事业单位集体食堂专项整治等。共出动执法人员862人次，出具"监督意见书"517份，发出"责令整改通知书"65份。

【投诉案件处理】 2017年，食药监所坚持重拳治劣，稽查办案力度不断增强。积极从抽检监测、日常监管、举报投诉、舆情监测等工作中挖掘案件线索。共立案查处案件35宗，行政处罚金额36236.81元，没收违法所得5399.92元，涉案货值6516.74元。案件来源为：食品抽检不合格案11宗、涉嫌销售超过保质期的食品案3宗、涉嫌销售无中文标签的进口预包装食品案6宗，假冒伪劣食品案2宗，销售假冒伪劣医疗器械1宗、销售不符合国家化妆品卫生标准的化妆品案1宗，无证生产化妆品案1宗，无证经营药品案2宗，销售劣药案6宗，非法购进药品案2宗。其中"梁进凤、黄市理、汤丽凤等销售有毒、有害食品系列案"于2017年4月18日被评为中山市食品药品稽查执法优秀案例。

畅通投诉举报渠道，建立快速高效的处理机制。积极完善举报制度，畅通电话举报、网上举报等信息渠道，运用新闻媒体开展舆论监督，曝光典型案件，调动公众参与食品安全治理的积极性。共受理源于来电、12331、省局平台、镇政府平台、部门转办等途径的食品药品咨询、投诉举报182件，其中食品流通类46件，餐饮类121件，保健食品类1件，药品类5件，化妆品类6件，医疗器械1件，咨询2件，均在有效期内办结，处理回复率达100%。

【示范单位创建】 为进一步推进"放心食品工程"建设工作，充分发挥食品安全示范单位的引领带头和辐射作用，食药监所积极主动推进食品安全示范创建工作。2017年，顺利通过5家餐饮服务"明厨亮灶"示范单位、2家示范市场、2家食品示范店。同时，通过1家示范市场和6家餐饮服务"明厨亮灶"示范单位复审，并在省级化妆品安全治理示范区"回头看"活动中以全市第二的成绩通过验收，确保了示范单位引领作用得到可持续发展。

2017年3月18日，古镇镇食品药品监督所执法人员在古镇星光国宴有限公司进行蔬菜农药残留检测

（镇食药监所供图）

【食品快检工作】 围绕市场自检、委托检测、监督抽检三大检测模式,在原有的快检项目中,按要求增加有机氯、拟除虫菊酯、杀菌剂项目,逐步实现市场农产品品种和快检项目检测全覆盖。2017年有8个市场自主开展农产品快速检测。市场自检蔬菜农药残留28186批次,合格率达99.95%。委托食品综合快检中心和第三方检测机构检测蔬菜农药残留9399批次,合格率达99.31%;检测水产品兽药残留共计885批次,合格率达100%。监督抽检市场蔬菜样品农药残留178批次,合格率达96.63%,并做到及时公布快检结果,对快检不合格农产品进行登记销毁。

【食品生产加工小作坊基地建设】 为切实解决小作坊规模小、分布散、条件差、环境脏、监管难等突出问题,2017年,食药监所基本完成对辖区内食品小作坊的摸底登记工作,并分3批对食品加工小作坊负责人进行座谈,征集对食品生产加工小作坊集中加工区建设的意见建议。根据反馈意见和进驻意向,选定海洲马窖桥附近的一个7500方的旧厂房改造为古镇镇食品生产加工小作坊基地,对全镇烧卤熟肉、豆腐、土榨花生油、湿面等小作坊进行集中规范管理。

【食品小摊贩集中经营试点工程】 食品小摊贩因其规模小、分布散、卫生条件参差不齐,一直是食品安全监管重点,也是城市管理的难点。为有效解决占道、扰民特别是食品安全问题,古镇镇选定海洲汇海城的商业街作为食品小摊贩集中经营一条街的试点,商家20多家,2017年基本完成卡位划定、水池安装,小摊贩登记卡正在办理中。

(袁美华)

卫生监督管理

【卫生监督管理概况】 2017年,古镇镇卫生监督所(简称"卫监所")全面加强卫生监督的力度,大力打击辖区内"两非"与无证行医的行为,严格整治公共场所,强化生活饮用水卫生监督工作。全年共出动监督员1620人次,开展监督检查830户(包括无证的公共场所、非法行医点),监督覆盖率100%;处罚非法行医案件7宗。卫监所驻中山市古镇镇人民政府第二办公区3号楼4楼。

【医疗卫生监督管理】 积极打击辖区内无证行医行为,重点查处群众投诉比较多的无证牙科诊所,针对性地制订长期整治无证牙科诊所的计划方案,组织全体卫生监督员持续开展对辖区内各无证牙科诊所的查处。持续的查处行动中,共检

2017年12月20日,古镇镇食品药品监督所执法人员在中兴大道汇海城小摊贩集中经营一条街进行食品安全检查

(镇食药监所供图)

查涉嫌非法行医的场所80间次，取缔非法行医窝点30个，有效打击了辖区内无证牙科诊所的嚣张气焰，净化了古镇镇医疗环境。

大力打击辖区内"两非"与无证行医的行为。根据湖南宁化县卫计委提供的非医学需要鉴定胎儿性别案件线索，镇卫监所卫生监督员与古一村卫生监督协管员经过多方排查，确定疑似的涉案现场并突击检查。处罚非法行医案件7宗。

加强医疗卫生和传染病防治单位的监督检查工作，镇卫监所对医疗机构的消毒隔离、疫情监测和报告、预检分诊、医疗废物处理、H7N9医疗救治药物配备情况等工作进行监督执法，共出动卫生监督员28人次、车辆16台次。共检查社区卫生服务站、民营医疗机构等20家，并下达20份"卫生监督意见书"。

【公共场所卫生监督】 2017年，卫监所对镇内住宿场所、游泳场所、美容美发场所进行排查整治，全年共开展检查行动20次。对辖区内泳池进行全面的现场检查，联合镇疾控中心对镇内已开放泳池开展第一阶段泳池水抽检，并于6月召开辖区游泳场所专项会议，重点讲解泳池水的净化管理和量化分级要求。开展日常卫生监督执法检查，重点检查是否亮证经营、是否持证上岗、消毒设施是否运转正常、集中空调通风系统卫生管理情况及预防空气转播性疾病的各项措施和应急预案是否落实到位，6月28日、11月22日分别举办两期公共场所卫生管理人员卫生知识培训班。加强生活美容的检查，重点检查是否存在未经许可擅自从事医疗美容诊疗活动的违法行为。依法展开卫生行政许可，共受理申办83件，其中：美容美发场所62件、体育场所9件、文化娱乐场所7件、住宿场所5件。

【学校卫生监督管理】 2017年2月21日至3月10日，卫监所对辖区内的12间小学、3间中学和35间托幼机构进行卫生监督检查，出动卫生监督员201人次、执法车辆58台次。检查内容包括登革热、手足口病等传染病的预防控制措施的落实情况，饮用水卫生情况，学校课桌椅配备及学校采光情况等。

2017年9月18日至30日，卫监所对辖区内50所中小学、托幼机构开展秋季卫生监督检查。重点对各学校及托幼机构的保健室设置及人员配备情况、晨检制度、因病缺勤追踪制度、传染病疫情报告工作落实情况、首次入园体检、预防接种证的查验工作、饮用水卫生、课室场所通风采光情况等方面进行检查。

【生活饮用水卫生监督管理】 2017年，联合市疾控中心对6间中小学开展卫生综合评价，直饮水检测中有5间中小学不合格，立即通报镇教办，责令停止使用，确保学生饮水安全。针对辖区内学校的卫生管理水平和卫生监测结果，卫监所要求正在使用直饮水设备的学校，必须索取商家的卫生许可证、营业执照、产品的检测合格证等资料备案，禁止使用"三无"和伪劣产品。12月，联合镇住建局对自来水公司、村辖区的二次供水进行检查，共出动卫生监督员16人次、车辆8辆次，检查自来水厂1家、二次供水单位8家。

【监督员队伍培训】 根据《中山市镇区卫生监督所内部业务培训工作指引》，卫监所制订2017年内部培训计划，共开展11期的内部业务培训。卫生监督员根据各自负责的工作内容选定主题，轮流讲课，课后针对业务重点、难点集体分析、讨论。通过轮训的形式，不断提升监督员队伍的整体业务水平。

【卫生法制宣传教育】 参与法制长廊建设，制作宣传短片。选出卫生监督执法的典型案例在古镇镇全民公益园的法治文化长廊中展出，达到很好的普法宣传效果。2017年7月，与古镇镇电视台联合编剧、演出、制作拍摄一期查处非法行医的专题故事短片在《法制古镇》栏目播出，宣传非法行医的危害，鼓励群众积极投诉举报无证诊所，倡导广大群众要去有证的正规医疗机构诊疗疾病。

在古镇全民公益园、同益工业园、大信新都会等场所举办6期与卫生、计生工作密切相关法律法规的宣传教育，重点学习和宣传《传染病防治法》《母婴保健法》《公共场所卫生管理条例》《医疗机构管理条例》等法律法规，进一步增强广大群众知法、用法、自觉守法意识。

（谢书平）

安全生产监督管理

【安全生产监督概况】 2017年，中山市安全生产监督局古镇分局（简称"镇安监分局"）全面落实安全生产责任制，认真开展安全生产大检查行动、危险化学品安全综合治理行动、粉尘涉爆专项整治，加强安全生产宣传教育，狠抓事故隐患整改，有效遏制了重特大事故的发生。2017年全镇发生各类生产安全事故60起，立案60宗，死亡23人（道路交通领域23人），受伤36人（道路交通领域36人）。镇安监分局驻中山市古镇镇东兴东路3号2号楼4楼409室。

【安全生产责任制】 2017年，镇安监分局进一步落实企业的安全生产主体责任，各村安全生产委员会与辖区内企业签订"安全生产责任书"15000多份。进一步落实行业主管部门和村委会的监管责任，严格落实安全生产目标考核。按季度定期召开安全生产工作会议，不断完善安全生产群众监督机制。2017年共接受上级移交、电话网络信访案件41宗，已全部及时处理并回复，确保安全隐患得到有效消除，最大限度地维护当事人的合法权益。

【安全生产大检查行动】 2017年，镇安监分局着力开展安全生产大检查工作，组织各行业领域主管部门排查各类安全隐患，重点整治危险化学品和烟花爆竹等易燃易爆企业和工贸行业企业、建筑行业企业等。全年共出动安全检查人员12335人次，检查企业8587家，发现一般安全隐患4125处，整改4125处，停产整顿35宗，打击违法违规行为45起，其中工贸企业15宗，消防领域16宗，建筑行业领域14宗，消防、住建、安监部门已对上述安全隐患、违法行为落实整改。深化职业病危害专项治理，192家企业完成职业危害因素检测，1599名企业职工参与职业卫生体检，排查职业卫生安全隐患268处，责令限期整改92宗，查处违法行为9宗。

【安全生产隐患整治】 2017年，古镇镇制定《古镇镇开展危险化学品安全综合治理的方案》，强化危化品生产、储存、使用企业排查整治，杜绝安全隐患。加强对镇内16家危险化学品经营单位的安全监管。镇安监分局联合相关部门查处危险化学品违法行为5宗，取缔非法加油黑点3处，联合整治行动效果显著。积极开展"一站式服务"的行政审批工作，完成烟花爆竹零售经营许可到期换证8家，危化品经营许可到期换证7家。

开展烟花爆竹专项整治行动 深入各辖区开展烟花爆竹旺季安全专项检查行动。全年共出动检查人员152人次，检查单位58家次，发现隐患3处，查获非法爆竹共19箱，约重50公斤，开出罚款2万元。

开展建筑工地安全隐患排查专项行动 2017年共排查镇内409个在建工程，重点检查可能存在较大以上安全生产隐患的中大型项目。检查中共收到"建筑施工安全生产自查自纠表"30份，自查自纠情况良好。对19家施工单位的29个建筑工地进行抽查时，发现安全隐患23处，发出安全隐患整改通知书23份，已全部整改。

重点开展粉尘涉爆企业安全隐患排查专项行动 开展粉尘涉爆企业安全隐患排查专项行动的同时向上级申请专项资金共34.7万元聘请第三方机构进行排查整治，完成对古镇镇50家粉尘涉爆企业前期的排查整治验收工作。

推进广珠城际铁路古镇站特大桥安全隐患整治 镇安委会制定《督促中山利和置业有限公司加快推进古镇站特大桥安全隐患整治方案》，积极督促中山利和置业有限公司按要求落实古镇站特大桥纠偏相关工作。9月8日，以市安监局副局长古北光为组长的市局督查组一行到古镇督导特大桥纠偏整治工作。10月13日、11月15日，镇安监分局执法人员到古镇站特大桥偏移处对整治工作的施工进度进行检查。11月27日，省安监局监管一处处长朱光华由市安监局副局长尹健陪同到古镇镇开展安全生产大检查"回头看"工作，考察古镇站特大桥偏移处。12月底，特大桥纠偏施工完成，恢复常速通行。

开展曹三创业工业园占用消防通道违法行为专项整治 从2017年2月起组织开展宣传动员清拆行动，清拆行动中共有62户违章建筑及占用、堵塞、封闭消防车通道的临时建筑物15860平方米被拆除。截至2017年底，已基本完成专项整治工作。

落实古镇新徽学校一校区山体滑坡风险隐患整改 镇党委副书记、镇长匡志，镇党委委员、副镇长林沃明高度重视，带队前往现场检查调研，并给予重要整改意见。此项整改工程于2017年8月1日竣工，学校存在的安全隐患已由原本的红色风险点变为蓝色风险点。

【**应急防范体系建设**】 2017年，镇安监分局共开展四场应急预案演练。组织民兵应急分队参加抗洪防汛暨轻舟救援的集训，掌握抗洪防汛基本情况、沙包装填及堵漏方法、冲锋舟的驾驶和水上救援等基本知识及技能。开展突击消防应急演

2017年9月26日，古镇镇供水分公司开展氯气泄漏应急演练，图为演练现场

（镇安监分局供图）

练，实地检测消防站从业人员灭火救援业务水平。组织驾培行业安全生产应急演练。举办氯气泄漏事故应急救援演练。

【安全生产宣传教育】 2017年，镇安监分局组织开展关于职业卫生、粉尘涉爆、危险化学品等领域安全生产教育培训活动共15场，共1430多人次参加培训。其中，季度安全生产工作部署会4场；焊工特种作业人员培训班1期，共培训60多人；粉尘涉爆专项知识培训班3场，共培训210多人；落实企业安全生产主体责任培训班1场，共培训100人；职业卫生领域培训1场，共培训80多人；防范机械伤害知识培训班1场，共培训80多人；执法人员专题培训1场，共培训100多人；"推进安全生产领域改革发展的实施意见"专题宣讲会1场，共培训100多人。另有生产经营单位负责人培训班、安全管理人员继续教育培训班、《安全生产法》知识培训讲座等。

2017年上报市安监局的安全生产宣传信息共95条，"中山古镇安监"微信公众平台发布信息共76条。通过"安全生产月"宣传咨询、安全宣传进校园、安全知识进企业教育培训暨安全生产咨询服务、建筑工程示范工地交流观摩等活动，让"安全生产"的意识植根职工心中。

【"平安企业"创建】 2017年，镇安监分局组织并协调华艺灯饰厂、欧普股份有限公司等37家企业参与"平安企业"创建活动。示范企业成立"平安企业"工作小组，或将"平安企业"创建纳入工会、党支部的日常工作，在内部层层签订安全生产责任书，健全平安企业创建考核奖励机制，有效地杜绝员工违规操作和参与社会赌博等违法行为。最终，全镇37家参与平安企业创建工作的企业全部达标。

（区锦强）

2017年6月16日，镇安监分局在古镇大信新都汇商场内开展以"全面落实企业安全生产主体责任"为主题的"安全生产月"宣传咨询日活动

（镇安监分局供图）

价格管理

【价格管理概况】 2017年，中山市古镇镇物价检查所（简称"镇物价所"）加强价格监督检查，稳定物价，优化市场环境；加强价格监测，开展各项专项检查，做好价格认定工作；同时做好"古镇灯饰批发价格指数"常规化运行。全年共办理下放事项20宗，其中物业服务收费备案6宗、特色商品标价签备案2宗、民办幼儿园收费备案12宗。镇物价所驻中山市古镇镇东兴东路1号418室。

【价格监管】 2017年，古镇镇群众反映的价格问题主要集中在电商价格欺诈、商品和服务明码标价、物业服务收费、停车收费等方面。镇物价所全年处理投诉件76宗，其中电商职业举报48宗，价格举报和投诉26宗，预付卡投诉2宗，办结率100%。

古镇镇物价所全年共开展各项专项检查8次。（1）春运前后对古镇车站的春运价格执行情况进行检查，未发现违法行为。（2）重点检查食盐零售环节，检查中未发现串通价格、囤积居奇等不正当价格违法行为，规范了食盐经营者的价格行为，保障了食盐价格改革的顺利进行。（3）配合住建、国土等部门开展商品房、房地产经纪专项检查，重点整治垄断房源、操纵市场价格、造谣生事、误导市场预期、提供虚假证明、扰乱市场秩序等违法违规行为，规范开发商和房产经纪在商品房销售过程中的价格行为。（4）与住建局组成联合检查小组，对利和幸福华庭、富都花园和万科城开展商品房销售行为检查。（5）联合镇住建局牵头，有计划、有组织地开展物业管理专项整治行动。（6）开展灯饰行业价格行为整治行动，重点抽查灯饰卖场和门店的明码标价情况和是否存在价格欺诈行为，现场指导经营者如何规范标价行为，进一步规范灯饰行业市场价格秩序。（7）对接触企业较多的环保分局、进出口检验检疫局、维权中心等三家单位开展涉企收费检查，促进涉企收费监管长效机制的构建。（8）由市检查所牵头，联合镇教指中心，对新徽学校开展秋季教育收费专项检查，进一步规范民办学校教育收费行为。

【价格认定】 价格认定，是指经有关国家机关提出，价格认定机构对纪检监察、司法、行政工作中所涉及的，价格不明或者价格有争议的，实行市场调节价的有形产品、无形资产和各类有偿服务进行价格确认的行为。2017年，古镇镇共出具价格结论134宗，其中价格结论书117宗、复函17宗，涉案金额1182823.5元。

【价格监测】 2017年，古镇物价所认真落实价格监测报告制度，以古四市场为价格监测点，将价格监测工作覆盖全镇，报送省级价格监测任务199期。

【古镇灯饰批发价格指数】 2017年4月1日，"古镇灯饰批发价格指数系统"完善工作完成。半年来，指数系统发布渠道畅通，运行效果良好。全年共发布指数25期，向广东省价格指数平台输送价格分析文章29篇。

（陈聿轩）

审 计

【审计概况】 2017年，古镇镇审计办（简称"镇审计办"）共完成财务收支审计项目25个，农村换届经济责任审计项目13个，审计调查项目1个，出具审计报告共39份，提出审计建议156条。镇审计办驻古镇镇东兴东路1号420室。

【工程预算复核及结算审计】 2017年，镇审计办共召开35次招投标监督小组联席会议，并对460项镇、村两级工程预算进行复核，其中委托中介复核16项，审计办自审444项。工程项目送审金额14.67亿元，节约资金1.26亿元，节约率8.59%，纠正中介出错1241项。在工程结算审计方面，共完成158项工程结算审计项目，合计送审金额6.87亿元，审定金额6.82亿元，核减金额0.05亿元，核减率0.73%。参加增加工程联席会议24次，涉及追加金额约568万元，有效控制了工程的随意变更和增加。

【年度财务收支审计】 2017年,镇审计办对古镇房建工程公司、古镇镇水务有限公司、中山市公安局古镇分局、古镇镇卫生和计划生育局等25个单位开展年度财务收支审计,并出具正式报告。镇审计办从优化财政支出结构、预防腐败、切实降低行政运行成本的角度,强化被审计单位内部控制和财务管理。

【专项审计】 2017年,镇审计办对海洲村的2991.3亩土地征收情况进行审计调查,并出具正式报告。

【政府采购招投标监督及资产验收】 2017年,镇审计办积极参与镇公共资源交易中心政府采购招投标监督和政府资产验收工作;参加政府采购招标代理监督约36次,工程招标代理监督约12次,参与工程、资产项目验收共计100项。镇审计办还就完善验收资料,对存在问题进行整改提出多项建议,得到了建设单位的重视和配合。

【农村换届审计工作】 2017年,镇审计办完成镇内12个村委会(下设21个公司和3个帮扶助困基金专户)、1个居委会的换届审计工作,形成综合审计报告上报市审计局、市财政局、市农业局。审计资产总额达129.11亿元。

(邓淑芳)

统 计

【统计工作概况】 2017年,古镇镇统计办(简称"镇统计办")完成镇区国民经济核算、工业、固定资产投资、重点服务业、能源、劳动工资、农业、科技等20多项统计年报及定期报表任务。完成第三次全国农业普查工作,组织开展全国经济普查入户登记、全国人口普查、全国企业创新调查、人口与劳动力调查等多项调查,编写《古镇镇2016年度节能工作自查报告》。镇统计办驻中山市古镇镇东兴东路1号417室。

【统计调查】 2017年,古镇镇统计办平均每月开展调查3—4个,全年共40多项,如城乡一体化调查、服务业调查、人口变动调查工作等。人口变动调查工作中,张贴宣传海报30张,发放《致住户的一封信》500份,共调查登记住户320户。

【"四上企业"入库】 在抓好统计基础工作的同时,大力开展基本单位名录库建设、企业一套表制度建设、数据采集处理系统建设、联网直报系统建设的"四大工程"。组织召开拟入库企业工作培训会议,2017年,古镇镇新增"四上企业"34家,完成中山市下达的目标。完善企业"一套表"上报流程,强化"一套表"平台的统计管理与服务;扎实推进数据采集处理系统建设;进一步加强联网直报工作监测力度,提高了全镇"四上企业"联网直报率。

【第三次全国农业普查】 古镇镇统计办自2016年11月开始开展第三次全国农业普查工作。镇、村两级成立普查机构、设置普查办公室,通过外聘及借调强化普查队伍力量,为普查提供基础保障。古镇镇统计办派工作人员到各村了解情况之余,还对各村普查员提供业务培训。普查对象包括农户11517户、规模农户20户、单位127个;完成行政村普查表12份、乡镇表1份。以上数据已全部完成录入验收。

【节能工作自查报告编制】 2017年,古镇镇统计办主要从节能目标完成和节能措施实施两方面对2016年的节能工作进行总结。古镇镇2016年单位生产总值能耗下降率为5.1%，超标完成中山市下达的任务（3.66%）。依据市下发的《2016年度镇区节能目标责任评价考核及计分标准》，古镇镇统计办编写《古镇镇2016年度节能工作自查报告》，自查得分为96.5分。

【统计宣传】 2017年12月2日，古镇镇统计办联合司法、妇联等部门在全民公益园开展"12·8"《统计法》颁布纪念日暨"12·4"全国法制宣传日宣传活动。通过悬挂横幅、发放宣传资料、现场讲解、有奖问答等方式进行法制宣传。另外，古镇镇统计办做好统计考试的宣传、报名、考试等工作。

(邓成浩)

统计调查

【调查工作概况】 调查工作包括住户调查和企业调查。住户调查是以家庭为对象，使用抽样调查方法，为搜集各种社会经济统计资料而组织的调查，分为城乡一体化住户调查和分镇区住户调查。城乡一体化调查的主要内容是城镇农村住户的生产、收入、消费、积累情况和社会活动情况。四下企业调查是抽选规模以下企业进行企业季度网报。

【住户调查】 古镇镇调查住户数量共80户，包括城乡一体化住户调查20户以及分镇区住户调查60户。自2015年住户调查数量由140户减至80户，包括城乡一体化住户调查20户以及分镇区住户调查60户。古镇镇城镇常住居民人均可支配收入主要以住户调查数据作为参考数据推算得出，最终数据每年由中山市调查队下发。

【企业调查】 2017年，古镇镇分别对41家规模以下工业企业、2家规模以下服务业企业，以及16家新设立的小微企业和个体经营户开展调查。

(苏健松)

交通运输与邮政业
TRANSPORTATION AND MAIL BUSINESS

交通运输

【交通运输概况】 2017年,古镇镇投入3312万元完善交通基础设施建设,十水线(华廷路至同兴路)道路全线开通,东兴路(第一期)"绿波带"投入使用,城轨站交通枢纽首期工程、向阳二路中心河桥梁等项目建设平稳推进。古镇镇全年公路客运量20.9万人次,比上年减少13.5%。公路货运量120万立方,下降1.2%。古镇镇有客运站场1家,配客点2个,危险货物运输企业4家,货运站场2家,货运个体户2015家,普通货运企业150家。古镇镇交通运输分局(简称"镇交通分局")驻中山市古镇镇东兴东路第二办公区2号楼。

【公共交通】 2017年,古镇镇深入各村调研,召开专家评审会,征求各方意见,编制《古镇镇镇内公交线网规划方案》,大力推进公交体制改革试点工作。镇交通分局牵头交警、市政、住建等部门,建立交通安全联席会议制度,年内针对15个议题集中讨论研究,通过5项议题并制订可行性实施方案。

针对中兴大道交东兴路路口及周边交通拥堵问题,镇交通分局多次进行现场调研,征求意见,最终制订交通微循环组织方案,有效改善了周边交通状况,交通事故发生率下降了50%。

针对部分地区交通设施残旧的情况,推进升级改造项目,打造智能化综合交通体系,翻新改造残旧交通监控信号灯路口5处,新建交通监控信号灯路口6处,在违章停车较为严重的路段设置交通技术监控球机36套。制定《古镇镇村级交通监控改造项目方案》,推动村场视频监控升级改造。

"疏打结合",推动"摩的"规范管理整治工作,委托中山驾协古镇服务点成立"平安灯都宣传服务队",强化对镇内摩托车的管理和服务。年内完成全镇21个幼儿园和13个中小学的交通安全排查工作,完善顺康大道、曹兴路、育才路、兴红路、晋南路、胜利二路等路段的标识标线,保障群众出行安全。

【运输市场管理】 2017年,古镇镇结合企业责任书签订,开展年审工作,受理业户开业、变更业务60多宗,到期换证业务70多宗,未出现一起业务滞办、拖办现象。全年共审验营运车辆1962台,二级维护1962台,核发IC卡道路运输证241张,维修企业新增及变更业务42宗,货运企业新增及变更业务25宗,接访投诉15宗,注销营运车辆633台。

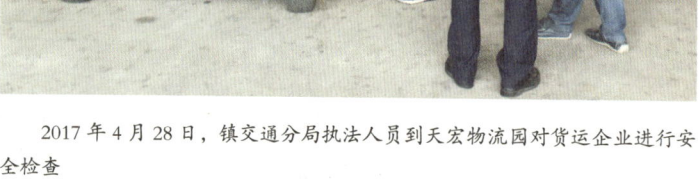

2017年4月28日,镇交通分局执法人员到天宏物流园对货运企业进行安全检查

(镇交通分局供图)

【道路运输行政执法】 2017

年，镇交通分局实现执法工作全覆盖，以每月执法巡查计划为抓手，分阶段、分重点全面整治道路运输违法行为。年内开展8次联合执法行动，重点查处、整治乐丰花园周边、轻轨站周边、海洲加油站附近等路段。全年累计查处各类道路运输违法行为79宗，处罚金额604631元，位列全市分局前列；协助交警清理僵尸车169辆，极大改善路面环境和交通秩序。

2017年春运期间，镇交通分局执法人员在古镇轻轨站路段巡查，执法人员对涉嫌违法车辆进行调查取证

（镇交通分局供图）

【护路联防工作】 古镇镇护路办遵循"爱路护路人人有责，护路责任重于泰山"的护路宗旨，与各职能部门、沿线各村签订铁路护路联防工作目标责任书14份。全年累计出动铁路沿线安全隐患排查整治执法人员300多人次，拆除自建垃圾场1个、在轻轨桥墩上建设的大型户外广告牌4块，涉及面积300多平方米。

【安全生产管理】 2017年，古镇镇加强统筹，多措并举强化安全管理工作。建立月度安全生产检查计划制度，完善安全生产事故隐患排查治理台账，严格落实复查整改工作，彻底消除安全隐患。进一步发挥视频监控系统和危运平台的作用，对企业实行信息化管理，建立客运、危运、驾校和货运站场等安全管理工作群5个，提高安全检查效果。建立安全管理会议制度，年内召集企业开会4次、安全演练2次，针对客运实名制购票、信息报送、驾校封闭、物流寄递和源头治超等重要工作进行部署。镇区各类道路运输企业共计420家，全年累计检查企业1620户次，发出整改通知书160份，整改完成154家。

【2017年春运】 2017年1月13日至2月21日春运期间，古镇镇共发送春运旅客126572人次，同比增加3.73%。其中，公路运输共发送客运班车3974班次，同比减少13.93%，运送旅客26281人次，同比增加22.71%，客流主要集中于广州、深圳、东莞、广西、贵州、湖南、江西等地；城轨古镇站共发送旅客100291人次，同比减少8.93%。

（黎健游）

邮　政

【邮政概况】 2017年，中国邮政集团公司中山市古镇镇分公司（简称"镇邮政分公司"）实现收入0.5亿元。古镇镇有邮政综合业务营业网点2个，邮政储蓄营业网点2个，报刊亭5个，便民服务站17个；邮政集群信箱1.2万户，邮筒（箱）2个（箱、筒各1个），邮运汽车4辆，摩托车22辆；投递网点1个，普邮投递段10条，投递邮路里程162000千米；包裹快递专投21条，投递邮路里程340200千米；邮运邮路2条。镇邮政分公司驻中山市古镇镇怡廷豪园三期1、2、3卡。

【两包业务】 2017年，镇邮政分公司成功新开发国内小包客户41个，走件小包客户总数293个，国际小包5户（目前正在试走件）。镇邮政分公司正常发货量的国内快包客户约有200户，国内快包客户月平均业务收入60.2万元，月均发货约18万件，出口小包数量较去年同期增长将近2倍。截至12月31日，镇邮政分公司累计完成两包业务收入602.4万元，同比增幅25.3%。

【集邮业务】 镇邮政分公司集邮专业累计完成收入83.13万元，完成分公司自定目标的58.54%，同比下降24%；销售中国货币大系产品3套，产生业务收入约5万元。

【投递业务】 镇邮政分公司狠抓投递质量，在全年12个月的投递质量考核中，小包和约投的当天妥投率、及时反馈率、三天妥投率、四小时妥投率均超过中山市邮政公司的标准，其中7月、9月投递指标综合得分均达到102分以上。

【电子专业】 2017年，古镇镇电子专业累计收入完成20.38万元，累计完成进度37.05%，累计同比增长7%。在电子专业简易险方面，海洲支局均完成市公司下达的当月任务。其他各支局完成市公司下达当月任务进度都均排在前列。

【代理金融业务】 2017年，镇邮政分公司积极推进代理金融"700亿"项目，制订激励考核方案，成立"700亿"项目效能监察小组，由分公司正、副领导实行全过程指标考核管控。成功撬动多个小包客户，为"700亿项目"拉动约600万元的余额沉淀。

（罗健中）

城建·环保

CITY CONSTRUCTION AND ENVIRONMENTAL PROTECTION

城镇规划

【城镇规划概况】 2017年，中山市城乡规划局古镇分局(简称"镇规划分局")落实重点项目6宗，省重点项目2宗；行政服务窗口收件1860宗，发件1895宗；依申请公开信息1宗；受理各类信访和投诉信件5宗。完成利和幸福华庭、绿博厂房规划验收，万科、碧桂园规划报建、规划验线；配合完成珠西教育园区供地相关手续；协助镇政府申报建设特色小镇的项目规划。镇规划分局驻中山市古镇镇政府办公区5号楼。

【行政审批】 2017年，镇规划分局共受理各类案件1657宗。其中：建设项目监督审查11宗，办理建筑工程规划设计条件核实502宗，建筑工程户外广告、建筑小品5宗，建筑工程建设工程规划许可变更37宗，办理建筑工程建设工程规划许可证340宗，建筑工程建设工程规划验线368宗，建筑工程建设工程设计方案审查26宗，建筑工程建设项目选址意见书2宗，建筑工程建设用地规划条件296宗，建筑工程建设用地规划条件变更29宗，建筑工程建设用地规划许可变更9宗，办理建筑工程建设用地规划许可证7宗，市政工程规划设计条件核实3宗，办理市政工程规划许可证21宗，规划编制项目技术审查1宗。

【档案管理】 2017年共完成各类档案2406宗，共立卷1068卷。其中2016年规划报建862宗，2016年建设用地规划许可证136宗，2016年规划验收530宗，2016年规划验线60宗，2016年规划条件656宗，2017年规划报建162宗。接待查档人员80人次，调阅档案92卷。

【重点项目规划】 2017年，古镇镇顺利完成古镇灯都商贸中心、灯都体育公园综合训练馆、海洲文体综合馆规划选址，同步开展相关规划调整；协调推进中山西部外环高速、古镇快线等重大交通基础设施的定线规划和方案设计。

【"三规合一"工作推进】 2017年，镇住建局结合《中山市古镇镇土地利用总体规划（2010—2020）调整完善方案》和《中山市古镇镇总体规划（2015—2020）修编》对《中山市古镇镇"三规合一"规划》进行了更新。

【规划编制与报批】 2017年，古镇镇按要求推进《中山市古镇镇总体规划（2015—2020）修编》。控规编制与调整方面，完成《中山市古镇镇中心片区控制性详细规划（第17街区调整）》。海洲片区工业指标调整、曹步片区、顺成片区第8—9街区均进入公示阶段，海洲片区第1—6街区、同益片区第24—26街区完成论证报告评审；曹一小学控规修改编制工作形成草案；组织各村开展"三旧"改造摸底工作；高效完成古镇第三批干线公路网微调工作方案报批。

（徐晓敏　周美红）

城镇建设

【城镇建设概况】 2017年，

·资料链接·

"三规"指国民经济和社会发展规划、城市总体规划和土地利用规划。

古镇镇住房和城乡建设局（简称"镇住建局"）完成的项目包括：重点工程中心滨河湿地公园十水线至沙古公路段、灯都生态湿地公园，满足周边群众休闲健身需求的西北组团体育公园项目一期和二期工程，国内目前最大的3D音乐喷泉灯都生态园公园音乐喷泉。广珠城轨北广场升级改造及城轨站交通枢纽首期工程建设完成，十水线（华廷路至同兴路段）、东裕路（海洲段）、东裕路（顺康路至西岸中路段）、华安东路4条道路建成通车，同裕西路道路、向阳二路桥梁、绿博园中心路隧道、华盛东路桥梁、同益中心河桥等工程加紧推进。完成普通跨界道路（中兴四路、荷塘桥、东堤三路）可行性研究报告，有序推进体育综合训练馆PPP（政府和社会资本合作）模式建设。完成东裕路海洲段、东裕路、华安东路的污水管道建设。完成各类征地、清苗、拆迁共457亩，积极推进110KV君兰输变电工程青苗工作、横琴河边违章建筑拆迁等工作。

【古镇镇中心滨河公园工程（沙古公路以北段）】 中心滨河湿地公园位于古镇镇中心和镇南片区，南起西江洼口水闸，北至灯都生态湿地公园，全长约5千米，总面积约750亩。工程建设内容包括健身步道、龙舟看台、亲水平台、驿站、公厕、绿化等，总投资约1亿元。项目于2017年10月完成沙古公路以北段，建设投资约4000万元。

【西北组团体育公园建设】 按《中山市组团式体育公园建设工作方案》要求，古镇镇承担西北组团体育公园建设的任务。体育公园占地520亩，总投资约1.3亿元，首期建设户外运动场及配套设施，二期建设健身步道、龙舟赛道及龙舟看台，三期建设体育训练综合馆（古镇镇主动提出增加的建设内容，未列入西北组团任务）。运动场地包括1个标准11人足球场、6个标准篮球场、6个羽毛球场、多个乒乓球场，以及3000平方米的健身广场与儿童游乐场，配套300个车位的停车场。项目于2017年10月完成一、二期建设，投资约5000万元。三期已完成地块控规调整工作和可研报告评估。

【城轨站交通枢纽首期工程】 根据《中山市城市轨道交通线网规划（2015—2050）》，轨道3号线与6号线将在古镇站会合。结合古镇镇的城市发展需求，未来古镇站将成为集城际铁路、城市轨道、长途客运、常规公交和出租车等多种交通方式于一体的综合交通枢纽。城轨站枢纽首期工程（市政配套基础设施）占地总共约30000平方米，建

2017年，古镇镇城轨站广场一角

（镇住建局供图）

设内容包括公交场站、社会车辆停车场、广场景观、配套道路、照明及绿化工程等。工程总建设规模约为2538万元，项目于2017年底完成。

【沙水路（十水线）道路工程】 沙水路（十水线）道路工程（华廷路至同兴路段）位于古镇中心片区，是城区主干路网中的一条重要的东西向主干路，横穿灯都生态公园。工程西起华廷路，东接同兴路，全长932米，双向四车道，沥青混凝土路面，规划控制红线宽度30—76米。项目在生态公园范围内设三座桥梁，在曹三小学附近设置停车场。项目已于2017年11月建成并投入使用，总造价约6800万元。

【古镇灯都生态湿地公园音乐喷泉】 灯都生态湿地公园音乐喷泉是华南最大型3D音乐喷泉。该音乐喷泉结合了灯都古镇的产业以及人文特色，成为一项独具代表性的多媒体灯光工程作品，是国内目前最大的360°立体喷泉。项目投资约4000万元。

音乐喷泉由120米的主表演区、直径80米的中心区及喷泉线组成，表演区面积共计220多亩。喷头3000多个，最高可以喷至160米。配备4台激光投影机，可在喷出的水雾上形成画面，形成360°全息投影、多角度精彩纷呈的灯光水秀。

【东裕路（海洲段）工程】 东裕路道路工程（东岸公路至长安路段），位于古镇镇顺成片区，总长约820米，宽为40米，与东岸公路、为民路、乐业南路、长安北路相连接。路中有2米宽的中央分隔带，车行道为双向六车道，造价约2000万元。2016年3月开工建设，2017年11月竣工验收。

【古镇东裕路（顺康路—西岸中路）道路工程】 道路位于古镇顺成片区，大致东西走向，起始于西岸中路，终于顺康路。总长约760米，宽40米，双向六车道，新建桥梁一座，项目造价约1900万元。项目于2016年3月开工，2017年5月竣工验收。

【华安东路工程】 华安东路道路起点接同兴路，终点止于规划同裕东路交叉路口处。道路工程全长约649米，与同兴路、利和商业广场、同裕西路、规划裕东路相连接，双向四车道。华安路2016年3月进场施工建设，2017年1月竣工验收并投入使用。总造价约1000万元。

【拆迁管理】 2017年度古镇土地房屋征收中心完成中心滨河公园清苗约412亩，同裕西路清苗40亩，华盛东路清苗5亩。

古镇镇中心滨河湿地公园 滨河湿地公园项目涉及冈南、七坊、冈东、古四、曹三和曹一6个村，清苗面积约412亩。2017年1月开始部署清苗工作，在沿线各村的积极配合下，6月完成全部清苗工作。

同裕西路 同裕西路全长约1026米，清苗约40亩。2017年1月开始派发清苗通知书，3月完成清苗工作并交付施工建设。

华盛东路 华盛东路连接同裕西路段，清苗约5亩。2017年4月派发清苗通知书，2017年5月完成清苗工作并交付施工建设。

（周美红）

公共设施管理

【城市公共设施管理概况】 2017年，古镇镇市政设施项目管养合同4项，园林项目管养合同1项，环卫维护合同1项。全镇生活垃圾无害处理率100%，生活污水处理率95.3%。年内，新建改建道路长度2800米，新建改建污水、雨水管7100米，新建改建绿化面积9.25万平方米，新增绿道里程7060米，新增沥青面积10.37万平方米。

【城市道路维护与路灯照明】 2017年，镇财政负责管理养护的城市道路有201条，总长度156.522千米，面积2399082平方米；桥梁91座，总长度1311.1米，面积34594.2平方米；路灯共5130支9172头，路灯专用变压器14座。全年路灯月平均亮灯率和完好率达97%。全年维修水泥路面8000平方米、沥青路面11500平方米、人行道12000平方米，安装侧石3000平方米、拦车柱2800条。

【供水】 2017年，古镇镇有自来水厂1家，实际综合生产能力12万吨/日。供水管网（75毫米以上）总长度395千米，全年全镇供水量3809.98万吨，售水总量3288.18万吨。其中，居民生活用水1125.26万吨，行政事业用水106.26万吨，工业用水1116.45万吨，建筑用水343.76万吨，经营服务用水582.78万吨，特种行业用水13.24万吨，产销差率13.7%。自来水普及率100%。全镇人均生活用水46.38升，用水总人数152533人。

【供电】 2017年，古镇镇供电分局累计供电量为15.96亿千瓦时，同比增长2.94%，售电量15.45亿千瓦时，同比增长2.51%，线损率3.25%；新增报装接电1958户、137488KVA，其中高压接电66户、106033KVA，低压接电1892户、31455KVA。低压跳闸次数成功下降86.7%，超过预期目标值80%。完成中山市利和置业有限公司的投入运行容量共41720KVA（其中：商业中心10400KVA，幸福华庭小区28120KVA，金丰公寓小区3200KVA）。完成古镇配网目标网架的规划，目标网架有220KV变电站1座，主变压器4台，容量960MVA；110KV变电站9座，主变压器19台，总容量为1136MVA，总投资13037.7万元，光纤通信投资1235.1万元，共计投资14272.8万元。

【园林绿化】 2017年，古镇镇建成区绿地率13%，建成区绿化覆盖率14%，人均公园绿地面积8.08平方米。镇属公园4个，公园面积842659平方米。镇市政中心对华艺、利和、国贸、东兴东路口等渠化岛、大院，以及绿博园中心西路、华廷路、东兴东路、中兴大道、同兴路、育才一路等主要道路进行优化绿化。监督养护单位做好做细松土淋水、施肥、灭虫、剪枝、补苗添绿等工作，不断提升维护管理水平。全力配合古镇镇创建广东森林小镇领导小组办公室开展创森工作，种植榕树56棵、宫粉紫荆958棵、黄花风铃木400棵。

【环卫保洁】 2017年，古镇镇垃圾清运量500吨/日，中山市北部组团综合处理基地焚烧处理生活垃圾150吨/日。2017年配置300名环卫工人提供保洁服务，8台勾臂车、3台应急巡查车、3台垃圾压缩车、4台高压清洗车、4台洗扫一体车、150辆三轮清扫车等有序清运垃圾，550个垃圾桶，保洁全镇道路3769708.73平方米和河涌面积368460平方米。每天清洁2次，清洗道路2—3趟。

【排水管理】 2017年，古镇镇管养的雨水管道65653千米，雨污管道128883千米，污水管道88334千米，泵站（含隧道泵站）7座，排水闸（含拍门）14座，排水河道68.8千米，防洪墙1240千米。年内，古镇镇加强排水管理工作，共发放排水接管登记证明406份、排水许可隐藏工程验收报告434份。

【污水处理】 2017年，古镇镇有污水处理厂1间，日处理能力8.88万吨。全年污水处理厂污水处理总量为3241.6万吨，处理率约95.3%，进水COD（化学需氧量）平均浓度约197mg/L，出水COD平均浓度约为22.8mg/L，水质稳定达标，年削减量COD达5647吨，氨氮排放量为48吨/年。

【供气】 2017年，古镇镇共有11个小区使用天然气。有燃气经营企业2家，其中液化石油气经营企业1家，下属便民点4个，液化石油气储量200立方米；天然气经营企业1家，燃气管网新增1.5千米，居民用户约6500户，工商业用户83家，销气量约360万立方米。

【防震减灾】 为普及全民防震减灾科普知识，2017年5月19日，镇住建局发动昇海豪庭项目部施工工人150人，开展避险救灾技能宣传活动。5月26日，联合市住建局地震办组织各村委会代表和镇南小学四年级学生代表约200人参加地震应急知识科普活动。

（区惠盈　卢嘉伟　冯照明
区转娣　区卓彬　周美红）

建筑业管理

【建筑业概况】 2017年，古镇镇通过与相关企业签订安全生产责任书，开展各类专项检查、大排查，召开季度质量安全会议等方式加强建筑质量安全管理工作。完成建设工程施工许可报建406宗，报建建筑面积916113平方米，造价120858万元。受理建筑工程竣工验收备案659宗，建筑面积858898平方米，总造价87706万元。全年受理工程监督457宗，涉及建筑面积1669678.62平方米。

【建筑质量安全生产管理】 2017年，古镇镇受理工程监督457宗，涉及建筑面积1669678.62平方米；审查竣工资料119份，发出竣工资料核查意见书119份，涉及面积1916788.33平方米；私人住宅竣工验收472宗，涉及面积177638.9平方米；发出安全评价书595份，涉及建筑面积1508361.11平方米。

全年共开展各类大检查71次，排查在建工程374宗，累计发出整改通知书308份，其中停工通知书63份。除日常巡查外，还开展多项安全生产专项检查行动。其中包括对建筑起重机械各类重大危险源专项检查52次；防高温、防恶劣天气专项行动6次；春节、五一、国庆等大型节假日节前安全大检查4次；工地消防、食堂安全检查9次；安全隐患、风险点大排查6次等。

同时，对利和广场商业中心、曹一天宏绿茵豪庭二期、古三"水岸湾"工程、六坊商业广场工程、万科昇海豪庭一期、碧桂园御秀花园等6个镇区内的大型工程进行重点质量

2017年6月26日，古镇镇住建局召开2017年建筑施工"安全生产月"和"安全生产万里行"活动暨昇海豪庭项目现场观摩交流会

（镇住建局供图）

和安全生产监督。

【建筑安全教育】 2017年，古镇镇住建局组织工作人员参加中山市住房和城乡建设局组织的"建设工程质量监督工作培训班""装配式建筑专题培训班"，召开2017年"安全生产月"和"安全生产万里行"活动，积极开展各类安全生产月咨询日活动，深入开展镇南示范工地交流观摩会、古三"水岸湾"工程安全生产警示教育、天宏绿茵豪庭二期安全警示图片会展等宣传教育活动。建立万科昇海豪庭、梁胡国住宅、李信鹏住宅等一批示范工地。监督员定期下沉到建筑工地开展安全教育示范课。全年合计进行35场安全教育示范课，累计受教育受108个，受教育工人达到3000人。

（周美红）

房地产管理

【房地产管理概况】 2017年，古镇镇开发商业、工业性质房地产项目，包括利和灯博中心、长丰公寓及东岸工业房地产等项目，合计建筑面积72.4万平方米。古镇镇共有9个居住小区，合计建筑面积240.7万平方米，包括乐丰花园、古二翠盈明珠、古二汇盈大厦、古四怡廷豪园、东方明珠家园、冈南海岸花园、曹二富都花园、利和幸福华庭及盛世嘉元。

【房地产项目监管】 2017年，古镇镇完成古四怡廷豪园二期、冈东明珠家园二期和曹二富都花园一期三个"问题楼盘"的处置工作。开展四次专项检查，包括2017年房地产领域社会矛盾专项治理，以及"非法集资"、房地产企业不正当经营行为、"双合同、号头费"等专项检查。通过资料核实、群众投诉等多种方式，解决海都广场违规使用广告用词、古四怡廷豪园三期房产不动产出证、曹二富都花园物业管理费纠纷、海洲昇海豪廷未取得住宅预售证擅自收取认筹金及古镇利和广场公示文件不齐全等问题。

【住房保障】 2017年，古镇镇重新调整古镇镇住房保障管理委员会成员(简称"管委会")，落实成员单位的保障房建设管理职责，制定有针对性和操作性强的保障性住房建设实施办法。3月上旬，镇住建局组织各村（居）委到市住建局参加培训班，动员各村（居）委会积极做好调查工作，配合调查组收集基础数据。2017年，保障房项目金汇宿舍楼5月办理竣工验收，7月出具房屋不动产权证，提前完成2018年镇保障房建成项目交付任务。截至2017年，古镇保障房项目共4个，均已办理房产证，总数为1864套，其中2017年新增434套。

【物业管理】 2017年，镇住建局制定《古镇镇物业管理考核细则》和《古镇镇物业管理应急工作方案》，通过与物业服务企业签订责任书，建立考核机制，将物业服务企业纳入常态化管理。2017年，住建局共受理23份住宅维修资金的申请初审工作，涉及金额40.9万元；对3个物业服务企业发出4份整改通知书，包括违规收取专项维修资金、违反供水管理条例、未按要求组织召开业主大会等问题，要求企业限期内整改，有效遏制了小区物业管理违规行为。

（周美红）

城市管理

【城市管理概况】 2017年，中山市城市管理行政执法局古镇分局（简称"镇执法分局"）以"创文"和"四看"整治工作为契机，大力开展"道路街面、花草树木、建筑外立面、公共设施"等市容环境综合整治。全年共查处城市管理行政执法类案件6532宗，其中暂扣违规物品、发出"先行登记保存证据通知书"1229份、"扣押决定书"970份，教育纠正4333宗；立案处罚违法案件389宗，罚款金额共657888元；拆除违法广告牌380宗，面积41339.5平方米；拆除违法建构筑物127宗，面积约1万平方米。镇执法分局驻古镇镇东兴东路3号行政服务中心3区5—6层。

【城管执法】 2017年，镇执法分局试行"公安巡（交）警+城管"执法模式，开展灯都古镇"巡城马"行动。重点查处占道经营、违章搭建、违法停车、违规设置户外广告、道路运输遗撒等违法行为。联合镇住建局集中整治1000多宗违建星铁棚，派出整改通知书近170份，拆除逾期不按要求整改的违建楼顶锌铁棚12宗，暂扣水电表15个，拆除总面积4000多平方米。拆除农耕区违建物，联合镇国土、工商、环保、农业、食药监等部门，对古二农耕区内的15家正在经营的违建餐饮店进行拆除。制定《空中线缆整治方案》，以海洲村作试点对乱拉乱接通信线缆等影响镇容镇貌的空中线缆设施进行全面查处和清理。

【文明城镇创建】 2017年，古镇镇制定《乱倒垃圾举报奖励方案》和《古镇镇乱倒垃圾、乱涂贴小广告违法行为举报奖励实施细则》，设立乱倒建筑垃圾、乱涂贴小广告违法行为等举报有奖项目，通过奖惩并用、多管齐下，确保文明城镇创建工作取得实效。参照全市创文评分标准，联合镇爱卫办、市政中心、各村委会，每月对镇内各村开展考评，以评分排名的方式深入推进创文工作。除加大日常巡查管理外，针对东兴西路、惠宜美商场、曹三创业园、古一长尾涌市场、中英街等路段共开展占道、流动摊贩整治行动48次（其中夜间整治行动17次），查处取缔占道经营710宗、无照流动摊贩532宗，暂扣占道广告牌235个。联合发动相关职能部门、各村委会开展河道水面漂浮物和淤泥的清理行动571次，清理河面面积371265平方米。清洗道路两侧游园、广场内亭、坐凳等424次，整修破损的园林设施36处，更换残旧破损垃圾桶36个，清理绿化带垃圾3348处，面积125480平方米。加强与疏导点管理方沟通，规范现有公园路、瑞丰灯配城等2个临时疏导点的卫生清洁和商户经营秩序管理。

【违法广告牌治理】 2017年，古镇镇执法分局积极联系律师等专业人员，结合实际制定《古镇镇户外广告牌规范管理办法（试行）规定》（6月1日起试行）。截至12月30日，受理户外广告牌备案100宗。以镇中兴路与曹兴路交会处、新兴路、同兴路等主干道路的大型楼顶广告为重点，大力开展集中清理整治行动，对新兴大道、东兴路、中兴大道、同兴路、华廷路、十水公路（古镇段）、沙古公路（古镇段）、古神公路（古镇段）、中兴大道北段、东岸北段等路段的违规T形广告牌开展清拆行动。共拆除公路两侧违规T型广告牌16个，拆除道路两侧违规T形广告牌7个。

【文化市场整治】 镇执法分局深入开展文化市场人员密集场所经营管理执法，开展一系列文化执法专项行动。全年共检查文化经营场所653家次，立案处罚29家次，有效规范了全镇文化市场经营秩序和市场环境。

【村级执法站】 2017年，镇

执法分局、各村执法站组建城管执法业务交流群，实现了执法情况信息互通、实时报送。组织"牛皮癣"整治业务、自由裁量等培训，提高村级执法站的执法水平。"牛皮癣"整治中，由工作站人员负责初期登记、拍摄、电话录音取证工作，镇执法分局负责乱张贴小广告电话号码的审核把关、上报市执法局追呼系统和行政立案处罚。全镇共清理牛皮癣323290处，面积约28322平方米，上报"追呼"乱张贴手机号码340宗，立案处罚乱张贴42宗。

4月24日、6月19日，先后组织两批村级综合执法站工作人员（共20人）到镇综合执法局跟岗学习，以外出一线执法为主要学习形式，切实提升村级综合执法队伍业务水平。建立联合夜查工作机制。联合12条村不定期组织全镇开展夜查行动，重点查处占道摆放、占道经营、无照流动经营等现象。

（袁银盈）

环境保护

【环境保护概况】 2017年，中山市环境保护局古镇分局（简称"镇环保分局"）全面贯彻落实"绿水青山就是金山银山"的环保理念，不断提高环保工作水平和应对复杂形势的能力，全面开展2017—2018年大气和水污染防治专项督查工作，做好中央环保督察交办案件后督察，全镇环境质量稳中趋好。镇环保分局驻中山市古镇镇东兴东路镇政府第二办公区2号楼5楼。

【大气污染物防治】 2017年，古镇镇加强工业挥发性有机物（VOCs）整治。严格控制涉VOCs项目准入，推进VOCs"一企一策"综合整治。安排VOCs治理项目扶持资金10.8万元，对先进高效的VOCs综合治理项目给予资金扶持。制订重点行业VOCs削减行动计划，强化VOCs源头预防。全年开展VOCs产生企业现场环境执法2次。重点做好包装印刷、表面涂装、化工、塑料加工、加油站等企业挥发性有机物综合治理，实现达标排放。

全面推动工业锅炉污染整治，加快推进清洁能源应用，基本完成对22台重污染燃料锅炉的整治工作。全力推进玻璃窑炉污染整治工作，逐步在区域范围内禁止玻璃窑炉使用石油焦、重油、煤及其制品等高污染燃料，全面改用电或天然气等清洁能源。按要求完成辖区内2家玻璃窑炉企业的环保升级改造工作，另有2家正在进行施工改造。推进餐饮单位油烟及高污染燃料污染整治工作，全年共开展餐饮单位检查6次，出动79人次进行检查，下发整改通知书56份。

加快完成黄标车淘汰工作，制定《2017年古镇镇淘汰黄标车工作方案》，全面实施黄标车限行及黄标车限行现场执法。全年淘汰黄标车127辆，完成省下达任务（66辆）的192.42%，全市排名第13。

【水污染防治】 2017年，古镇镇重点推进雨污分流、水源保护区内环境监管执法工作。建设污水主干管0.21千米、污水支管网2.79千米，支管到户30户。对辖区水源一级保护区内的违法建设项目开展专项检查4次，对存在违法建设、违法生产、违法排污可能性的饮用水源保护区提高日常巡查比例。

【噪声污染整治】 6月20—22日中考期间发出噪声污染限制通知22份，组织针对建筑、娱乐单位的执法专项检查，为全镇考生营造一个宁静的学习、休息和考试环境。执行全年24小时值班制度，确保"12369"

环保举报热线畅通。

【信访维稳】 2017年,镇环保分局共接访环境信访案件1136宗(噪声455宗,废气617宗,废水64宗),成功处理案件1113宗,信访处理率达98%。因信访被立案处理的违法企业有20家,实行停电处理的违法企业12家,查封企业(封电)7家。

【行政执法】 2017年,镇环保分局进一步加大执法力度,持续保持高压态势,重点加强大气污染防治、饮用水源保护、"小散乱污"整治、违法排污查处监察执法工作。配合市监察分局对全镇395家企业进行日常监察,发出责令改正违法行为决定书76份,对60家存在环境污染的企业进行立案处理,处罚金额490.5万元,审理废水闲置治理设施5家,审理废水转移批复表66份,审理废水转移联单295份,审批规范化排放口23间。

【业务审批】 2017年,镇环保分局严把环境准入关,认真做好各项建设项目审批工作。全年通过建设项目环境影响登记表备案系统登记备案的项目共有95份(包括新建、变更、技改),通过环境影响报告表审批45份。通过"建设项目竣工环境保护验收登记卡"申请的企业共23家,"建设项目竣工环境保护验收申请"的35家。审批企业排污申报99份,建筑施工申报16份,颁(换)发企业排污许可证43份,共征收排污费75.8万元。

【环保宣传教育】 2017年,镇环保分局开通微信公众平台,全年共发送推文32篇。启动环保大讲堂企业专场活动,近500人次参与5期大讲堂学习。组织全镇145名企业代表学习2017年1月1日起施行的《最高人民法院、最高人民检察院关于办理环境污染刑事案件适用法律若干问题的解释》。6月为环境宣传月,古镇镇以"打好蓝天保卫战 齐心共建中山蓝"为"六五"环境日主题,开展环保宣传咨询活动。做好环境保护税法实施准备工作,将排污费征收等资料信息移交给同级税务部门。安排专人负责环保税资料核对及移交衔接工作,并在微信公众号及日常工作中主动向企业进行宣传,让企业更快地了解环保税开征的意义和相关政策。

(冯秀娟)

科技·教育
SCIENCE, TECHNOLOGY AND EDUCATION

科学技术

【科技工作概况】 2017年,古镇镇坚持以科学发展观统领科技工作全局,全面实施创新驱动发展战略,大力推进科技创新,高新技术企业大幅增长。工业技改投资增长119.3%,研发经费占生产总值2.39%。高新技术企业56家,新型研发机构2家,科技企业孵化器1家,新三板上市企业3家。全镇专利申请量和授权量分别达11019件和8862件,连续6年位列中山市第一位,2017年提前实现首个万件外观设计专利强镇目标。

2017年,古镇镇成功通过国家火炬特色产业基地复检工作,顺利通过"国家中小企业公共服务示范平台""广东省中小企业公共服务示范平台"复核工作;完成省科技项目"面向现代照明产业技术的创新与支撑能力建设""LED照明电器质量检测服务站的建设"、市科技项目"古镇镇LED路灯照明示范工程"三个项目的验收工作。全镇29家企业成功申报中山市先进装备制造业发展专项资金,比去年增加81%;省市级企业技术中心累计达到13家。

【高新技术企业】 2017年,古镇镇大力推进高新技术企业认定和培育,高新技术企业队伍不断壮大。全年有78家企业申请高新技术企业,数量是上年的2倍。31家通过认定,全镇累计有57家高新技术企业。

【省市工程中心认定】 2017年,广东旺来新材料科技股份有限公司和中山市两益照明有限公司两家企业顺利通过省级工程技术研究中心的认定,中山市阿鲁米尼照明有限公司、中山市杰上灯饰电器有限公司、中山市两益照明有限公司和广东天圣高科股份有限公司四家企业成功通过市级工程技术研究中心认定。

【工业企业技术改造】 经过中山市第8批次和第9批次的工业技术改造入库申报工作,古镇镇有10家企业申请工业机器换人、增资扩产技术改造,投资达1.3亿元,比去年增加了64%。完成对中山市达兴塑料电器有限公司等9家企业的技术改造无偿补助评审工作,其中500万元以上的有4家,500万元以下的有5家。联合古镇地税、国税、财政、统计等多部门完成对阿鲁米尼等2家企业的工业企业技术改造项目事后奖补现场评审工作。

【研发机构】 古镇镇规上工业企业研发机构覆盖率达60%,远超中山市下达的35%的任务指标。全镇共有主营业务收入5亿元以上的企业7家,均已建立自己的研发机构。

【技术创新平台服务】 2017年,中山雷士灯饰科技有限公司进驻古镇灯饰产业公共服务平台,进驻此平台的企业累计达28家。平台设立了雷士灯饰全球设计中心,致力于为全球家居照明行业提供研究和咨询服务。依托国家灯具质量监督检验中心(中山)半导体照明检测实验室、照明产品检测认证一体化实验室、古镇镇3D打印快速成型中心等服务机构,古镇镇为中小企业提供质量检测、3D打印快速等方面服务;依托平台广东天圣高科股份有限公司等服务机构,为灯饰照明企业提供专利申请、维权援助、司法诉讼、认证咨询、企业管理培训等服务。

(杨国政)

知识产权

【综述】 2017年,古镇镇紧紧围绕知识产权强镇战略部署,通过实施严格的知识产权保护、严格把好专利预审关、做好知识产权协调工作,构建知识产权大保护格局,专利申请量和授权量分别达11019件和8862件,连续6年位列中山市第一位,率先实现"万件专利镇"的目标。

【知识产权快速维权】 2017年,中国中山(灯饰)知识产权快速维权中心(简称"维权中心")办理专利行政执法办案728宗(假冒专利案件11宗,专利侵权纠纷案件538宗,展会案件51宗,网络维权128宗),办结722宗,结案率99.18%。其中专利侵权纠纷案件成功调解310宗,涉及赔偿金额58.91万元。出动检查人员1876人次,检查各类灯饰门市、工厂492家次,计有281家涉嫌侵权企业经查处将被控产品下架;中心调解不成移送法院处理79宗,73宗案件进行司法确认。维权中心联合多部门开展专利专项执法检查行动,与横栏、小榄等镇区共同开展专利侵权纠纷执法行动,涉及案件11宗。第19届古镇国际灯饰博览会期间,现场快速处理了51宗涉嫌侵犯知识产权的投诉。完善电子商务领域知识产权快速维权机制,通过与EDS、贝斯达等本地电商平台签订电商快速维权机制合作协议,构建线上案件快速处理、线上转线下案件衔接、线上证据保存等机制,承办中国电子商务领域专利执法维权协作调度(浙江)中心的电子商务领域的案件97宗,协助专利权人在淘宝电商平台维权31宗。

【知识产权快速授权】 维权中心严格把好专利快速审查预审关,不断提高专利快速授权的质量和速度。2017年,进入快速申请通道的灯饰类外观设计共4932件,授权4784件。2017年,古镇镇率先实现"万件专利镇"的目标,专利申请量、专利授权量分别达11019件、8862件;其中发明专利申请402件,实用新型1563件,外观设计9054件,发明授权22件,有效发明专利拥有量达116件。

【知识产权快速协调】 2017年,维权中心继续深化完善知识产权行政执法与司法保护有机衔接机制,实现广州知识产权法院中山诉讼服务处功能优化提级。完善中山海关知识产权保护工作室建设,进一步落实与中山海关签署的合作备忘录中"专线电话沟通、联合宣传调研、双向技能培训、咨询举报快速处理、信息共享互通"等五项工作机制,实现"四大对接":边境执法与境内保护对接、行政执法与地方战略对接、个案保护与行业保护对接、条块保护与联动保护对接。

【知识产权惠企服务】 2017年,维权中心强化政策扶持,加大专利资助和奖励力度。调整设立古镇镇2017年知识产权

2017年3月18日,广州知识产权法院中山诉讼服务处功能提级优化新闻发布会暨知识产权案例研讨会在古镇镇国贸酒店举行

(区伟华摄)

2017年4月20日，中山市知识产权局局长尹明在"2017中国知识产权保护高层论坛（北京市）"上作题为"加强工业品外观设计保护对于中国中山市古镇灯具产业发展的影响"的主题演讲

（区伟华摄）

专项资金，积极扶持企业知识产权工作，在专利申请资助、授权奖励、专利保险保费补贴的基础上，将知识产权贯标、国家知识产权优势企业、涉外维权、国家省市专利奖等纳入到专项资金范围，通过政策引导提高企业自主创新热情，促使知识产权工作提质保量。

积极推进企业知识产权标准化管理工作，助推企业成长。大力支持和指导企业参加国家知识产权管理规范化工作，贯彻实施《企业知识产权管理规范》国家标准，建立科学、有效的知识产权管理体系，提升企业知识产权的综合管理和战略运用能力。2017年共有华裕灯饰、卡莱灯饰、澳克士照明、百佳百特、天圣高科等5家企业通过国家标准认证。

建立重点企业保护直通车快速协调机制。胜球、松伟、澳克士、阿鲁米尼等8家企业成为中山市知识产权保护中重点入库企业，在企业知识产权创造、管理、运用、保护的过程中提供快速协调服务，有效缓解企业知识产权"维权难、周期长、成本高"的问题。

【知识产权宣传教育】 2017年，维权中心积极举办多种形式的宣传培训活动，努力提高社会公众对知识产权和自主创新的认知能力和水平。举办WIPO知识产权服务体系有效运用高级研修班、广州知识产权法院中山诉讼服务处功能提级优化新闻发布会暨知识产权案例研讨会、广东中山灯饰企业知识产权保护案件审判研讨暨贯标宣贯会、4·26世界知识产权日主题宣传活动、2017年版权创意灯饰设计大赛启动仪式暨著作权保护专题讲座、专利挖掘和专利质量提升实务培训班、古镇镇中小微企业知识产权管理实务培训班、2017年灯饰行业外观设计保护国际研讨会等14场次知识产权培训和宣传活动，共计吸引1500多名企业人员到场学习，邀请WIPO高级顾问、北京大学教授、国家知识产权局、省知识产权研究与发展中心、省高院、广知院、中山中院法官、专利服务机构等多名专家学者为灯饰企业的负责人及相关专利工作人员授课，提高社会公众的知识产权保护意识和能力。另外，充分利用微信、报纸、电视、知识产权保护教育示范基地等载体打造知识产权宣传新高地，定期进行维权案例分析、专利信息公示等，通过多种渠道、多种形式，广泛开展知识产权宣传普及活动，营造良好的社会氛围。

【"工业品外观设计保护中山市古镇镇示范点"调研项目】 在国家、省、市的知识产权局的支持和指导下，该项目于2016年立项，是世界知识产权组织在中国的首个专利保护调研项目。课题组采取实地考察、听取汇报、问卷调查、座谈交流等方式，经过多番修改形成调研报告初稿，并由中山市知识产权局尹明局长于2017年4月20日在中国知识产权报社和WIPO中国办事处主办的"2017中国知识产权保护高层论坛"上以"加强工业品外观设计保护对于中国中山市古镇灯具产业发展的影响"主题演讲进行调研报告的首次发布。

(魏玉琼)

教 育

综 述

【**教育事业概况**】 2017年，古镇镇教育事务指导中心（简称"镇教指中心"）继续落实《古镇镇教育事业发展"十三五"规划》和各中小学幼儿园五年发展规划，对各学校和幼儿园"五年规划"实施情况开展中期评估。全年普通教育投入2.08亿元，比上年增长49%。荣获中山市教育事业发展水平评估优秀镇区、中山市推进素质教育目标管理评估先进奖、中小学电脑制作活动优秀组织单位等荣誉称号，初中教育质量综合评价再获中山市一等奖，小学教育质量、学前保教质量继续稳居全市前列。年内，镇教指中心完成审批服务事项56件，教师资格认定56件。镇教指中心驻中山市古镇镇东兴东路1号502室。

【**德育教育**】 2017年，古镇镇不断完善德育工作机制以及德育工作体系，坚持把立德树人作为中心环节，借助市教体局德育科"5160工程"，提高德育队伍整体水平。加强名班主任工作室建设，聘任古一陆冰、曹二张铁英、曹中余亚带为首批镇级"名班主任工作室"主持人。加强理论研究，成功举办以"中华优秀传统文化教育与实践"为主题的第九期灯都教育大讲坛活动。本学年全镇德育考核合格率为100%，优良率为96.6%，后进生转化率98.6%。三好学生率38.7%，全年无学生违法犯罪。

【**学校安全工作**】 2017年，古镇镇加强学校警卫室建设，加强专职安保人员配备、培训，规范安保设备配置，努力构建人防、物防、技防等全方位的校园安全稳定防范体系。同时，镇教指中心联合公安、交警大队、消防大队、安监分局等部门，对全镇所有学校、托幼机构实行安全督查，开展专项督查行动四次。通过中小学校开设健康教育课，利用校园广播、校园网、宣传栏、黑板报、班会、讲座、家长会等形式对师生和家长进行有关传染病的预防、食品安全、预防食物中毒等卫生安全宣传教育，结合"世界防治结核病日""爱国卫生运动月""世界无烟日"等活动日对学生进行相应的健康教育活动，加强预防肺结核、艾滋病教育等，开展形式多样的健康教育活动。配合古镇镇创建健康促进示范镇的工作，镇教指中心组织7间中小学校创建健康促进示范学校。2017年，全镇校园未发生安全责任事故，师生违法犯罪率为零。曹三小学被评为中山市安全文明校园，并被推荐参加广东省安全文明校园评比。

【**教师队伍建设**】 *教师培训* 2017年，古镇镇以"第二批信息技术应用能力提升工程"全员培训为契机，分类、分层、分岗位、多种途径开展培训。列入地方财政预算的教师培训经费总额183.32万元，培训经费使用153.9348万元，其中国家级培训52人次，省级培训

151人次，市级培训782人次，镇级培训1152人次，合计2137人次。除第九、第十期灯都古镇教育大讲坛，还组织初中教学管理人员及骨干教师前往湖南岳阳许市中学实地考察，学习当地教育管理和课堂教学方面的先进经验。

教师职称评定 全镇中小学（含幼儿园）教师申请初次认定共64人（员级21人，助理级38人，中级5人）；申请职称评审52人（初级2人，中级36人，高级14人），通过27人（初级2人，中级20人，高级5人）。

名教师、名校长工程 制定《古镇镇第二批名校长名教师名班主任评选活动方案》，设立名校长、名教师津贴，支持"双名"工作室建设，让名校长、名教师、学科带头人、骨干教师在学校管理、课程改革、教育科研、教学研究、校长培训、教师培训等方面承担更多的职责，发挥更大的作用。2017年12月，海洲初级中学李天虎校长市级校长工作室成立。

强师工程 完善教师资源配置机制，不断加大教师队伍补充力度，优化教师队伍资源。2017年引进新教师56人，教师紧缺的困境得到缓解。做好新教师接收安置和培养培训工作，让新教师尽快进入角色。组织中小学各学科青年教师教学技能大赛。开展古镇镇2017年教书育人贡献奖、教坛新秀评选工作，评选出教书育人贡献奖20名、教坛新秀20名。

公开招聘教职员 2017年，古镇镇采取定点高校公开招聘和市内统一公开招聘相结合的方式招聘教职员。通过在福建师范大学和市内统一公开招聘，全年招聘教师56人，其中硕士研究生17人，本科39人。

【**体育艺术教育**】 2017年，古镇镇有专职体育教师63名，兼职12名。古镇镇有两所国家校园足球特色项目学校（古镇中学、古三小学）；有9所市级体育传统项目学校，分别是古一小学（击剑、乒乓球），古一幼儿园（体操），古三小学（足球），镇南小学（举重），古镇初中和曹一小学（田径），曹步初中（跆拳道），海洲初中和海洲一小（篮球）。

全镇13所中小学的美育教育逐渐由"一校一特色"上升为"一校一品牌"。镇南小学是中山市首批艺术特色学校，陶艺、版画、合唱三个项目在区域范围内有一定的影响力；古二小学线描画、曹二小学国画、曹三小学衍纸、海二小学书法、古镇初级中学铜管乐、曹步初级中学民乐、海洲初级中学电声乐、海洲一小陶笛、曹二小学奥尔夫教学，精彩纷呈。

【**"一校一品"创建**】 2017年，古镇镇积极贯彻第十六届人大一次会议《政府工作报告》中发展"一校一品"的要求，强化"一校一品"的特色和品牌意识。3月23日召开教育线座谈会，再次强调"一校一品"的建设方向、实施路径，要求尽早启动"一校一品"规划评审，提出建设规划分两年两批次实施，每校投入10万元左右进行规划设计。镇教指中心于3月底制定《关于推进古镇镇"一校一品"特色建设的实施方案》，组织申报和评审工作。综合学校的品牌建设现状、村情校情、品牌理念、品牌规划等因素，评出5所第一批实施学校（古一小学、古三小学、镇南小学、曹二小学、海洲初中）。

【**招生工作**】 2017年，古镇镇将义务教育阶段学校招生方案，通过中山教育信息港、中国灯饰之都网、校园网、宣传栏等形式向社会公开公布，并建立义务教育招生信息公开制度和社会监督制度，确保招生工作公开、公平、公正。

2017年古镇镇义务教育阶段学校招生情况表（小学）

学 校	招生班级（个）	招生人数（人）	招生人数（人）			备注
			本地人数	外地市积分人数	外地镇积分人数	
古一小学	4	196	170	18	8	
古二小学	3	146	77	51	18	
古三小学	3	145	45	77	23	
古镇小学	3	143	45	76	22	
镇南小学	7	335	277	37	21	
曹一小学	4	190	75	94	21	
曹二小学	5	243	98	109	36	
曹三小学	4	194	105	73	16	
海洲一小	4	179	93	59	27	
海洲二小	4	183	115	40	28	
新徽学校	8	400	0	0	400	民办
合 计	49	2344	1090	634	620	

2017年古镇镇义务教育阶段学校招生情况表（中学）

学 校	招生班级（个）	招生人数（人）	招生人数（人）			备注
			本地人数	外地市积分人数	外地镇积分人数	
古镇初中	12	558	248	259	51	
曹步初中	7	326	136	154	36	
海洲初中	7	341	132	162	47	
合 计	26	1225	516	575	134	

【流动人口子女积分入学】 2017年度，古镇镇有积分入学指标1280个，共受理积分入学申请1863宗。其中申请小学一年级1126宗，同比增加29宗，增幅2.6%；申请初中一年级737宗，同比增加106宗，增幅16.8%。最终成功获得积分入读小学资格650人，成功率57.7%，同比下降1.6个百分点；成功获得积分入读初中资格630人，成功率85.5%，同比下降14.3个百分点。全镇在公办义务教育学校就读的非本市户籍学生有7072人。全年有291名外省户籍考生报名申请中考，其中符合古镇镇随迁子女中考政策条件的考生有258名。

【扶困助学】 2017年，古镇镇进一步健全"市—镇—村—社会各界"层级助学体系，在高中阶段国家助学金、市级"大学通""上学易"的基础上，继续完善"五助"政策，实现资助对象的广泛覆盖。在发动社会各界捐款资助困难学生的同时，注重精神励志。2017年

2017年古镇灯饰学院部分学生获奖项目情况表

大赛名称	获奖项目	指导教师	获奖人员	获奖等级	主办单位
广东省第五届大学生艺术展演	艺术作品	肖知明	温俊焜	二等奖	广东省教育厅
广东省第五届大学生艺术展演	艺术作品	肖知明	谭泳燊	三等奖	广东省教育厅
广东省第五届大学生艺术展演	艺术作品	肖知明	陈梓良	三等奖	广东省教育厅
广东大中专学生艺术设计手绘技能大赛	工业设计	肖知明	莫泽鹏	三等奖	团省委、省教育厅、省科技厅
2017届工业设计类专业设计作品大赛	设计作品	曹利	丁晓棉	二等奖	全国机械职业教育教学委工业设计类专业教指委
2017届工业设计类专业设计作品大赛	设计作品	曹利	张锡亮	二等奖	全国机械职业教育教学委工业设计类专业教指委
2017届工业设计类专业设计作品大赛	设计作品	曹利	林锢仪	三等奖	全国机械职业教育教学委工业设计类专业教指委
2017中山美居创意工业设计大赛	户外便携太阳能LED灯	曹利	张锡亮	优秀奖	中山市工业设计协会
第二届"三星灯饰杯"灯具设计大赛	设计作品	马驰	何俊宇	三等奖	中国照明学会

非涉及市资助高中和大学阶段家庭经济困难学生24人次,补助金额为180906元。

基础教育

【学前教育】 2017年,古镇共有幼儿园21所(其中公办1所,集体办9所,民办11所),在园幼儿7900人。学前三年入园率达100%。全镇学前教育专任教师583人,其中专科及以上学历7人,占比1.2%。古镇镇中心幼儿园成功创建为中山市一级幼儿园,新增等级幼儿园幼儿位450个。全镇公益普惠性幼儿园总数达17间,占比达81%,超过中山市75%的指标要求。

【义务教育】 2017年,古镇镇小学段、初中段学龄人口入学率、巩固率均为100%。全镇荣获中山市推进素质教育先进镇区奖。

职业教育与成人教育

【灯饰学院】 2017年,古镇灯饰学院共有学生212名,教师15名,专家工作室6个。年内积极组织学生参与各级各类专业赛事,蔡景显、林锢仪同学分别获得全国职业院校技能大赛高职组广东省选拔赛"睿志杯——工业产品造型设计与快速成型"一、二等奖;15级灯具1班的莫泽鹏同学获得由广东省教育厅、科技厅、团省委联合举办的手绘技能大赛三等奖;16级产品4班的温俊焜、谭泳燊、陈梓良同学设计的灯具作品分别在由广东省教育厅举办的广东省第五届大学生艺术展演活动中获得二等奖、三等奖;15级灯具班的何俊宇同学获得由中国照明学会举办的第二届"三星灯饰杯"灯具设计大赛三等奖。在2017中国灯都(古镇)国际灯光文化节创意灯光小品设计大赛中,共有18件设计作品成功入围。肖知明老师主持的"灯具开发设计"课程被立项为省级精品在线开放课程建设项目。开展现代学徒制人才培养申报与教育部现代学徒制试点申报工作,践行"工作室+工场+市场"教学模式,对56项较为完整的师生作品积极申报专利保护。

2017年灯饰学院坚持校企合作、工学结合、产教融合的办学理念,通过校企合作举办设计大赛培育灯饰产业创新设计人才。展览得到企业行业的高度认可,成功签约设计研究项目21项。

【社区学院】 2017年,古镇社区学院(简称"社区学院")共开设常规课程20多门,春、秋两个学期招生1830人,受益群众5万多人。

公益课程 2017年3月6日至6月26日,社区学院开设音乐、器乐、舞蹈、戏剧、技能、健身6个类别共18门公益课程,929人报名参加,其中正式学员862人次,结业学员659人次,优秀学员36人,结业率达到76.45%。2017年9月11日至2018年1月19日,社区学院开设17门公益课程,招收正式学员765人,其中正式结业学员578人,优秀学员32人,结业率达76%。

公益讲座 2017春秋季学期,古镇社区学院开设"中医养生保健""预防颈椎病""古典诗词鉴赏"等讲座,受益群众超过1000人。

青年社区学院 古镇青年社区学院为非中山市户籍、45周岁以下的青年学员开设灯饰英语、音乐基础、摄影、茶艺基础等四门积分课程,100多人次有积分需要的青年学员踊跃报读。

党校培训 2017年6月5—23日,由古镇镇组织办牵头,古镇机关工会、古镇党校、古镇社区学院联合举办业务素质培训班。社区学院邀请中山大学、市委党校、市委党史办及市社科联等单位的专家,先后举办中共党史、特色小镇建设、文明执法技巧、公文写作、公务礼仪等专业课程,600多名机关工作人员参加了培训活动。

队伍建设 2017年,古镇社区学院首次面向全社会公开招聘教师,吸引甘肃、湖南等地的教师慕名应聘,全年共招聘教师27名。先后与中国人民大学、湖南师范大学、宁夏广播电视大学、广东开放大学、广东幼师教育学院等高校接触,就如何办好社会教育工作进行广泛的交流探讨。

群众性社会教育 2017年,古镇社区学院海洲分院秋季学期开设陈式太极拳、粤剧班、摄影基础班、茶艺基础班和歌唱基础班五门公益课程,吸引216人次报名。12月5日,由

2017年3月6日,主题为"中医养生保健——我的健康谁做主"的公益讲座在社区学院举行

(社区学院供图)

2017年12月5日,"齐贤修身,传承好家风"图片展在海洲文化活动中心举办

(社区学院供图)

古镇镇纪委、古镇镇党校主办,古镇镇海洲村民委员会、古镇社区学院承办的"齐贤修身,传承好家风"图片展在海洲文化活动中心举办,吸引200多名群众前来观看。

【老年大学】 古镇镇老年大学分春、秋两个学期招生,不论学历,不限户籍,免费授课。2017年开设有秋光悦声班、健身气功班等常规课程,招收正式学员超过200人。老年大学老干部培训班通过"一月一课"形式,举办趣味运动会、唱支歌儿给党听、猜灯谜、包粽子等活动。

(刘冠贤 肖知明 陈露曦)

文化
CULTURE

文化事业

【文化事业概况】 2017年,古镇镇积极开展文化惠民服务工作,成功举办第五届灯都古镇曲艺文化周、灯光文化节文艺巡演、"光影盛宴"摄影大赛、戏曲进校园、电影放映等活动约270场次,惠及群众近40万人次。

【文化活动】 2017年,古镇镇文化站引导镇书画协会、舞蹈协会、戏曲协会、摄影协会、音乐协会、文学协会、集邮协会和六坊云龙同乐社积极开展文化活动,组织会员参加文化培训和交流。镇文化站举办的新春游园活动、绿色暑假培训班、灯都古镇曲艺文化周、电影放映活动等,已成为古镇镇文化活动的特色品牌。在2017年的慈善万人行、五人龙舟赛和灯光文化节等活动中,镇文化站积极组织文化巡演活动,搭建群众展示才艺的舞台。灯都合唱团在第七届中山合唱节上荣获混声组金奖,同时包揽"最佳指挥奖""最佳钢琴伴奏"和"优秀组织奖"。古镇镇曲艺选手蔡洁琳和黄湛玲在第十一届广东省青少年曲艺"明日之星"选拔赛中荣获优秀奖(二等奖)。

【文化遗产保护】 2017年,古镇镇文化站对镇内市级不可移动文物开展巡查4次,切实履行保护责任。具有300年历史的国家非物质文化遗产——六坊云龙舞,在市、镇慈善万人行,灯光文化节,小榄庙会和佛山秋色巡演活动中均精彩亮相。

【文化创作】 2017年,古镇镇大力弘扬社会主义核心价值观,以多彩的文艺活动聚焦"中国梦"主题,多项精品力作获得殊荣。镇书画协会蔡毅强的书法作品获广东省第十四届美术书法摄影作品联展铜奖,镇文学协会蔡兆威的作品获中山市2017年大型诗歌创作分享推广活动旧诗组创作二等奖。古镇镇综合文化站报送的小品《争家婆》荣获第五届中山市戏剧曲艺花会银奖。

【灯文化博物馆】 灯都古镇灯文化博物馆是中国首个以灯文化为主题的博物馆,建筑面积1000平方米,展现了古旧灯具的魅力及近现代古镇灯饰的发展历程,是全球灯饰业者了解中国灯饰文化与灯都古镇发展历程的重要窗口。2017年,灯文化博物馆积极推进"中国灯饰博物馆"的项目规划和论证工作。4月28日和5月5日,广东省博物馆专家组、中山市博物馆专家组先后到古镇镇探讨、考察灯文化博物馆拟选新址事宜。完成全国第一次可移动文物普查,并于5月在中山

2017年古镇镇主要大型文化活动一览表

主办方	文化活动	时间
—	"粤唱粤好戏"第五届灯都古镇曲艺文化周	
镇舞蹈协会	"全民修身 舞动快乐"大型露天广场舞会	每月末举行
镇戏曲协会	"全民修身 共享文化"送戏下乡、戏曲进校园培训活动	
镇音乐协会	新年交流会、贺国庆迎中秋文艺晚会	
镇书画协会	新年书画展、"送春联下乡"	
镇摄影协会	主题摄影展	

市博物馆举办"珍藏中山——中山市第一次全国可移动文物普查成果展"。连同在市举办的普查成果展,全年接待游客约10万人次。

【公共图书服务】 2017年,古镇镇成功指导六坊村、曹二村和古四村的村级文化室建设升级为国家级基层综合性文化服务中心。至今,全镇已有8个行政村成功创建国家级基层综合性文化服务中心。古镇图书馆全年接待读者约6.2万人次,新办理借阅证329个,市、镇、村三级图书馆(室)实现图书通借通还。

（区淑艳）

广播电视

【广播电视概况】 2017年,古镇电视台共采制新闻1132条,制作播出各类型通知280条、公益广告160条、天气预报180集。策划举办2017年中国灯都(古镇)国际灯光文化节微视频大赛,评出获奖作品17件。古镇电视台驻中山市古镇镇中兴大道体育馆北区。

【新闻节目宣传】 电视长消息《网格员全程跑腿,村民享"星级"服务》《灯都旅游购物狂欢节,大家都点赞》,广播长消息《企业抱团"出海"去,合力打造中国品牌》等作品获得2017中山广播电视新闻奖。古镇声屏微信公众号推文《今晚,古镇又将惊艳全世界!2017古镇灯光文化节提前剧透——人民广场》获得2017中山广播电视新闻奖新媒体类别一等奖。由古镇电视台节目部集体创作拍摄的作品《请勿变成手机的爸爸》荣获2017年中山市广播电视公益广告大赛铜奖;与镇公安分局合作的微电影《劫持小孩》荣获"全民创建平安中山"微电影微视频优秀作品评选活动优秀奖。新闻部记者蔡玉婷获得中山市第六届"十佳记者"荣誉称号。

（陈 菲）

档案·地方志

【档案概况】 2017年,古镇镇档案馆新增档案1842卷、11671件;馆藏档案共计16181卷、73458件。镇档案馆深入推进"村档镇管"管理模式和中山文档管理平台应用,全镇所有全宗单位实现档案数字化。在镇区档案评估中,古镇镇档案馆取得优秀成绩,国家、省、市档案局深入古镇镇调研文档平台应用和档案数字化工作。古镇镇档案馆驻中山市古镇镇东兴东路1号612室。

【档案业务】 2017年,古镇镇坚持"以档辅政"科学决策,档案整理工作由原来的8月完成提前到4月完成。村(居)档案目录由村档案员打印移交改为由镇档案馆工作人员统一打印装订成册。加大村(居)、学校档案网上监察力度,提高档案指导效率。档案馆工作人员每周至少安排两个半天的时间到各村(居)、部门指导档案工作,及时发现并解决档案工作中的问题。

【镇志出版】 《中山市古镇镇志》历经13载,于2017年7月由广东人民出版社出版发行。全书24章,约90万字,全面、系统地介绍了2005年前古镇镇的历史和现状,是古镇有史以来最为全面、最为系统,规模最大、资料最为翔实丰富的一部百科全书,配有彩图、图表、多媒体电子光盘。8月3日,在镇政府412会议室举行首发仪式,广东省人民政府地方志办公室方志资源开发处副处长方广生,古镇镇党委书记刘建辉,中山市档案局局长、

2017年8月3日，古镇镇党委书记刘建辉（右）向广东省地方志办公室方志资源开发处副处长方广生赠送《中山市古镇镇志》

（镇宣传办供图）

方志办主任陈岚及各村（居）、部门、中小学校、商会、社会团体代表等100多人参加发行仪式。镇党委书记刘建辉向广东省方志馆、中山市方志办等赠送志书。

【自然村落历史人文普查】 在2016年完成自然村落历史人文普查初稿的基础上，经过反复校正修改，形成20个自然村落的普查终稿。2017年6月，普查文稿通过市地志办初审，12月通过市自然村人文调查成果审查验收小组复审。

【年鉴试点工作】 2017年，古镇以记录社会发展为工作重点，以启动灯饰文化小镇为突破点，全面开展年鉴编纂工作。3月，完成《中山市古镇镇年鉴2006—2017》项目招投标工作，由广东人民出版社中山出版有限公司负责编写，深圳中华商务安全印务股份有限公司负责印刷发行。5月，全镇70个编纂委员会成员单位完成资料汇编，共征集原始资料约600万字、照片1600张。10月完成初稿编写工作。12月交付广东人民出版社出版发行，全书约60万字。

（曾永旋　魏顺霞　陈海澜　吴秀艳）

卫生·体育
HEALTH AND SPORTS

医疗卫生

【卫生事业概况】 2017年古镇镇共有综合医院2家（古镇人民医院、古镇海洲医院），社区卫生服务中心1个，社区卫生服务站10个（含曹步社区卫生服务站）。全镇医疗机构拥有病床535张，卫生人员1585人，其中卫技人员858人，执业（助理）医师358人，注册护士369人。古镇镇人民医院门急诊量120.7万人次，出院病人2.8万人次；海洲医院门急诊量25.7万人次，出院病人2292人次；各社区卫生服务站门急诊量72.9万人次。古镇镇卫生和计划生育局（简称"镇卫计局"）紧紧围绕市、镇中心工作，立足民生，努力优化工作方式，使全镇卫生计生工作稳步推进。镇卫计局驻中山市古镇镇人民政府第二办公区3号楼。

【公共卫生】 2017年，古镇镇全面实现12项基本公共卫生服务均等化，公共卫生考核成绩在全市名列前茅。同益工业园区荣获流动人口计划生育协会省级示范点和省级青春健康项目示范点称号。镇卫计局成立督查工作领导小组，定期对基本公卫服务进行督查，严格保证各项基本公卫服务的顺利开展。至2017年11月，社区卫生服务中心及各卫生站共开展健康咨询活动81次，健康讲座79次，家庭医生签约服务重点人群签约率达67.04%，全镇人群覆盖率24.23%，计生特殊困难家庭签约率100%。全镇社区卫生服务站基本具备八项以上中医药适宜技术，居民健康档案建档率达75.19%。至2017年12月，公共卫生实际使用资金7626650元。

【卫生监督】 2017年，镇卫计局全面加强卫生监督力度，大力打击辖区内"两非"与无证行医行为，重点查处群众投诉比较多的无证牙科诊所。至2017年11月，检查涉嫌非法行医场所80间次，取缔30个非法行医窝点，立案处罚6起，结案6起，罚款金额2万元，没收器械、药品价值3万余元；立案处罚美容美发店3宗；检查镇自来水厂1家、二次供水单位4家、学校直饮水供应商6家。

【健康服务管理】 至2017年12月，古镇镇共建立电子健康档案115233份，其中高血压档案4864份，糖尿病档1404份，老年人档案5990份。健康档案建档率达75.96%，健康档案使用率达72.99%，超过国家75%和60%的标准要求。

【老年人健康管理】 至2017年12月，古镇镇65岁以上老人约8246人，其中已建老年人健康档案5990份，建档率达72.64%。全年共有2834名老人参加免费健康体检。

【慢性病健康管理】 截至2017年12月，全镇已管理高血压患者4864人，其中接受规范管理者3940人；规范管理率为81%；已管理2型糖尿病患者1404人，规范管理患者数为1068人，规范管理率为76.07%，高于国家60%的规范管理率。

【预防接种】 2017年，古镇镇共接种疫苗192720人次，其中一类苗110696人次，二类苗82024人次，"八苗"接种率均达90%以上。按中山市卫计局统一部署，9—12月对8—24月龄儿童开展一类疫苗查漏补种活动。截至2017年12月5日，抽查一类疫苗接种率达90%以上，建卡率96.7%，入托入学验证率100%，顺利通过考核验收。按照规定对新生儿及本地流动儿童建立预防接种档案，全年共计建档建卡7961个。针对麻疹、脊髓灰质炎（AFP）、新生儿破伤风等疫苗可预防疾病开展常规检测,全年上报监测报表36次、36份,报告及妥善处置疑似异常反应59例。对全镇15家学校和33家托幼机构开展入学入园入托儿童预防接种证查验工作,共验证10827人次,验证率达100%。

【社区卫生服务】 2017年,古镇镇社区卫生服务中心服务网络覆盖12个行政村、1个居委会,占地面积约600平方米,建筑面积约1400平方米;有专业技术人员106人,下设10个社区卫生服务站。1—11月,社区卫生服务站总诊疗人数65.26万,与去年同期基本持平。开展古镇镇户籍老人免费体检活动,共有2834人参加。

【爱国卫生】 2017年,古镇镇建立多部门联动机制,每月对各村的爱卫工作进行考核,成立每周爱卫工作督查组,让爱卫工作做到有检查、有考核、有评比。截至2017年11月,共开展每月村级爱卫检查11次,每周爱卫工作督查29次,开展了7次不同主题的爱卫运动、10次统一灭蚊及清除蚊虫孳生地运动。12月上旬,召开卫生镇复审与健康镇建设工作动员大会,全面部署相关工作。深入开展卫生先进单位、小区、户的创建活动,评选出镇级"卫生先进户"963户,并推荐怡庭豪园、镇南小学以及6户卫生情况较好的住户参与市级评选。

【公民健康教育与促进】 2017年,深入推进广东省健康促进示范镇创建工作:一是开展各类公共健康支持场所建设和各类健康场所创建。完成生态湿地健康主题公园一期建设;在全民公益园、曹一公园、村居健康一条街、机关食堂等公共场所设置各类健康促进宣传标识230多个;按"65532"比例要求开展各类健康场所创建,创建省级无烟单位23个,评选和表彰了100户"百佳"示范健康家庭。二是全面加强幼儿园及中小学健康素养教育,提高学生主动防病意识。在全镇37所学校及托幼机构开展儿童膳食营养宣传教育,惠及学生12000多人。三是组织专家开展灯都健康大讲堂"五进"(进社区、进机关、进企业、进学校、进医院)健康素养提升大型巡讲活动,累计开展各类健康教育与促进讲座和技能培训41次,参与居民4928人次。四是积极开展社区健康教育,举办健康教育讲座79次,4487人次参加;举办健康教育咨询81次,4399人次参与。2017年累计发放健康教育印刷资料26种,共66500份;播放健康教育音像资料16种,共3650次;设置健康教育宣传栏24个,共更新60次。

2017年5月17日,古镇镇社区卫生服务中心到古一小学开展全民营养周进校园活动

(镇社区卫生服务中心供图)

【登革热防控】 2017年，镇卫计局按照科学防控、精准防控要求严密做好成蚊密度和布雷图指数"双把关"，利用先进技术设备常规化每周开展全镇12个行政村、全民公益园、同益工业园成蚊监测，并根据监测结果，指导全镇防控工作。孳生地排查常规化，每周对各村蚊虫孳生地进行排查，并将蚊媒密度及孳生地排查工作情况形成《古镇镇登革热防控工作简报》，上报镇主要领导。联合交通运输分局、住建局等部门，开展同益工业园清理废弃轮胎及建筑工地登革热防控工作督查专项行动，共清查建筑工地66个。建立约谈制度，紧扣登革热发生苗头。根据各村成蚊密度的情况，对超标的村（居）约谈村两委和村卫生工作人员，并要求在三天之内整改到位。全年辖区内没有发生本地登革热病例。

【古镇人民医院】 2017年，古镇人民医院人才队伍、硬件设施不断完善。引进副主任医师4名、博士1名、研究生5名，培养副高以上职称医技人员7名、外聘和返聘副高以上职称专家9名。日间手术室、内镜中心、中医馆等完成改造，原国贸宿舍楼改造医疗业务用房工程顺利进行。作为中山市启动二级综合医院评审工作首发站，古镇人民医院通过省级评审专家带教式评审。经过一年来的精心准备，国医大师（韦贵康）学术传承研究室于8月18日在古镇人民医院正式挂牌成立。签约广西中西医结合医联体、珠江专科医疗联盟、岭南膏方联盟、广东三九脑科医院脑病诊疗医联体等7个跨区域专科联盟，越来越多的优质医疗资源下沉古镇。积极履行社会责任，与西藏工布江达县共建友好医院，先后派驻13名医疗骨干进藏提供医疗帮扶，为藏民精准解除肝胆病痛；两次赴潮州市饶平县开展健康扶贫。为古镇慈善万人行捐款12.6万余元，多次在镇内开展义诊健康宣教活动，提供志愿者导诊服务，上门为居民提供管道护理、压疮护理等延续护理。

（何朗毅　汤家惠）

体　育

【体育事业概况】 2017年，古镇镇投入经费达400多万元，开展群众性体育活动40多项，除常规的体育活动（乒乓球、狮王争霸赛、传统南狮赛、中国象棋赛、女子篮球对抗赛等），还举办首届半程马拉松公开赛、武术精英大赛、社会体育指导员技能大赛等活动。荣获2013—2016年度全国群众体育先进单位称号，于体育竞赛中获得一系列荣誉，包括中山市"体育彩票杯"青少年击剑锦标赛乙组团体总分第一名、中山市首届健身气功表演大赛一等奖。

【"亚洲飞人"苏炳添】 古镇籍运动员苏炳添在国际田联钻石联赛上海站男子百米赛中以10秒09的成绩夺冠，成为第一个在钻石联赛百米大战中夺冠的中国人；在国际田联钻石联赛摩纳哥站男子4×100米接力，与队友跑出38秒19的成绩，获得冠军；获得2017CCTV体坛风云人物年度最佳男运动员奖（提名）。

【群众体育】 2017年1月28日，古镇镇在体育馆举办男女子乒乓球单打公开赛。50名男子运动员和18名女子运动员参加比赛，另有一名外籍运动员参加。1月29日，在古镇大信新都汇正门广场举行"大信新都汇杯"传统南狮赛。比赛设置一等奖2名，二等奖3名，三等奖4名，最后由曹步周馆和古四狮队夺得一等奖。1月29日晚，由古镇镇宣传文体服务中心主办的2017年古镇镇"百佳百特杯"新春狮王争霸赛在古镇体育馆举行，六支高水平的竞技队伍参与当晚的争霸赛，超过1000名群众观赏赛事。比赛最后由佛山市南海黄飞鸿中联电缆龙狮团夺得冠军，广西藤县禤洲龙狮团夺得第二名，中山华丰永宁龙狮武术团获第三名，古镇曹步周馆龙狮武术团获第四名。

2月12日晚，由古镇镇宣传文体服务中心、古镇镇篮球协会主办的古镇镇"巨辉杯"篮球对抗赛在古镇体育馆举行。顺德均安爱得乐女篮凭借稳健的配合和严密的防守赢得比赛。

【社会体育指导员站】 为推进全民健身，古镇镇积极推进社会体育指导员站。8月11日，陈武宛公道馆设立社会体育指导员服务站站点。一班师傅以公益的名义，免费教"爱武之人"习武。10月29日，海洲村成立村内第一个体育指导员服务站——海洲元君青松太极社会体育指导员服务站。服务站有体育指导员60多名，日常主要带领群众习太极、耍硬拳。截至2017年，先后挂牌成立6个社会体育指导员服务站点，拥有3000多名经过专业训练并考取国家体育指导员资格的成员。

【全民健身活动】 古镇半程马拉松公开赛 2017年4月23日，古镇镇举办首届古镇半程马拉松公开赛，共吸引来自全国各地超过3500名跑者参加。赛事分为半程马拉松（21.0975公里）、十公里跑和欢乐跑（6公里）三个组别。半程马拉松从人民广场出发，经过东兴东路、华庭路，最后返回终点人民广场。经过激烈的角逐，来自深圳的跑者孙志强以1小时9分钟33秒获得半程马拉松男子组冠军，张晓娟以1小时27分钟19秒获得女子组冠军。

其他体育赛事 5月20日，由中国武术协会段位制（中山）考试点主办，古镇镇体育运动委员会、镇青少年体育俱乐部承办的2017年"中国体育彩票杯"段位考评暨第二届武术精英赛在镇体育馆举行，来自中山市内及周边市镇的25支队伍、347名选手参加比赛。

8月5—6日，由广东省体育局主办、广东省社会体育中心和古镇镇体育运动委员会承办的2017年广东省"中山花木城杯"武术套路（传统项目）锦标赛在古镇体育馆举行。赛事吸引了来自全省228支武术队伍、3000多人参赛。比赛分为男女高中组、初中组、小学组，男女青年组及男女成人组，共进行少林拳、螳螂拳、鹰爪拳、太极拳、南棍、双刀、太极剑、集体器械等18个项目的角逐。

8月6日，由中山市禁毒协会古镇分会主办，古镇镇体育运动委员会协办的2017年中山市"无毒青春，健康生活"全民禁毒活动暨"上派杯"羽毛

2017年4月23日，首届古镇半程马拉松公开赛现场

（镇体委供图）

球决赛在中山市中羽体育俱乐部举行。比赛共有356人报名参加,分青少年组、成年组、政府邀请组、企业邀请组等7个项目进行。

8月8日,古镇镇举行第十八届"体育节"启动仪式暨古镇镇社会体育指导员技能大赛,太极拳、太极剑、健身舞、气功、武术和女子舞龙等表演队进行了精彩演出。

9月8日,广东省第二届"荣耀杯"篮球公开赛在古镇体育馆举行,来自中山、顺德、江门等地的16支队伍展开对决。本次球赛是中山市奖金最高的民办篮球赛,总奖金超过10万元。经过两周近30场比赛后,信诺集团鸿力物流成为冠军,独揽5万元奖金。主办方将决赛的门票收入捐给"中山市星希望儿童训练中心"购置教学和儿童体育用品,助力提高自闭症儿童的教学质量。

【体育设施建设】 2017年,古镇生态湿地体育公园完成群众体育场地的建设,新增室外运动场地约70亩(包括中心滨河龙舟赛场、健身步道和绿道等)。同时在曹一公园、海洲全民健身广场、六坊村健身广场等增设儿童活动设施,更换古镇全民公益园及海洲全民健身广场的残旧户外篮球架,满足群众日益增长的娱乐、休闲、健身需求。

【体育竞赛成绩】 2017年,古镇镇体育竞赛获得一系列荣誉,包括中山市"体育彩票杯"青少年击剑锦标赛乙组团体总分第一名,中山市首届健身气功表演大赛一等奖,中山市"体育彩票杯"第五届镇区男子篮球联赛第二名,中山市"体育彩票杯"小学生篮球(乙组)锦标赛女子组第二名,中山市"体育彩票杯"青少年跳水锦标赛乙组团体总分第二名,中山市"体育彩票杯"青少年摔跤锦标赛乙组团体总分第三名,中山市"体育彩票杯"青少年击剑锦标赛丙、丁、戊组团体总分第三名,中山市"体育彩票杯"青少年举重锦标赛丙组团体总分第五名,中山市"体育彩票杯"青少年柔道锦标赛乙组团体总分第五名,中山市"体育彩票杯"青少年举重锦标赛乙组团体总分第六名,中山市"体育彩票杯"青少年田径锦标赛乙组团体总分第六名,中山市"体育彩票杯"小学生篮球(丙组)锦标赛女子组第六名,中山市"体育彩票杯"青少年跳水锦标赛丙组团体总分第四名,中山市"体育彩票杯"幼儿体操锦标赛团体总分第六名。

【国民体质监测】 2017年11月,古镇镇在体育馆广场举行国民体质监测活动,免费为群众进行体质测试。监测对象主要为20—69周岁的群众,监测项目主要分为身体形态、身体机能、身体素质三大方面,包括身高体重、脉搏心率、肺活量等20项体能检测。所有项目检测完毕后,经过电脑综合分析,受测者现场就可以获得一份国民体质综合评定报告和综合锻炼的指导报告。报告将显示受测者的体质综合评分和等级、身体各项指标和水平,并根据受测者的个人体质量身打造一份"运动处方"。本次监测活动共吸引200多名群众前来参加。

【五人龙舟公开赛】 2017年11月5日,由古镇镇工商业联合会(商会)、古镇镇体育运动委员会联合主办、中山市荣耀竞技传媒有限公司承办的2017年古镇镇"利和广场杯"五人龙舟公开赛正式拉开帷幕,来自古镇镇及周边市镇的110支队伍参与角逐,最终来自公开组的102号船广东梁田电器2队夺得第一名,而镇内组第一名则由28号冈南1号船夺得。

(李振飞)

社会民生
PEOPLE'S LIVELIHOOD

人力资源和社会保障

【人力资源和社会保障概况】 2017年,古镇镇养老保险参保人数66438人,基本医疗保险参保人数109925人,实现100%参保的目标。新增就业2039人,失业再就业497人,成功创业6490人;全年举办81场现场招聘会,包括春季公益招聘会、"3·28"高端专场招聘会、应届毕业生招聘会、周末公益招聘会,服务企业约943家,提供招聘岗位约16009个,服务求职者约8348人,接收简历408份。全年组织608人参加技能晋升培训,其中564人参加高新科技培训,74人参加摄影、西点、成人教育培训。"古镇人社"公众号囊括人社资讯、求职招聘、办事指南3个大类,关注人数达1979人。中山市人力资源和社会保障局古镇分局(简称"镇人社分局")驻中山市古镇镇东兴东路3号2号楼。

【就业创业】 2017年,古镇镇新增就业2039人,失业再就业497人,成功创业6490人。其中灯饰学院带动了50名大学生创业。在全市范围内率先建成青年创业孵化基地,全年共孵出企业5家,在孵企业数14家,带动就业人数70人。培训就业指导中心长期提供免费公益橱窗招聘求职服务,共服务企业510家,每天吸引100人左右查看招聘信息。实现公共就业服务体系向农村延伸,全镇12个村人力资源社会保障服务站100%覆盖,形成镇、村二级公共就业服务网络。

【技能人才培养】 2017年,镇人社分局共组织608人参加技能晋升培训,实现学员100%主动报名参训,技能鉴定考试通过率达94%以上。基于古镇产业结构的特性,高新科技(含中、高级计算机辅助设计、计算机办公软件、计算机图形图像处理)培训班仍是热门报名课程,共招生564人。为适应市场需求,加快人才培养的步伐,培养多方面人才,增设摄影班、西点班和成人教育班,共招生74人。

【社会保障体系】 2017年,全镇养老保险参保人数66438人,基本医疗保险参保人数109925人,实现100%参保的目标;办理退休手续1147人,核发镇补充医疗保险报销待遇共218宗,涉及金额550万元;办理重大疾病补充医疗保险待遇191宗,涉及金额484万元;办理退休死亡退保293宗,涉及金额914万元;办理新生婴儿补缴基本医疗保险367宗;变更退休人员资料246宗;领取城保退休待遇共1731人,平

2017年12月1—3日,镇人社分局在古镇全民公益园举办周末招聘会,图为招聘会现场

(镇人社分局供图)

均待遇2407.04元；领取农转城待遇共11750人，平均待遇1611.88元。为方便群众办理业务，减轻窗口办理业务压力，镇人社分局大力推行网上办卡功能和终端机出具参保证明功能，已办社保卡9557张，出具参保证明1837份；受理工伤案件306宗，其中25宗不予受理，认定252宗，工伤认定数同比减少10%；安排劳动能力鉴定193人次；发放工伤待遇234宗，同比增长24%，涉及金额153万元。

2017年5月1—31日，镇人社分局联合镇工会、工商联等部门开展构建和谐劳动关系宣传月活动，图为活动现场

（镇人社分局供图）

【职工权益保障】 2017年，古镇镇坚持日常巡查与专项监察相结合，加大劳动执法力度，扩大劳动监察巡查面，全年共检查企业1701家次。3月，开展清理整顿人力资源市场秩序专项行动，检查相关机构或用人单位25户，未发现违法违规行为。4月，开展全镇企业劳动用工专项检查，共查企业199家（无照73家），涉及劳动者1918人，下发劳动保障监察书面材料审查通知书50份。5月，镇人社分局联合镇工会、工商联等部门开展构建和谐劳动关系宣传活动。7月，对镇内建筑业企业工人工资分账管理实施情况开展专项检查工作，检查单位12家，涉及工人1270人。9—10月，开展企业工资支付情况专项检查，检查用人单位65家，涉及1074人。严格规范工资支付行为，监督指导企业建立工资支付台账，向建筑施工单位推广新修正的《广东省工资支付条例》，帮助建立实名管理制度和工资专户管理制度。依法严肃查处欠薪行为，及时妥善处理欠薪群体性事件，有效维护和谐劳动关系，全年处理欠薪群体性事件141宗，其中欠薪逃匿事件38宗，涉及233人、195万元，拖欠工资事件103宗，涉及2685人、7774.2万元，立案31宗，责令改正12宗，移交公安处理9宗，行政处罚案件4宗，共处罚金额4.9万元，执行到位率95.9%。共设企业、村（居）级调解委员会41个，受理劳动争议案件966宗，涉及1750人、1954.16万元，调解成功897宗，调解成功率达92.86%。其中古镇镇劳动争议调解委员会被评定为全省劳动争议调解综合示范单位，曹三村劳动争议调解委员会、海洲村劳动争议调解委员会、中山市华艺灯饰照明股份有限公司劳动争议调解委员会、欧普照明电器（中山）有限公司劳动争议调解委员会被选定为中山市劳动争议调解市级综合示范单位。仲裁委员会突破案多人少的压力，共受理劳动争议案件265宗，涉及377人、1748万元，调撤率50%，法定审理期间内结案率84.34%。

（叶炎广　潘晓华）

计划生育

【计划生育事业概况】 2017年，古镇镇常住人口总量153360人，其中户籍人口79244人，流动人口88169人；户籍人口出生1645人，同比增加537人，政策生育率为99.76%，同比上升2.92个百分点；流动人口出生1307人，同比减少29人，政策生育率为98.16%。全镇免费优生健康筛查总数为620对，已建卡数587对，建卡率为94.68%，其中流动人口孕情建卡18对；户籍人口出生性别比为105.37。

【计划生育基层工作】 奖励优待 2017年，古镇镇卫生与计划生育中心（简称"卫计服务中心"）为全镇107名0—14周岁独生子女父母发放奖励金15080元，为13位独生子女伤残、死亡家庭扶助对象发放特别扶助金97900元。全年开展计生药具服务宣传走进村（居）、小区、工地等活动179次，派发避孕套374084只，内外用避孕药380盒。分别为587对夫妇提供孕前筛查，为242对夫妇提供产前筛查。

科学育儿 2017年，卫计服务中心定期对辖区内0—3岁婴幼儿开展摸底工作；推进辖区婴幼儿测评，设计相应分析表，对全镇婴幼儿四项基本功能进行统计分析；利用镇科学育儿基地，聘请深圳早教专业教师为婴幼儿家庭开展科学育儿家长大课堂和亲子活动；组织辖区村级科学育儿专职工作人员进行测评培训；组织镇村两级相关工作人员参与科学育儿亲子课程及测评培训。全年共组织开展科学育儿亲子活动12场，共620户家庭参与活动；科学育儿父母大讲堂3场，共842人参加活动；组织辖区婴幼儿参与成长阶梯测评5470人次，科学育儿师资培训5次。

特别扶助 认真落实计生基层群众自治工作，扎实开展计生志愿服务和结对帮扶工作，在元旦、春节、中秋期间慰问2650名计划生育困难群众，涉及慰问物资73.6万元，其中有36名困难流动人口。

【计生宣传教育】 古镇镇制作计生政策、避孕药具、优生健康检查、科学育儿类等宣传品15种，开展相关系列主题宣传活动28场，开办新婚类、生殖健康类、政策法规类培训班85期。卫计服务中心在古镇医院设立母子健康建册点，组织专人开展建册工作；利用镇电视台、《灯都古镇》报、镇政府微信公众号等宣传媒介对妇幼保健计划生育相关服务工作进行广泛宣传。

【流动人口计划生育服务管理】 古镇镇免费为辖区3009名流动人口提供妇科普查普治服务，镇、村两级先后开展25场流动人口社会融合方面的宣传活动，共有7500余名育龄群众参与；为990名流动人口积分加具计生意见。在镇内流动人口较为集中的同益工业园建设古镇镇流动人口社会融合示范基地。同益工业园流动人口计生协会被确定为青春健康项目示范点教育阵地。

【信息管理工作】 强化"全面两孩"政策实施情况跟踪与检测工作，对"全面两孩"实施情况进行动态检测和分析，加强对出生人数、自增率、出生政策符合率、出生性别比等重要指标的监控，及时预报预警可能出现的风险。组织镇、村两级156人参与数据清理清查活动，共核对卡册81692个，更新完善信息卡12312个，新建信息卡5559个，标记离开14304人，提交业务通报信息28条；活动期间，共派发计生宣传资料约15000份，印制宣传小册子约15000册。

【古镇镇妇幼保健计划生育服务中心】 2017年8月17日，古镇镇妇幼保健计划生育服务中心挂牌成立，旨在全面落实国家、省、市"妇女发展规划""儿童发展规划"（以下简称两个规划）和卫生强市、强镇主要指标，力争到2018年卫生强市、强镇妇幼指标达标率为孕产妇死亡率降至0.1‰以下、婴儿死亡率降至3‰以下、孕妇产前检查率达98%以上、新生儿疾病筛查率达95%以上，2020年"两个规划"卫生计生指标达标率达95%以上。古镇镇妇幼保健计划生育服务中心设在古镇镇政府第二办公区3号楼3楼，共配备14名专业人员，为建册、随访、医生、信息等相关工作提供组织保障。随访服务自10月正式开展，截至12月共为862名产妇建册。

（彭昌祥）

民　政

【民政工作概况】 2017年，古镇镇围绕"改善民生"和"创新社会治理"两大重点，稳步提高困难群众基本生活保障水平，健全以村民自治为基础的农村社区治理机制，扎实推进优抚安置和双拥工作，稳步搭建养老服务体系和做好残疾人、减灾救灾工作。2017年，政府购买社会工作的服务资金达400万元，另投入近2000万元打造集社会工作服务中心、文化中心、社区学院于一体的全民公益园。

2017年古镇6家社工机构及其主要服务领域情况表

机构名称	运营项目/服务内容
广州市北达博雅社会工作资源中心	运营古镇全民公益园社工中心
中山市清风自由人社工服务中心	社区禁毒
中山市毅行社会工作服务中心	亲子教育、自然教育及城乡互助活动
中山市心晴社会工作服务中心	运营同益社工服务中心
中山市真爱社会工作服务中心	家庭及儿童领域的辅导、咨询服务
中山市益善社会工作服务中心	校园安全教育，普及环保意识

【社会组织管理】 截至2017年12月底，古镇镇已进行法人登记和备案登记的社会组织有146个。古镇镇以社工中心为依托，建立入驻组织管理制度，进一步推动提供平台、资源链接、公益传播等工作的开展，目前累计培育超过11个社会组织。全年有54个组织申报公益创投项目，递交申报书75份，与第一届善治灯都创新公益大赛对比，项目征集数量增加了53%。最终有2个项目（"宜宾商会巾帼禁毒先锋队——让爱回家"及"太极，你我同行"）入围中山市最强公益电视决赛，并双双获得银奖。两届公益创投项目共开展1470场公益服务活动，服务超过88530人次。

【社会工作】 古镇镇于2015年引进专业社工机构——广州市北达博雅社会工作资源中心，负责运营全民公益园社会工作服务中心和同益工业园的社工服务中心，为新老灯都人提供专业服务。2017年，同益工业园推出企业社工试点，实现社工、义工、企业工会联动的创新局面。古镇镇有社会工作服务机构6家；持证社工200人，其中初级160人，中级40人。

【老龄工作】 2017年，古镇户籍人口中60岁以上的长者为13650人，其中高龄老人1888人，失能老人56人，残疾老人222人，困难老人7人，空巢老

2017年9月28日,第九届灯都长者文化节"庆中秋·迎重阳"特色菜肴烹饪大赛活动现场

(古镇镇摄影协会供图)

人56人,独居老人33人。老年人事业的财政投入超过195.6万元,比2016年增长46.6万元。其中,居家养老服务项目投入35万元,高龄津贴投入96万元,老人文化节及老人运动会投入5.9万元,重阳节慰问活动投入10万元,银铃安康活动费用投入3.7万元,60岁以上老年人乘车补贴45万元等。

古镇镇组织专人深入摸底调查辖区老年人的基本情况,对长者的需求进行了详细登记和综合分析。积极实施"关爱老人工程",推进"银铃安康计划",为全镇13412名60周岁以上老人购买"银铃安康"服务,为80周岁以上老人购买意外保险,突破了65岁以上老年人难以购买商业人寿保险的年龄限制,全面参保总人数达16423人次,覆盖率达122.45%。投入100万元为65周岁以上的老人免费安装关爱铃,由6名工作人员对服务平台进行日常的运营及维护。全年向全镇80岁以上高龄老人发放政府高龄津贴21394人次,合计959940元。为老年人提供家庭医生签约服务,全年共签约3484人;组织镇、村两级开展老年人健康讲座18场,受益老年人达2460余人次。

全镇大力开展居家养老服务,开设长者课程和各种文娱活动等,全镇近1.5万名老人受惠。由社工机构提供的居家养老服务惠及老年群体超过4935人次,由社区卫生服务站提供的老人健康服务和宣传活动已服务超过2500人次,而由家政公司提供的钟点照料、24小时照料服务已超过9698小时。

全镇13个村(居)均已成立基层老年协会,覆盖率达到100%。10月,举办2017年第九届灯都长者文化节"庆中秋·迎重阳"特色菜肴烹饪大赛,超过300名长者参与活动;现场还举办了丰富的长者嘉年华游园活动,设置关爱铃、预防老年退化、老年人政策的宣传摊位,旧衣物发放回收摊位,并邀请古镇医院、美容协会为长者义诊、义剪。10月23—27日,发动各村(居)举办11场千叟宴;依托公益园平台培育社会组织开展老年服务,如培育太极拳协会为长者定期教学,培育华艺义工队等开展入户安装灯具,支持海洲启创社工机构开展专业社工长者服务等。

【区划地名管理】 2017年5月,按照《广东省民政厅转发民政部全国勘界工作办公室关于做好排查并妥善处置边界纠纷隐患工作的通知》要求,古镇镇成立"平安边界创建工作领导小组",安排专人负责区划地名工作,结合年度界线联检、界桩更换、平安边界创建考评工作,全面梳理边界纠纷隐患。9月,配合中山市开展第二次全国性地名普查登记工作,古镇社会事务局联合各村

（居）全面开展第二次地名普查复核工作，对涉及行政区域、群众自治组织、居民点等12类的3719个地名词条进行资料补充和复核。

【优抚安置】 2017年，古镇镇在做好节假日慰问、探访工作的同时，调整提高对烈属、现役义务兵家庭的优待金和对士官的生活补助，向8名烈属和58名现役义务兵的家庭每月发放优待金2520元，对13名士官家庭每户每月发放生活补助金1260元，全年共发放224万多元。为200多名重点优抚对象发放优待金和基本医疗保险个人缴费补近52.26万元。通过帮扶政策为优抚对象解决困难问题，特别是医疗问题，协助申请医疗补助和医疗特别救助，组织重点优抚对象参加免费体检。

【"双拥"工作】 2017年，古镇民政局共接收28名退役士兵，发放一次性补助金1777707.36元，为29名获优秀士兵称号的退役士兵（含2016年）发放奖励金，组织发动退役士兵参加短期技能培训、读书进修。建立以镇党委书记刘建辉为组长，副书记林少杰为常务副组长，副镇长杨荣超为副组长的复退军人服务体系建设工作协调小组，在古镇镇全民公益园社会工作服务中心一楼成立复退军人服务工作站，配备专职人员2名。

【慈善事业】 2017年，古镇镇慈善会共筹集善款近1.7亿元（慈善万人行活动筹得2202万元），全镇13个村（居）的扶贫助学基金超过5700万元。开展村（居）老人重阳节慰问、春季扶危济困等慰问活动，共募集慈善资金212万元对困难群体进行帮扶慰问。至年底，镇慈善会发放临时救助金共92万元，为200户困难家庭提供救助。镇慈善会2017年认捐认种生态湿地公园大树约1000棵。

【救灾救济】 2017年，全镇共有低保困难户124户217人，发放困难救助金1117616元、各类医疗救助金484626.03元。有农村"五保户"11户12人，"三无"人员3人，发放镇级生活补助每人600元/月，同时"三无"人员每人发放市级生活补贴1434元/月，全年合计发放补助159624元。2017年古镇镇修订《古镇镇村（居）民困难群众救助制度实施办法》，对第一类困难群众救助标准调高至低保线的1.5倍。全年共有84名残疾人享受最低生活保障，农村残疾人全部参加农村新型合作医疗。向172名贫困残疾人发放生活津贴30.96万元，为360名重度残疾人发放护理津贴851400元。全额减免全镇困难精神病人住院及医药费用自费部分，全年支出726260.94元。为192名重点优抚对象每人发放优待金200元/月，合共发放2709260元。

制定《古镇镇社会事务局突发事件应急预案》，并成立民政系统应急工作领导小组。将敬老院办公楼一楼作为救灾物资储备仓库，配备被服类、安置类、装具类和装备类救灾物资，追加年度预算17万元用于救灾物资储备仓库，2017年采购总价值15.5133万元的被服类、安置类、装具类和装备类救灾物资。台风"天鸽"来袭期间，开放避护场所29个，安置人员134名，发放救灾物资折款2.425万元。台风"帕卡"来袭期间，开放避护场所34个，安置人员297名，发放救灾物资折款4.845万元。

【临时困难救助】 2017年，古镇镇共对24户家庭发放临时救助金84100元。其中，为因病而导致基本生活暂时困难的20户家庭发放临时救助金

66300元，为因就学而存在暂时困难的1户家庭发放临时救助金3000元，为因客观原因而存在暂时困难的3户家庭发放临时救助金14800元。

【困难居民重特大疾病医疗救助】 从2017年9月1日起，中山市最低生活保障对象、低收入家庭成员、特困供养人员三类收入型贫困医疗救助对象在定点医疗机构住院（含特定病种门诊医疗）产生的费用，按规定享受社会医疗保险待遇后，自付费用部分市级重特大疾病医疗救助资金救助比例作出调整：20000元（含20000元）以下的，由救助70%提高到80%；超出20000元的部分，由救助80%提高到90%。自然年度内对同一救助对象累计支付救助金额不超过20万元。2017年古镇镇共救助39人次，发放救助金额104173.5元。

【"五助"工作】 从2013年起，古镇对困难家庭实施"五助"：助困、助业、助医、助学和助居。为10户存在"住房困难"的家庭每月发放500—1500元不等的住房津贴；为12户存在"住房困难"的水上居民每月发放400—1000元不等的住房补贴，全年共发放88800元。通过旨在帮助困难群体圆住房梦的"和美安居"计划，31户困难家庭完成拆旧重建，入住新居。向515名重度残疾人发放家庭护理补贴共123.6万元，为16名贫困残疾人实施居家无障碍环境改造，为64名贫困残疾人提供居家康复服务，购买4个爱心超市公益岗位，为残疾人提供就业训练、社会适应锻炼。为224名贫困学生提供助学金额268.8万元，安排困难家庭失业人员就业58名，72户家庭实现脱贫。

【村社区建设】 2017年，古镇镇共有行政村12个，居委会1个，13个村（居）选举共产生1062名村（居）民代表、64名监督委员会成员、154名社区建设协调委员、34名村（居）特别委员。

【殡葬事业】 根据《关于开展2017年全省殡葬改革宣传活动的通知》（粤民发〔2017〕46号）文件精神，古镇镇开展"深化殡葬改革，推动移风易俗"宣传活动，全面加强文明殡葬新风宣传，营造有利于殡葬改革的良好氛围。

【婚姻登记】 2017年，古镇镇共办理结婚登记384对，离婚登记134对。从5月开始，古镇镇婚姻登记处引入社会工作专业力量，开展婚姻家庭辅导。为有效预防和化解婚姻家庭纠纷，维护家庭稳定，镇妇联、社会事务局、综治办、司法所等部门联合成立中山市婚姻家庭纠纷人民调解室，办公室设在古镇镇婚姻登记处内。2017年7月28日，中山市婚姻家庭纠纷人民调解室正式揭牌。

【同益工业园社工中心】 2017年，古镇镇同益工业园推出企业社工试点，实现社工、义工、企业工会联动的创新局面。通过统筹强化公益园建设，社工中心发挥顶层设计功能，引导社工协助政研，搜集民情，承担协助党委、政府完善古镇镇社会服务体系的职责，发挥社会工作者政策号召的功能。截至2017年12月，古镇镇全民公益园社会工作服务中心直接服务居民14233人次，回应家庭亲子教育、青少年课业辅导、长者健康及情绪支援等需求，居家探访（困难家庭、残疾人、独居老人）205人次；个案跟进32个，个案服务250多人次；开展发展性小组、支持性小组及预防性小组共3个，服务250人次；开展社区活动、恒常活动、团康活动、社会组织联动活动及工作坊等41场活动，服务8256

人次；培育社区志愿者骨干及社会组织代表274人次；社会工作服务中心接待来自国内的专家、同行参观20次，达430人次，恒常开放累计接待13000人次。

（袁燕婷）

流动人口管理

【流管人口及出租屋概况】 2017年，古镇镇有流动人口79684人，办理居住证35028张，办理儿童随行卡6016张；登记备案的出租屋4619户；代征出租屋租赁税6666.54万元，其中商铺及厂房税收6429.84万元，住宅税收236.70万元；受理流动人员积分入学入户入住公租房申请1835人次，其中1280名流动人员子女获得入读公办中小学一年级资格，37名流动人员获得积分入户资格，2人获得承租公租房。古镇镇流动人口管理办公室（简称"镇流管办"）驻中山市古镇镇东兴东路政府第二办公区2号楼3楼。

【出租屋管理】 镇流管办扎实进行出租屋日常巡查管理，坚持"以屋管人"原则，积极探索、创新流动人口服务管理模式，做到"人来登记，人走注销""底数清，情况明，信息准，管理实"，以实现"房屋100%备案、人员100%登记、隐患100%发现、问题100%整改"目标。同时，全面落实居住证制度，突出"以证管人"，全年办理居住证35028张，同比上升36.32%。全镇出租屋实行网格化管理，以村属地划分区域，把服务、管理纳入网格中，将出租屋按大、中、小网格科学规划，分1个大网格（服务中心）、12个中网格（12个服务站）和若干个小网格（各驻村协管员责任区域），由各协管员对责任区域内出租屋和流动人员进行信息登记、日常巡查、消防检查及政策宣传等工作。2017年累计巡查出租屋29376户次，反馈计生嫌疑信息98条，确定属实48条；反馈违反治安嫌疑信息117条，确定属实81条；反馈安全隐患嫌疑信息115条，确定属实74条。同时，按照"谁出租谁负责，谁主管谁负责"原则，明确出租人的责任，镇流管办与出租屋主签订安全责任书7000余份，备案登记出租屋共4619户，同比增加2.12%。

为做好出租屋租赁税的缴纳工作，2017年4月开始，镇流管办从驻村协管员中抽调3名业务能手到地税分局协助追缴历年欠税，通过上门核查、

2017年古镇流动人口与出租屋统计表

类型 年份	流动人口（人）	办理居住证（张）	出租屋登记备案（户）	代征税收（万元）	积分制受理（人次）
2017年	79684	35028	4619	6666.54	1835

2017年1月11日，古镇镇党委委员周锦添（前）带队检查冈东村出租屋
（镇流管办供图）

打电话、发短信等方式，通知房东或承租方缴纳拖欠税费。7月，成立催税工作督查组，抽调工作人员分时段到各村服务站（村治保会）代征出租屋（住宅）税。

【流动人口服务】 古镇镇充分利用行政服务中心一楼LED电子屏幕宣传平台，播放消防、禁毒、积分制等公益宣传片；在镇12条村召开12场出租屋主会议，宣传各类安全防范知识及法规政策，督促出租屋主或者管理员落实消防主体责任。3月4日，在曹三村同益工业园召开积分入学入户现场咨询会，为流动人员解读积分政策。3月24日，协助古镇镇团委在镇全民公益园内开展2017年"学雷锋"青年志愿者为你服务集市，为流动人员提供居住证、出租屋备案登记回执、儿童随行卡等业务的咨询服务。5月，配合镇教育事务指导中心、水利所等职能部门，结合留守儿童排查登记工作，到各出租屋开展夏季防溺水安全宣传教育活动，派发资料2000余份。

【流动人口环境整治】 镇流管办多措并举优化流动人口环境。联合公安、安监、消防、村委等部门组成检查组在全镇范围内开展出租屋综合专项整治行动及夏季消防安全排查工作，累计出动协管员6106人次，检查出租屋4553户，排查"三合一"出租屋35户、板间房出租屋19户，发出隐患告知书112份，落实整改112户，与房东、承租人各签订中山市出租屋消防安全承诺书4562份、33907份，与承租人签订未成年人消防安全监护告知书3803份。全年累计派发消防宣传资料3800份，张贴宣传海报1200张，悬挂横额标语33条。

【流动人员积分制】 从2016年12月30日至2017年4月15日，镇流管办共受理流动人员积分制申请1835人次，其中申请入户37人次，申请入读小学一年级1126人次，申请入读初中一年级737人次，申请承租公租房2人次，最终630名流动人员子女获得入读公办中学一年级资格，650名流动人员子女获得入读公办小学一年级资格，37人成功入户，2人获得承租公租房资格。

【百佳评选】 按市流动人口办相关文件要求，镇流管办积极引导和鼓励广大流动务工人员参与"同是中山建设者"百佳评选活动，提高广大流动人员在古镇镇务工、创业的归属感和荣誉感。全年计有杨月贵、郭木池、韦敏华3人获得表彰。

（黄　琳）

民族与宗教事务

【民族宗教概况】 2017年，古镇户籍登记在册少数民族共15个，约320人，其中壮族同胞人数最多。古镇民间庙宇共15座，其中海洲天后庙、曹三观音庙、古二洪山公、冈南洪圣殿等香火较为鼎盛，尤其是曹三观音庙，农历初一十五、观音诞等节日，吃斋拜神信众非常多。到民间庙宇拜祭的主要是本地村（居）民。

【民族工作】 2017年，古镇镇在上级部门的指导下，开展"民族团结、宗教和睦"系列宣传活动，进一步加强民族宗教法规的宣传与学习。积极组织人员参加市相关部门的培训学习活动，支持民族人士、宗教团体开展慰问、义诊、帮困、助学等多种多样的慈善活动。

【宗教工作】 2017年，古镇镇对全镇15处民间信仰和宗教活动场所开展安全检查，发现问题并及时进行整改，保障了全镇宗教场所依法安全有序开展活动。同年，对存在于古镇的3处非法宗教活动场所进行查处，维护镇内宗教总体平稳。

（邓满林　袁钰嫦）

社会建设

【社会建设概况】　2017年，古镇镇社会事务局（简称"镇社会事务局"）通过升级完善星级社区服务中心（站）规范化建设，全镇22个社区服务中心建立起一体化便民利民服务平台。社会工作委员会（社工委）总结出古镇镇社会治理的GCP模式，并召开第一届特色小镇社会善治研讨会。镇社会事务局借助公益园社工中心创立的智库中心平台，梳理全镇民生福利政策汇编、开展调研2次，为古镇社会建设和社会管理创新工作提供智力支持。

【基层自治建设】　在村（居）换届选举中，制定《古镇镇村（居）务监督委员会成员待遇执行标准》，进一步明确村（居）务监督委员会办公场地、衔牌、印章、人员经费、工作机制等方面建设。实施《古镇镇村民代表履职考评办法》，完善村民代表的管理监督机制，提升村民代表的责任意识和履职能力，进一步健全利益相关方参与决策机制。

【社区建设】　2017年，古镇镇社区公共服务中心已在全镇各村（居）全覆盖，其中海洲村有1个中心、8个服务站。通过升级完善星级社区服务中心（站）规范化建设，建立社区公益实践、生活服务、文体活动于一体的便民利民服务平台，最大限度团结凝聚各方力量，增强农村基层民主管理实效。制定《古镇镇星级社区服务中心建设绩效方案》，通过每月定期抽查、窗口评价及年终考核三项内容，促使全镇22个农村社区服务中心及服务站达到星级服务的标准。

整合同益公共服务中心资源，打造一站式服务，采用"行政审批服务+社区综合服务"的模式，成立"古镇镇同益园区服务管理中心"，以此推进同益工业区行政事务一站式服务（内容包括综治流管、综合执法、公共安全、计划生育、医疗卫生、劳动就业、法律维权以及一系列关爱活动）。依托同益社工中心和同益园区公共服务管理中心，开展同益社区营造计划，"软硬兼施、双管齐下"，发展具有古镇特色的"三工联动"模式。同益工业园社区服务提升计划在2017年成为市民政局开展的"专业社工全民义工"第二批试点镇区。

【灯都智库】　古镇镇社会建设咨询委员会成立于2015年，由1名主任委员和12名副主任委员组成，委员实行聘任制，每届任期3年。作为阵容强大的智慧宝库，委员会承担起为古镇社会治理、社区管理和社会组织改革发展建言献策的职责。2017年，古镇镇社会建设咨询委员会的成员包括：主任委员刘小敏（广东省社会科学院副院长、省决策咨询委员会专家），副主任委员彭未名、谭建光、段华明、郑奋明、郑梓桢、孙建、段龙飞、梁士伦、申群喜、匡和平、林玉玲、关冬生。1月5日，古镇镇社会建设咨询委员会召开委员座谈会，围绕古镇社会治理开展四个课题的研究讨论："中山古镇以人民为中心的社会发展模式研究""'在地为本'：古镇镇社会政策与社区治理的实证研究""中山市古镇镇社会工作发展研究""基层社会治理现代化路径初探——以中山市古镇镇为例"，并从强化社会工作宣传、重视基层民众力量等方面提出建议。8月，召开"2017

年中国特色小镇社会善治（中山古镇）研讨会"，邀请来自北京大学、中国人民大学、国家行政学院、北京师范大学等著名院校的专家及省、市相关领导共襄盛会，以古镇社会治理为案例，为探讨"中国特色小镇社会治理"建言献策，为国家特色小镇的社会治理提供范例。

（李海棠）

物 价

【食品价格】 2017年，古镇镇食品类价格下降4%。在监测的74个品类的农副产品中，48个品类价格下降，占64.9%，26个价格上涨，占35.1%。部分水产品、水果、禽类涨幅较大；猪肉、食用油、叶菜类价格则下跌。

米油价格 大米价格与往年相比基本持平，食用油降幅明显，常见品类的花生油和调和油平均降幅达到10%。

肉禽蛋价格 猪肉价格稳中有降，降幅约6.3%。年初受需求旺季以及节日因素影响，价格一度走高；9月进入猪肉消费淡季，价格出现回落；到12月需求增加，价格回升。由于饲料及人工费用上涨，肉牛养殖成本攀升，而消费需求不减，导致牛肉价格持续高企，全年上涨约21.4%。禽类价格小幅上涨6.6%，蛋类价格基本持平。

蔬果价格 受天气、种植成本和运输费用等因素影响，蔬菜价格呈震荡走势，总体略微下降。9月台风多发，蔬菜价格持续上涨，环比分别上涨16.1%和13.7%；10月天气晴好，本地蔬菜大量上市，蔬菜价格回落明显。水果消费需求旺盛，价格小幅上涨6.7%。

水产品价格 受气候多变、人工成本和运输费用的升高影响，水产品价格上涨6%。

（陈聿轩）

村居概况
VILLAGES INTRODUCTION

海洲村

【海洲村概况】 海洲村是由原沙源、民乐、市边、红庙、教昌、北海、麒麟、显龙、华光等9个自然村合并而成的一个行政村,位于古镇镇的北部,西面与江门市荷塘镇隔河相望,北邻佛山市顺德区均安镇,东与小榄镇相连。广中江高速公路及古神公路贯穿海洲辖区,交通便利,全村总面积约15.8平方公里,户籍人口16122人,总户数3853户,是中山市最大的行政村之一。村内灯饰业私营经济兴旺发达,灯饰的生产、销售、物流运输设施配套齐全。海洲村委会驻古镇镇海兴路18号。

【经济发展】 海洲村是农业、工业、商业同步发展的新农村,2017年村集体收入13643万元,比2016年增长14.5%,股民人均分红5000元。村集体收入以物业和土地出租为主要来源。2017年,物业出租收入约9855万元,同比递增3.1%;农业已收租金约1477万元,同比递增11.2%;物业出租率达99.32%,收租率达99.03%;农业出租率99.07%,收租率达93.84%。8月,海洲村土地物业营运中心正式运营。

2017年,海洲村盘活海兴路原迎宾楼地块与"昇海豪庭"楼盘项目。后者开发土地总面积约209.95亩。1月5日,项目在广州产权交易所由万科企业股份有限公司以6.5亿元现金及返还给海洲村10000平方米商铺的条件顺利成交。项目为海洲村股民增加了每股43391元的专项分配收入。

2017年1月5日,中山市海洲置业发展有限公司股权转让项目成功交易,图为项目签约仪式

(海洲村供图)

【村两委换届】 2017年,海洲村圆满完成村"两委"换届选举工作。4月24日召开换届选举工作动员会议,4月26日推选出选举委员会,4月28日推选出100名党员代表,5月2日推选出100名村民代表,5月13日由党员代表选举产生8名党委成员及3名纪委成员,5月27日推选出3名村委成员,6月6日推选出5名监委成员。6月17日上午,新一届领导班子在海洲初级中学阶梯室召开就职宣誓会议。新一届村"两委"成员10人,其中女性3人,35岁以下1人,村"两委"交叉任职2人,高中以上学历7人。

【党建工作】 2017年,海洲村有党员519人,下设村办公室、沙源、民乐、市边、红庙、教昌、北海、麒麟、显龙、华光等10个党支部。新成立中共海洲村"两新"组织联合支部委员会,覆盖企业133家,实现基层党组织在不同人群中的全覆盖。3月31日,雷士灯饰科技有限公司召开党支部和团支部成立会议。为庆祝中国共产党成立96周年,2017年6月30日分支部举行"重温入党誓词"主题活动。党的十九大召开后,组织全体党员、工作人员集中观看、学习十九大报告,制定《海洲村学习贯彻党的十九大精神活动方案》，利用两委会会议、党支部组织生活会，全面、系统学习"十九大"精神。通过派发资料、播放标语、张贴宣传画、网络媒体报道、举办知识竞赛等方式，让十九大精神深入民心。12月20日，举办学习"十九大精神"知识竞赛，来自全村10个党支部的10支队伍围绕党的十九大报告、党章和十八届中央纪委工作报告的相关知识进行激烈的角逐，最终由麒麟党支部队伍取得总冠军。

【阳光村务】 通过在微信公众号、微博发布信息，悬挂横幅，张贴公告、通知、宣传海报，派发《海洲简讯》等渠道，确保村务公开。2017年公众号发布信息498条，古镇灯都网发布信息313条；制作"昇海豪庭"楼盘相关宣传小册子5000册，制作海洲村农用土地承包经营权确权登记颁证资料汇编小册子5000册；编制《海洲简讯》17期，其中换届选举专刊、"昇海豪庭"楼盘项目专刊、普法宣传专刊、登革热防控专刊、学习十九大专刊各一期。

【民生实事】 至2017年底，海洲村有残疾人204人，其中享受重度补贴86人，享受困难残疾补贴21人，享受残疾居家托养12人。全年用于助困、助学、奖教、奖学及抚恤慰问的费用共20.33万元。2016年10月至2017年9月低保金总额266775元，本村负担30%（80032.5元）。低保分类救助总额56700元，本村负担30%（17010元）。重特大疾病救助总额44238.57元，本村负担50%（22119.29元）。困难救助金总额448132元，本村负担50%（224066元），以上费用合计343227.79元。用好用活镇党委、镇政府成立的民生事业发展基金，对麒麟东大街、北大街道路河堤进行升级改造。工程总长度为约445米。为缓解停车困难问题，海洲村在各社区道路两旁画线，增加约500个停车位。

【综治维稳】 2017年海洲村加大人防、物防、技防投入力度，增加1000个摄录一体机和80个高清视频监控，把治保员下沉到各社区网格，增加路面见警率。村内刑事发案同比下降13.7%，治安案下降9.7%。

【文化教育】 海洲村有镇高级中学1所，初级中学1所，小学2所，幼儿园9所，民办外来工子弟学校1所，本村的学龄儿童入学率达100%。设有海洲文化中心、中山市图书馆海洲分馆、古镇社区学院海洲分院、海洲健身广场、老人康乐中心等文化文娱设施、场所，免费向群众开放。上半年发放两期免费教育报销款合计286.9万元，受惠学生1853人次。

【消防安全整治】 2017年，海洲村全年检查厂企单位3360家，发现存在"三合一"隐患871家，现场整改50家，要求限期整改782家，停电整改39家；签订安全生产责任书和消防安全承诺书3360份，签订率达100%。做好食品药品安全进社区工作，2017年度APP数据录入5049项，相比去年的2804项增长80%。

【环境整治】 海洲村以网格管理模式，组织卫生稽查员、综合执法队、社区网格员等，对道路面保洁、风巷垃圾清理、河涌保洁、市场周边卫生等进行环境卫生监督；加强"牛皮癣"巡查及清理工作，全年共清除墙上广告36142处（张），清理面积20235平方米，清拆横幅2600多条。联动社区部门人员和学校的力量，开展以清除"四害"孳生地和卫生死角为主的爱国卫生行动36次，清除孳生地共2980处，清除卫生死角 2860 处，清理垃圾 1600 吨，出动灭蚊灭鼠专业防制人员 430 人次。落实河长制，完成对村内约 11 公里的河道的疏浚，发现排污点 773 个并上报镇有关部门。加强综合执法力度，对不按照道路交通安全，违章停放的车辆发出违章通知书 5003 份，道路交通安全管理劝导单 1185 张，处理违章停放的"僵尸车"40 辆。综合执法队协同镇城管执法分局不定时对辖区内乱摆乱卖的摊档、占道经营的商铺、工业区占道摆放的路灯、接投诉处理事件等开展清查行动共计 441 次，发出整改通知书 2963 份，宣传通知约 3000 份，对情节严重、屡次重犯的发出先行保存违法证据通知书 504 份，处理违法乱倒工业垃圾共 43 宗、乱张贴 65 宗。

（袁达邦）

古一村

【古一村概况】 古一村位于古镇镇中心偏北，全村总面积约 2.5 平方公里。至 2017 年末户籍人口 1350 户、6635 人。村集体经济收入以物业出租为主，村集体拥有物业超过 50 万平方米，包括瑞丰国际灯配城、古镇车站、新兴商业城、古一名汇灯饰街、古一配件城、长尾涌市场、乐丰花园商铺、庆丰 LED 商贸广场等。近年来，古一村先后获得"广东省五个好农村基层示范村""广东省卫生村""广东省固本强基示范点""广东省建设新型农村示范点""广东省文明村""广东省群众体育先进单位""全国创建文明村镇工作先进村镇""广东省及中山市宜居示范村庄"等殊荣。古一村委会驻古镇镇古一村中心大街 2 号。

【经济发展】 面对灯饰商铺租赁价格下滑，商铺市场供需失衡的严峻现实，古一村在 2017 年全力做好瑞丰灯配城、古一配件城等物业的续租工作，通过市场调研、广泛听取各方意见，以实事求是、市场协商、统筹兼顾的原则维持了村集体物业经营的整体稳定。同期，以加大推进庆丰综合商贸广场一期 1 至 2 栋楼层的招商引资力度为契机，率先在镇内打造专业的电商平台，促进村集体经济转型升级。2017 年古一村集体经济总收入约 1.8 亿元，股民分配为 15000 元／人。

【村两委换届】 2017 年 5 月 9 日，古一村党支部召开 2017 年换届选举党员大会，选举出苏池结、苏德富、苏德堂、廖玉英、苏星能、冯润壮、苏炳森、苏焕钦等人为第七届党支部成员，苏池结为党支部书记。5 月 15 日，进行第七届村民委员会选举大会，选举出第七届村民委员会成员：苏池结、苏德富、冯润壮、苏炳森、廖玉英，苏池结为村主任。

【党建工作】 2017 年，古一村有党员 209 人，下设 1 个党支部，东方灯饰、飞胜电业党等"两新"组织设有党支部。换届选举工作结束后，围绕农村干部党风廉政建设、农村集体财务管理、土地管理及执法等方面，开展一系列培训。十九大召开后，邀请中共中山市委党校公共管理教研室主任、高级讲师林玉玲开展深入学习十九大精神专题讲课。利用多种形式广泛开展宣传，发放十九大党刊书籍约 570 多本，并以 LED 电子显示屏、村内宣传栏、微信公众号等为载体，大力宣传十九大报告精神。针对部分年轻党员经常缺席党员学习活动等情况，多次通过谈心谈话，主动了解他们的思想动态及工作生活情况。

【土地确权】 古一村从 8 月 10 日起扎实有序推进农村土地

确权登记工作，利用微信公众号、短信平台、村内宣传栏、横幅、LED信息屏等多种方式使广大村民了解确权登记颁证工作的作用和意义，严格按照确权流程操作，核实信息资料，认真查漏补缺。至2017年末，古一村完成率超过90%。

【民生实事】 古一村于2017年为921名60周岁至79周岁的老年人购买银铃安康意外保险（123名80周岁以上的老人由镇政府出资购买）。5名困难村民通过向村慈善会申请，经审核获得危房改造救助款5—8万元/户。以古一敬老院、古一小学文体广场、古一幼儿园门前广场等现有建设成果为基础，强化资源整合，完成基层综合性文化服务中心建设工作，实现现有场所的改造装修、硬件设施购置配备、软件项目完善等。

【综治维稳】 2017年，古一村已实现全方位的网格化管理网络架构，共设置4个网格，网格员20人。社会管理事件处置时间由原来平均1天一宗提升至平均30分钟一宗，实现了重大群体性事件、重大安全生产安全事故零发生，110刑事治安警情大幅下降15%。全年发案总数436宗（刑事案件192宗，治安案件244宗），破案总数126宗（刑事破案26宗，治安破案100宗），抓获各类违法犯罪嫌疑人员128人（刑事拘留26人，行政拘留2人，治安拘留80人，收戒14人，强戒6人），破案奖励金额66000元；调解各类纠纷19宗（劳资纠纷：19宗，家庭纠纷：0宗，邻里纠纷：0宗），成功调解4宗劳资纠纷，为群众讨回工资35000元。

【文化体育】 2017年，古一村发放2016—2017学年两期免费教育报销款超过182万元，受惠学生934人次；2016—2017学年度下学期，有465名（其中幼儿园学生354名、普通高中学生111名）学生符合学（杂）费补助条件。建设集宣传教育、文化娱乐、体育健身和素质提升等多功能于一体的基层综合性文化服务中心。古一小学石玉莹、刘颖诗、丁晓彤分别荣获广东省青少年毒品预防教育课件设计比赛的二等奖、三等奖及优秀奖；古一小学鼓号队荣获镇鼓号队表演（录像）一等奖，王易蓉老师和余哲恩同学荣获镇首届民乐大赛一等奖；吴苑心等同学合奏的《瑶族舞曲》荣获三等奖；郑林海、潘玮庭、郭城岐及苏颖雯荣获第三届中山市青少年气象科普

2017年5月15日上午，古一村第七届村民委员会选举大会在古一小学体育馆进行

（古一村供图）

知识大赛银奖；唐巧贤老师荣获2017年古镇镇小学英语教师学科素养大赛一等奖。在2017年广东省南粤联盟击剑俱乐部联赛中，李雨桐荣获女子重剑团体第一名，高铭荣获男子花剑个人第二名及团体第三名。古镇镇"利和广场杯"五人龙舟公开赛中，古一村1号龙舟代表队夺得镇内组第二名。

【消防安全整治】 2017年，古一村组建消防隐患排查整治工作领导小组，为辖区消防隐患排查整治的顺利开展提供了组织保障。大力开展知识宣传，利用辖区宣传栏，组织巡查员深入辖区，通过逐家逐户派发消防安全知识宣传单、小册子、张贴消防知识宣传海报等形式，在辖区内形成"人人关注消防、共筑平安社区"的良好氛围。2017年，古一村巡查员检查录入台账的单位共2724家，签订生产经营单位消防安全责任书2017份，共查出消防隐患49处，责令整改49处，发放责令整改通知书49份，整改率100%。

【环境整治】 2017年，古一村除在辖区内主干道、人流聚集地等多处地方加大创建全国文明城市宣传，还每天组织保洁队伍对村场内道路进行清洁，全面清理卫生死角、露天垃圾，聘请有资质的承包公司进行环卫作业，村场环境卫生得到明显改善。在村内多处设置多处便民宣传栏，方便村民群众粘贴招工、招租等便民信息。依托网格化管理平台，及早发现"牛皮癣"问题；加强道路综合整治，联合有关部门整治处理占道经营和占道摆放音箱、灯箱、广告牌，以及在道路沿线、房顶（楼面）违法设置户外广告等现象。年内出动260人次开展大小灭蚊行动26次，清理积水216处，未出现登革热病例。利用古镇镇创建广东省森林小镇的契机，开展石头岗绿化建设工程、龙鳞沙规划道路绿网建设工程、专业市场绿化升级工程、村场一河两岸及道路绿网升级工程等项目，鼓励村民自建住宅绿化建设。

【征兵工作】 2017年，古一村内170名适龄青年及其家长参加夏季征兵动员大会，现场有105人报名应征，最终适龄青年苏杰聪、苏富成、苏楗钊、苏嘉明四人通过体检，光荣入伍。9月8日，古一村召开2017年新兵入伍欢送会，送别四名优秀青年赴黑龙江服役。

（潘燕婷）

古二村

【古二村概况】 古二村距古镇镇政府约1.6公里，北通海洲，南连古四，西邻古三，东接古一，全村总面积约2平方公里。其中住宅0.334平方公里，工业区0.8平方公里，农耕区0.886平方公里。至2017年末户籍人口946户，村民4179人，股民3436人。古二村村集体经济收入以物业出租和房地产销售为主。2017年，古二村在古镇镇农村工作综合考评中获一等奖，荣获2017年"四好"校外辅导站先进单位，在创建"五好"关工委工作中被评为先进单位，荣获2017年度中山市古镇镇农村安全监管工作表扬单位。古二村委会驻古镇镇古二村沿河一路8号。

【两委换届】 2017年5月9日，古二村党支部召开2017年换届选举党员大会，选出林德明、林锦安、林荣根、林彩玲、林伟洪、林伟添等人为第七届党支部成员，其中林德明为党支部书记。5月24日，古二村在古二小学举行第七届村民委员会选举大会，林锦安当选村主任，林荣根、林彩玲、林伟添当选为第七届村民委员会成员。

【经济概况】 古二村拥有物业超过16.8万平方米,主要有汇盈大厦、翠盈明珠花园、顺成楼、顺发楼、顺兴楼、古二灯饰广场、顺康园、顺昌楼、裕盈商厦、顺景工业小区和古二市场。2017年,古二村集体收入合计4570多万元,其中租金收入为3786万元,直接股份分红每股5000元。

【村居建设】 2017年,古二村完成东裕路107亩商住建设用地的清苗和招拍工作。配合镇创建广东省森林小镇的中心工作,投资约230多万元启动一河两岸第一期改造工程——永昌北街(学校路段)改造。完成887户的土地确权登记工作,占894户的99%。落实河长制,成立古二村河涌治理领导小组,每月村两委到所属管辖的河段进行巡河,做好相关记录,将发现问题第一时间反馈上级相关部门进行处理。做好各项宣传工作,在村宣传栏粘贴党务财务工作,定期更新。在"阳光古二"公众号、报纸发布村内最新动向,全年共发布信息106000多条。在村的公共场所设置宣传专栏,悬挂学习十九大精神横幅,切实开展"学习贯彻落实党的十九大精神"宣传工作。

【民生实事】 2017年,古二村为村民参加城乡居民门诊基本医疗保险的缴费金额支出2290621.15元;每月为年满18岁的股民发放社保补贴300元,全年年支出7846200元;以上支出合计10136821.15元。继开展体检报销福利以来,全年参加体检的村民有980人,报销费用38.9万多元。充分运用村的帮扶基金,2017年帮扶210人次,支出39万多元,结存124万多元。定期检查和维护公共设施、健身器材等,对村场内道路、绿化、路街灯、下水道、停车位、健身器材等进行维护修补。丰富村内老人生活,在银泉酒店以饮早茶方式举行老人生日会,一年两次。重阳节当天早上在康颐园举办重阳茶话会,并派发慰问金。

【综治维稳】 2017年,古二村总发案51宗,其中刑事发案6宗、治安发案45宗,较2016年有所下降。多次组织治安队伍突击涉黄、涉赌街道整治工作,高强度布控"黑点、盲点"整治,开展清查行动25次,清查涉黄场所12间、涉"老虎机"士多店5间,抓获涉黄人员20余人。全村划分为4个网格,建立专门的网格化办公室,配备专门的网格化信息员及网格员63名、网格化手机40台。全年通过网格信息平台共采集、办理业务20000多件,上报处理事件34件。

【党建工作】 2017年,古二

2017年9月14日,中央党校教授肖立辉、南开大学周恩来政府管理学院教授王星等专家、领导到古二村参与调研网格化工作

(古二村供图)

村有党员116名,其中预备党员2名;共有6家"两新党建企业",年内新增利得尔照明有限公司和鑫达五金冲孔网厂两家。全年共召开13次支部会议,每月坚持召开党支部民主生活会议,推进"两学一做"学习教育常态化、制度化,提高党员综合素质。开展党员约谈工作两次,约谈党员13名。动员两名党员成功将党籍迁出至工作单位或户籍单位。经党员大会表决,同意一名党员退党。党员按时缴交党费率达100%,未出现拖欠党费现象。十九大召开后,利用多种形式大力宣传十九大精神,向党员、村内两新党支部发放十九大党刊书籍550多本,组织党员撰写学习心得78篇。

【消防安全整治】 2017年,古二村共排查1381家企业,签订责任书1381份,其中"三小"场所645处。责令限期整改7家,已全部整改完毕。张贴海报100多份,发放宣传手册200多本,加大对厂企员工的消防安全宣传教育。组织企业法定代表人、消防安全管理人及保安人员、从业人员参加消防安全培训,督促实行全员消防安全持证上岗制度,切实提高业主和员工的消防安全素质。

【环境整治】 2017年,古二村共投入约300万元进行生态环境建设,其中12万元用于聘请专业通渠公司全面清理全村下水道,15万元用于规范车辆停放,设置交通道路标识。落实河长制,成立古二村河涌治理领导小组,由党支部第一书记李振斌担任组长,党支部书记林德明、党支部副书记、村主任林锦安担任副组长,其他两委成员担任组员,下设办公室。每月村两委到所属管辖的河段进行巡河,做好相关记录,将发现问题第一时间反馈上级相关部门进行处理。结合夏季病媒传染病防控工作实际情况,集中力量对全村的环境卫生进行整治清理,统一投药灭蚊,降低蚊媒密度。在村场公共位置设立37个"便民信息张贴栏",使"治癣"工作能够最大限度地达到疏堵结合的效果。

(林转娣)

古三村

【古三村概况】 古三村位于古镇镇西南部,东与古二村相连,南与古四村相接,西与新会市荷塘镇相邻,北与海洲村接壤,中顺大围贯穿而过。总面积约2.5平方公里,2017年有户籍人口887户、3769人,外来人口约9000人。古三村委会驻古镇镇古三村大街12号。

【两委换届】 2017年,古三村有党员118名,其中预备党员2名。5月9日和16日,古三村先后完成党支部及村委会的换届工作,选举产生党支部委员会委员6名、村党支部书记1名、村委会委员3名、村主任1名。5月26日、6月1日,组织开展村民代表、村民小组长、村务监督委员会成员的推选,成功推选村民代表65名、村民小组长6名、村务监督委员会成员5名。新一届村"两委"成员6人,其中女性1人,村"两委"交叉任职3人,高中以上学历6人。

【党建工作】 古三村通过村两委带头学、党员自觉学、专题学习与教育培训相结合等多种形式,扎实有效推进"两学一做"学习教育。两委班子成员讲专题党课共10次,村党支部开展专题学习讨论12次。抓好党员管理专项工作,完成党费自查补缴工作,完成对全村党员组织关系排查,对"五类人员"进行排查清理,进一步净化党员队伍。在村公共服务中心设置党员示范岗4个,党投入约80万元在海傍街、景观路等绿化断档路段进行绿化建设。深入开展灭鼠工作和病媒生物防制工作，定期组织人员向重点街巷、地段喷洒药物，灭杀蚊子、苍蝇、蟑螂。全年共定点投放灭鼠药近100千克，喷洒灭蚊药物8000多升，有效降低了辖区的四害密度。

（曾永发）

古四村

【古四村概况】 古四村位于古镇镇中心地带，南面与六坊村以一条小河为界，北面与古一村、古二村接壤，西面与古三村相连，直到外海边，东面以商业街为主。总面积约1350多亩，住宅用地面积650亩，农用耕地面积700亩，其中商业用地占住宅用地使用率高达25%。2017年有人口690户、2990人，劳动力1585人。古四村委会驻古镇镇南兴路15—1号。

【经济发展】 2017年，古四村集体经济总收入（包括应收未收）6039万元，分红15000元/股。古四村村集体经济收入以农地和商铺出租为主，主要有：怡廷豪园一期商铺租金1350万元，怡廷豪园二期614万元，怡廷豪园三期536万元，路灯城910万元，古四市场750万元。全年总支出3028万元，其中社保支出1056万元，合作医疗及村民体检支出161万元，老人节及老人院费用支出163万元，道路、下水道及其他维修支出65万元，消防安全支出50万元，慈善基金及赞助支出77万元，全年结余3011万元。

【两委换届】 2017年5月9日，古四村召开新一届委员全体会议，选举出邓铭超为党支部书记，邓荣钊为副书记，尚键荣、邓炳培和区保平当选为支委。选举产生古四村村第七届村民代表116名及村民小组长4名：卢荣业、吕池烈、侯福明、邓能添。6月，选出5名村务监督委员会成员：组长邓荣钊，成员尚炳坤、区超鸿、邓自聪、邓德聪。

【党建工作】 2017年，古四村共有党员113名，其中预备党员4名、10名"两新"组织党员。全年党员会议出勤率达90%以上，党费收缴做到账目清楚、账款相符、不拖欠、不挪用。村党支部组织党员贯彻落实"两学一做"，学习十九大精神，推进落实"三会一课"，组织党员写心得与观后感。

【村居建设】 2017年，古四村将拆除古四小学和古四小学操场，把古四小学建成古四幼儿园；古四小学操场拆除建成物业进行出租管理。

2017年，古四村一河两岸工程完工

（古四村供图）

员发挥先锋模范作用明显增强。十九大召开后，召开支部大会集中学习贯彻十九大会议精神，派发学习资料585份，利用微信公众号、户外LED显示屏、宣传栏等载体集中展示十九大召开的意义、报告的精髓，营造浓厚的学习宣传氛围。

【经济发展】 2017年，古三村集体收入合计4700万元，其中租金收入4400万元，比2016年下降7%，全年分红5000元/股，人均收入约12500元。古三村村集体拥有物业超过30万平方米，主要有世纪灯饰广场、泰榕楼、泰安楼、创业园厂房。

【村居建设】 2017年，古三村开展滘沙中心河综合整治工程项目，包括疏通河道，河道两岸修建挡土墙加固，两岸道路修复及绿化等。投入约80万元在海傍街、景观路等绿化断档路段进行绿化建设，提升群众出行舒适度。7月26日起，古三村依法有序开展土地确权登记工作。经核查无争议、符合土地登记发证条件的14宗，确权总面积992.61亩，共计959户。

【民生实事】 2017年，古三村门诊基本医疗保险参保人数3247人，村集体全年缴费1589749.05元；补充医疗保险参保人员3848人，村集体全年缴费352861.6元。为785名年满40周岁以上的村民报销体检费用311640.8元。为解决村场停车难问题，古三村在洲兴路、振兴路新建两个停车场，并充分利用辖区主次干道两旁、村内零散闲置地块及边角地块规划停车位200个。支出105800元帮扶残疾人、低收入、精神病患者、困难学生家庭、患病救助等人群，其中帮扶残疾人29人、低收入家庭5户（春节慰问金1500元/户，中秋慰问金500元/户）、困难学生5人。年内，古三村联合国税分局党支部等单位有关领导和扶贫联络员20余人，赴古镇对口扶贫点潮州市饶平浮滨镇五祉村（灰楼、五聚、田口）开展落户慰问活动。

【综治维稳】 2017年，古三村大力加强村治安环境建设，在辖区70户出租屋内安装视频门禁系统，并连接到设立在村警务室的视频监控中心，进一步提高警务室对村中重点部位的防范能力。开展网格化管理，全面准确登记辖区实有人口，重点掌握出租房屋、暂住人口的动态情况及列管人员、监外执行人员的现实表现。

【文化教育】 2017年，古三幼儿园有教职工62人，设有大、中、小共15个教学班，在册幼儿588人。在古镇镇2016—2017学年度中小学、幼儿园推进素质教育目标管理评估、2016—2017学年目标管理评估幼儿园6S专项检查评比中，古三村均获一等奖。

【消防安全整治】 2017年，古三村对辖区存在安全隐患的企业、商铺等场所开展8次安全生产大检查，排查厂企、商铺356间，发出整改通知书56份，确保节假日期间无重大安全事故发生。组织辖区民警组成检查小组，对辖区内出租房开展6次消防安全隐患大排查，排查出租房156间。

【环境整治】 2017年，古三村配合中山市创建全国文明城市工作，开展6次爱国卫生大行动，组织发动群众清理卫生死角、河道淤泥等，拆除各种非法违规商业广告、招牌；在民泰里、绿榕里、工业大道等人流密集点设立10个张贴栏、公共广告栏，供群众免费张贴、阅读。按照《古镇镇创建广东省森林小镇实施方案》的要求，

村居概况

【民生实事】 2017年，古四村基本医疗保险网报30758人次，全年缴费金额为12750018.95元；为在工作单位购买社保的乡亲退回保险金额7565037.56元。2017年，古四村一河两岸工程竣工。项目位于六坊桥头连接鸿福路段至古一桥冰祥兴西路段的河道，重点放在1座连接东兴西路的主桥以及分流车辆的2座附属桥，有效地疏通了东兴西路交通阻塞的问题。项目对道路进行了升级改造：重新浇筑钢盘混凝土路面，总体上往河涌方向悬挑1米左右，使道路总宽度达到4.5—6米，基本满足两岸交通出行要求，悬挑处为了增加安全性安装颇有特色的1.2米高，约800米长的仿古花岗岩护栏，在护栏顶镶嵌用来种植花卉的石盆，成为古四村一道风景线。

【综治维稳】 2017年，古四村共有治保工作人员32人，分成三组负责村内三个辖区的治安防范工作。辖区内两个治安岗亭实现24小时全天候值班，在主要路段安装290个视频治安监控一体机，36间大型出租屋已装视频门禁系统。加强东兴西路、南兴路和邓林大街等重点路段的整治力度，积极配合古镇派出所开展治安防范，开展打黑除恶和打击"网抢盗"等专项行动。全年刑事和治安案件呈下降趋势。共出动326人次对辖区547家单位场所和1家烟花爆竹销售点进行安全检查，发现安全隐患42处，现场整改36处。对公共场所、旅馆业、集贸市场、超市等易于产生火灾隐患的场所进行拉网式的安全隐患排查，检查旅店业20家、网吧1家、学校1所、大型超市1家、幼儿园1家、托幼机构4家。

【文化教育】 古四村现有幼儿园1家，教师19名。农家书屋面积50平方米，内有图书3182册，报刊15种，并配有一名专职管理人员，每天8：30—12：00、14：30—17：30免费对外开放。电子阅览室面积50平方米，配有电脑10台。2017年古四村关帝堂外出比赛荣获佳绩，获香港夜光龙银奖、澳门传统南狮铜奖、珠海传统南狮一等奖、佛山传统南狮二等奖、古镇镇传统南狮一等奖、小榄传统南狮二等奖、江门传统南狮一等奖。

【扶贫工作】 2017年，古四村有五保户4户，残疾人23人。古四村充分发挥慈善基金会扶贫济困的作用，帮扶村困难户、低保户及因各种突发事项导致生活困难的村民，全年帮扶总支出293290元，春节、中秋节、年底向低保、困难家庭送上慰问金27390元，重阳节老人慰问金总支出700000元。

【消防安全整治】 2017年，古四村消防站有站长1名、队员11名，辖区内以东兴西路、邓林大街为界，分设三个片区，按网格化形式进行管理，落实责任到人。根据古四实际情况及镇消防大队指导精神，村消防站开展岁末年初消防安全生产大检查、安全生产月宣传、经营场所使用燃气专项安全整治、汛期安全巡防、违规住人专项整治等行动，共发现安全隐患125家，现场整改118家，其中"三合一"单元7家，已整改7家。

【环境整治】 2017年，古四村加强环卫队伍管理，配备20名保洁员开展村内街道的清运、打扫工作，购置一台新清洗机。全年清理"牛皮癣"约5000张，村内道路基本无"牛皮癣"踪影。组织一支4人的清运组对村内大小街巷的卫生死角和乱堆乱放的建筑垃圾进行全面整治。村两委领导及工作人员分成7个小组，每组负责一个片区的登革热防控工作，投入药物烟雾液4000升、残杀威3000升、老鼠谷1000千克,落户清积水500人次,并于每月10日、20日在村内进行灭蚊、灭蚁行动。联合镇执法队清理怡廷小区周边超界摆摊、乱停乱放等不文明行为,清理南兴路段的无牌流动小贩、占道经营的商贩及停泊在河涌的废弃水泥船,联合警务室整治临时停车位车辆乱摆乱放等现象。

(区嘉俊)

六坊村

【六坊村概况】 六坊村地处古镇镇区中心地带,北邻古四村,南连七坊村,西南毗邻冈南村。六坊村总面积约3.64平方公里,2017年有户籍人口3173人,外来人口约3000人。2017年,六坊村先后被授予"广东省卫生村""中山市宜居示范村庄""国家级非物质文化遗产名录六坊云龙舞传承基地""广东省档案工作目标管理——省二级单位""中山市生态示范村"等荣誉称号。六坊云龙舞被列入国家级非物质文化遗产名录。六坊村委会驻古镇镇南兴路47号。

【经济发展】 2017年六坊村集体经济收入约5000万元,2017年股份分配每人12000元(其中,中秋节分配5000元,年终分配7000元)。六坊村主要收入以物业出租收入、发包收入为主,主要物业有六坊市场楼、六坊大厦、六坊灯饰广场、六坊南兴楼、公路楼、银禧楼、银发楼、银辉楼等。2016年起动工的六坊商业广场,规划占地58亩,建筑面积24万平方米,投资约6亿元,于2017年完成打桩及地下室、基坑支护等工程。六坊商业广场项目正式投入使用后将大大加强六坊村的经济实力。

【两委换届】 2017年4月起,六坊村开展村两委换届选举工作。5月9日进行的支委会换届选举工作中,共有100名农村党员参加推荐、选举,参选率达89.29%,选举产生支部书记1名、副书记1名、委员5名。5月16日选举产生村主任1名,村委委员3名。6月6日选举产生村民小组长4人,村民代表52名(每组13名)。6月16日选出村务监督委员会主任1人,委员3人。

新一届村"两委"班子成员实际人数为7名,其中党支部成员7名,村委会成员4名。交叉任职比例达到100%,党支部书记兼任村委会主任,"一肩挑"比例100%。党支部成员有6人连任,村委会成员有3人连任。高中学历2人,占28.6%,大专学历3人,占42.8%,本科学历2人,占28.6%。新一届村两委班子成员平均年龄41.1岁,其中60后2名,70后2名,80后3名。2017年换届时,村内共有689户,4个村民小组。换届后,村民代表更具代表性、广泛性、群众性。

【党建工作】 2017年,六坊村共有党员115名,其中预备党员3名。六坊村把强化干部建设放在首位,加强村两委班子对各项方针政策的学习与理解,根据各个时期的形势特点和实际情况,在每月12日的例会上有针对性地开展党员、干部的思想教育。设置党务公开栏,宣传党的方针路线政策,及时公布党建方面的情况、党风廉政建设进程等。

【村务公开】 六坊村将村民关心的热点问题、涉及群众切身利益的事项确定为村务公开的内容,并按月按季及时更新完善村务、财务、党务、消防、药监、计生、关工委等多个公告专栏,制作派发六坊村务简报《和美六坊》，通过政府网络平台进行信息化公开，确保"两公开一监督"制度的落实。7月，六坊村村委会的官方微信公众号"和美六坊"（微信号：hemeiliufang）正式上线，定期向广大村民群众发布党务信息、村务信息、工作动态、公告通知、政策法规等资讯。成立"三资"管理工作小组，每月月底及时填报库存现金、银行存款的资产清理表，统一上交政府清查，并建立三资管理台账。

【民生实事】 2017年，六坊村出资约178万元为全体股民购买医疗保险、重大疾病补充医疗保险及社区门诊保险。通过补贴形式，向每位符合条件参加养老保险的股民派发450元/月的参保补贴，全年支出约864万元。实行35周岁以上的村民体检报销政策，最高报销额度为600元，2017年共700多人进行报销，支出约45万元。三八妇女节向年满18周岁及以上的妇女派发节日慰问金250元/人。每个季度举办一次老人集体生日会、每年举办一次重阳敬老晚宴，每逢春节、中秋、重阳三大节日向老人们派发节日礼品和慰问金1000元/人。10月底，投入40多万元经费兴建村级停车场、改造村委停车场，以出租的方式向村民提供64个停车位。

【综治维稳】 2017年，六坊村着力解决治保会管理问题，根除了群众反映强烈的治保会人员吃空饷脱岗与超龄人员问题。根据村委会现状与实际，制定《古镇镇六坊村治安保卫委员会人员管理及工作制度》《古镇镇六坊村治安保卫委员会人员绩效考核评分事项》《古镇镇六坊村微型消防站消防网格巡查员职责及日常规则制度》《古镇镇六坊村卫生与执法人员管理及工作制度》等规章制度。村治保会出警次数由2016年的376次上升至483次，破案率由29%上升至30%。继续开展网格化工作，网格手机由3部增加至15部，网格巡查员增加至20人。

【文化教育】 2017年，六坊村举办春节篮球赛、乒乓球赛、象棋赛，并在暑假期间举办暑假篮球赛、硬笔书法班、毛笔书法班等。华光诞期间，邀请省内优秀粤剧团为村民举办3晚的粤剧文化表演。每年与镇相关部门合作在村文化活动中心承办健康知识讲座、儿童教育讲座、电影下乡活动等。

2017年，古镇开始实施"十五年免费义务教育"，六坊村积极配合，共支出约50万元补贴幼儿园及高中生的学费。此外，还关注困难学生的帮扶，2017年无因贫困问题而失学的适龄儿童。

2017年，六坊村青少年教育及扶贫基金对学习成绩优异的本村子弟学生进行奖励，高考、中考优秀者奖励34人，支出52900元；小学考试优秀者奖励67人，支出3800元；奖励学习型公民16人，支出2130元。

【体育活动】 六坊村有篮球队、乒乓球队、云龙队、少年云龙队、龙舟队等多支体育竞技娱乐队伍和爱好者团体。2017年，组织群众参加各类镇级运动比赛，如职工趣味运动会、古镇镇国庆龙舟赛等。免费对外开放六坊村文娱广场（原六坊小学操场）供体育运动爱好者活动。文化活动中心的老人康乐中心、乒乓球馆、少年书画室、农家书屋、电子阅览室、排练室、培训室、云龙收藏馆等，也有专人管理，每天定时免费对外开放。

【扶贫工作】 2017年，在市、镇慈善万人行中，六坊村两委班子率先带头捐款，并鼓励号召党员、村民代表、群众献爱心,共捐赠善款75万元。在春节、中秋等重大节日,对重点优抚对象、生活困难人员、残疾人员、计生户、独居老人、重疾人员等开展走访慰问活动。其中,青少年教育及扶贫基金开展春节慰问活动慰问了11人,支出5500元;救助重疾困难群众6人,支出47500元。为对口帮扶的潮州饶平县大溪新村筹集了3万元善款。

【消防安全整治】 2017年,六坊村开展"三合一"消防安全大排查1090次,对545家企业进行检查,与生产经营单位签订安全责任书545份,对存在消防安全隐患的企业发放限期整改通知书39份,基本上做到辖区内"三合一"场所100%排查、100%整改、100%配齐器材。通过严格实施消防网格化管理,分组落实名单做好企业安全生产巡查,督促厂企做好安全生产工作,从而消除安全隐患,杜绝"三合一"企业。建成微型消防站,解决公安消防力量"远水难救近火"的问题。

【环境整治】 2017年,六坊村继续将村内卫生清洁工作外包给清洁公司,由专业的团队负责六坊村的环境卫生,村党支部委员及村委卫生专干直接负责环境清洁的监督工作。落实河长制,由支部书记担任河长,制订六坊村河道清理计划,定期安排工作人员打捞河道垃圾、冲洗河道。每月定期开展爱国卫生行动,美化道路环境,及时清理村场建筑垃圾,规范建筑材料的存放地,修补破损道路。定期安排工作人员重点整治通风巷、下水道等卫生死角。购置专门的喷雾机、洒药泵、高压水枪等设备,大大提高了清洁效率。结合综治网格化系统,加强日常巡逻、民主监督举报等,及时发现卫生死角、抑制乱堆乱放、广告乱张贴等现象。

【六坊云龙舞】 六坊云龙舞是古镇的地方传统民俗舞蹈,属于第三批国家级非物质文化遗产。2017年,六坊云龙积极参与古镇镇第八届慈善万人行、中山市慈善万人行、第二届中山小榄百汇香山庙会、佛山市第七届秋色巡游等活动。11月5—10日,六坊云龙、小云龙应邀参加第三届中国灯都古镇国际灯光文化节,其中小云龙为首次登台表演。暑假期间,六坊村组织举办小云龙培训班,约有60名青少年参加了培训。

(邓业枝)

2017年暑假期间,六坊村小云龙舞培训班开班,约有60名青少年参加培训
(六坊村供图)

七坊村

【七坊村概况】 七坊村位于古镇镇西南部,距镇政府约1.2公里,面积约1.26平方公里,

其北邻古四村，南与冈东村、冈南村相连，西与六坊村接壤，村辖区内含北头里、夏园、裕豪新村、大坦工业区、横沙滘、南兴围等小区。2017年有户籍人口2745人，外来人口约3400人。随着经济的发展，七坊村民生福祉投入日益加大，社会保障体系得到巩固，社会综合治理得到加强，居民生产生活环境得到改善。2017年，七坊村集体经济收入约6600万元，主要经济收入来源是物业租赁，2017年初七坊村长期负债合计近3.8亿元，通过全村上下，齐心聚力，不懈奋斗，实际长期负债已减少至3.6亿元。七坊村委会驻古镇镇七坊村北头里学校大街8号。

【经济发展】 2017年，七坊村坚持把发展村级经济作为农村基层组织建设的核心。根据实际情况，制定"保稳定，谋发展"的思想方针，务求村经济收入稳中有升。狠抓物业管理，稳定经济支柱。在整体经济下滑和普遍收租工作困难的大背景下，村委会不断完善和加强物业管理制度，大幅提升物业收租率。全年实收工业区物业租金58023618万元，极个别租户尚拖欠集体租金，待收租金约2.6万元，物业收租率达到99.9%。处理闲置土地资源，减轻负债。为缓解村经济压力，进一步整合和利用资源，将位于裕豪新村7块住宅用地面向社会公开拍卖，8月22日召开拍卖会，并顺利将其中的4块住宅地拍出，为村集体增加1100多万元的收入。践行绿色发展理念，引进光伏项目工程。截止12月底，集体经济收入为66849248元（不包括拍卖住宅地收入11745883元），同比增加4%，股份分配每人4000元（中秋800元，春节3200元）。

【村居建设】 2017年，七坊村积极做好"三资"管理工作，成立"三资"管理工作小组，对签订的合同及时进行系统录入，每月月底及时填报库存现金、银行存款的资产清理表，统一上交政府清查，并建立三资管理台账。坚持每月至少召开一次监督委员会会议，向委员汇报当月工作情况和财务状况等，有利于加强村务工作监督力度。进一步完善村委公开工作，通过村务公开、财务审计和定期向村民报告工作等方式，根据村民关心的热点问题，涉及群众切身利益的事项确定村务公开的内容，每月定期制作派发七坊村务简报《阳光七坊》，充分利用微信公众号、手机短信、宣传栏等形式，确保"两公开一监督"制度的落实。进一步提高党务、村务、财务等各项工作的透明度，保证党员干部群众行使民主权利和监督权力。对村主干道进行维护检查，对交通标识模糊剥落的地区，组织工作人员重新画线，规范村道交通。

【民生实事】 2017年七坊村为全体股民参报农村基本医疗保险。同时为村民缴交专项社保金。全体村民享受"三个一"和"一免两保"。2017年组织年满35周岁以上的村民进行免费体检。对自行体检的适龄村民，每人每年报销不超过300元的体检费。同时，积极宣传、鼓励和协助有需要的村民参加

·资料链接·

"三个一"：有就业意愿的有一份工作，每人有一份社保，一份医保。

"一免两保"：15年免费教育，保障全镇人民基本生活、门诊统筹。

计划生育家庭爱心保险、银铃安康保险等上级政府和保险公司联合的惠民商业保险,为村民提供更实惠、更全面的生命健康保障。积极丰富群众文娱生活,充分利用村文化活动中心,与镇相关部门合作承办健康知识、儿童教育等专题讲座。2017年春节前,组织免费送春联活动。大王诞期间,邀请省内优秀粤剧团为村民进行不少于3晚的演出。2017年"三·八"妇女节举办庆祝活动及送上节日慰问金,丰富村妇女的精神文化活动,为村民提供锻炼身体的机会。重视老龄工作和老龄事业,组建老人合唱团、业余粤剧团、书法爱好者协会等,分上、下半年为适龄老人举办老人生日会、重阳节晚会等活动。

【综治维稳】 2017年七坊村加大力度开展综治维稳工作。每月召开治保人员例会,加强对治保人员的思想道德和职业道德的教育;通过人防和技防结合,进一步提高治安工作效率。安装39支高清摄像头及130台摄录一体机,有效震慑违法犯罪行为,确保群众的生命财产安全。监控系统投入使用以来,破获一系列的案件,并多次受到镇公安分局的通报表扬及奖励;加强网格化管理,落实"中心+网格化+信息化"的建设、管理和日常运作,将"排查防控违法犯罪、排查化解矛盾纠纷、排查消除安全隐患"三大任务细化分解到具体的工作人员,定岗定责,规范网格巡查员工作开展,合理利用网格系统处理以及报送信息;通过派发宣传单张、张贴海报、悬挂横幅等方式,在村中心、人流密集部位及村出入口开展普法宣传工作,加强社会治安综合治理,严厉打击各种犯罪;加强学校及周边环境防范,通过宣传教育、规范周边交通,确保学生人身安全。全年共有刑事案件77件,治安案件87件,案件数同比去年有所下降。

【党建工作】 2017年5月,七坊村先后顺利完成党支部、村民委员会、村民代表等换届工作。换届后,两委成员由原来的4人扩大至5人,平均年龄38.4岁。村民代表增加至53人,涵盖党员、群众、退休干部、企业家、农耕户、普通工人等各个阶层、行业,年龄、性别比例更加科学合理。在党组织生活上,党支部坚持每个月至少召开一次党员会议,通过视频学习、主题讲座、微信群交流等多种形式带领全体党员学习党的理论知识,提高政治理论水平,坚定理想信念。加强对入党积极分子的考察培养教育,开展谈心活动,促使他们尽快成长。严格按照"坚持标准,提高质量,改善结构,慎重发展"的十六字方针吸收新党员,2017年发展入党积极分子1名,预备党员转正1名。目前全村共有正式党员120名,党员平均年龄为45.3岁。积极协助做好镇领导干部普遍直接联系群众的工作,积极与驻点团队对接,帮助驻点团队掌握村中的基本情况,协调安排驻点事务,辅助驻点团队深入开展联系、走访活动,全年共走访645户村民及839户工商个体及企业,及时有效地解决群众反映的问题。

【文化教育】 2017年,七坊村积极贯彻落实"十五年免费义务教育",补贴幼儿园及高中生的学费。此外,还关注困难学生的帮扶,2017年无因资金问题而失学的适龄儿童。为鼓励青少年奋发学习,刻苦钻研,实现教育教学质量可持续发展,发挥教育良好的社会功能,七坊村对考上高等院校并入读的村民进行分不同级别奖励500—5000元。2017年共有9名学子考入大学并获得奖励。

为鼓励村民活到老学到老以及不断提高知识技能,对凡在古镇镇社区学院参加学习培训并顺利毕业的户籍村民，进行一次性的资金奖励。积极开展各类爱好者协会、技能培训班等并免费提供学习场地，例如：业余粤剧团、书法爱好者协会、老人合唱团等。鼓励和组织村民参加市镇举办的各项宣传教育、公益文化活动，例如：组织家庭教育公益大讲堂、女性健康教育讲座等。协助组织村民参加市镇合唱比赛、小品比赛、文艺汇演等，不断提高村民综合素质、丰富村民文化生活。

【征兵工作】 2017年，七坊村严格按照上级部门的时间要求开展征兵工作。7月27日召开2017年夏秋季征兵工作动员大会。村适龄青年共有83人，前来参加会议的共70人，现场报名参军人数达42人，最后，村民区华杰表现优异，被招募至国内知名的海军陆战队服役。近年来，七坊村民兵营连续获得"先进民兵营"的称号。

【体育活动】 2017年，七坊村通过推动村内体育事业发展，不断提高村民全民健身意识、促进村内精神文明建设。免费开放体育活动场地。幼儿园篮球场每天清晨、晚上（非上课时间段）均免费对外开放并提供灯光照明，为篮球、太极等运动爱好者提供活动场地。文化活动中心的武术室、舞蹈室、乒乓球室等也有专人管理，每天定时免费对外开放。积极组建各类体育竞技娱乐队伍。截至2017年，共组建篮球队、乒乓球队、太极队、龙舟队、醒狮队等多支体育竞技娱乐队伍和爱好者团体。组织各类体育比赛。为鼓励村民参与体育锻炼，营造村内体育竞技氛围，丰富村民体育活动，七坊村不定期组织男子篮球赛、拔河比赛等。

【扶贫工作】 2017年，七坊村以"以民为本，为民解困，为民服务"为宗旨，全心全意为村民排忧解难。积极支持市镇慈善万人行。在市、镇慈善万人行中，村两委班子率先带头捐款，鼓励号召村民献爱心，积极参加市、镇组织的慈善万人行，弘扬新时代博爱精神。七坊村共有五保户1名，低收入家庭2户，每个月按规定给他们支付生活补助，保障困难群众的基本生活，逢年过节开展走访慰问活动，并送上慰问品慰问金。组织村内8名重点优抚人员参加市、镇民政举办的"关爱功臣送医送药"活动和健康体检工作。中秋节期间开展走访慰问活动，并给他们送上慰问金。七坊村共有退休老人760人，养老金每年均有增加，中秋节、春节的慰问金每人各100元。7月在文化中心举办全年老人集体生日会。九九重阳节邀请全村老人在古镇镇中心幼儿园举办重阳节庆祝晚宴，并给每位老人发放节日慰问金及大米、油等礼品，晚宴上，社会各界热心人士慷慨解囊，为村老人基金捐款，共筹得142400元；为年满60周岁的老年人办理免费的乘车卡，共有35人；2017年为469名60周岁以上的老年人购买"银铃安康行动"意外保险，有效地减轻意外伤害给广大老年人及其家庭带来的经济负担。

2017年七坊村享受高龄津贴的共有56人，80—89岁的有47人，每人每月30元，90岁以上的有9人，每人每月100元；享受重度残疾人护理（一级、二级）津贴的有11人，每人每月200元；贫困残疾人生活津贴的有4人，每人每月150元；残疾人居家托养补贴的有3人，每人每月200元。每年的助残日，都为他们送上精美的礼品和慰问金。精神病人服药津贴最高可享受300元的补贴。

【消防安全整治】 2017年,七坊村牢固树立安全发展理念,大力弘扬生命至上、安全第一的思想,进一步完善辖区内消防、生产安全管理,全年无发生亡人火灾事故。2017年共签订1678份消防安全责任书和承诺书,以及安全生产责任书839份(其中厂企71份,三小场所755份,人员密集场所13份)。全年共排查出三合一场所35间并全部录入消防网格化系统进行监管,发现安全隐患74处并百分百落实整改,隐患主要集中在锌铁棚透光瓦没有加装保护网、焊工无证上岗、灭火器过期等问题。同时,加强消防、安全生产宣传,不断提高厂企和劳动者的责任意识和安全意识。2017年,协助40家厂企订阅消防周刊、安全生产杂志,对同益七坊工业区各厂企建立安全生产管理制度宣传栏,明晰企业安全生产管理组织架构,落实企业安全生产主体责任。

【环境整治】 2017年,七坊村为推进创文工作、美丽乡村工程,进一步改善环境卫生,美化绿化村场,升级村容村貌。继续将村内卫生清洁工作外包给清洁公司,由专业的团队负责七坊村的环境卫生,同时由村党支部委员及村委卫生专干直接负责环境清洁的监督工作。加强河道清理,结合镇政府相关要求,实行河长制,由书记何钊活担任河长,制定河道清理计划,定期安排工作人员进行河道垃圾打捞、冲洗河道、修葺河道两旁的绿化。每月定期开展爱国卫生行动,美化道路环境,及时清理村场建筑垃圾,规范建筑材料的存放地,修补破损道路,打通断头路,保持道路畅通。做好村场、幼儿园绿化,定期安排工作人员对村内绿化树进行除虫、修剪等。坚持"除四害",安排工作人员以定期工作结合专项整治行动,重点整治通风巷、下水道等卫生死角。购置专业器械,提高工作效率,购置专门的喷雾机、洒药泵、高压水枪等设备,进行灭蚊、喷洒除草剂、清洁墙面等,大大提高清洁效率。

【"阳光七坊"微信公众号】 2017年4月,为适应新时期"微信化"的发展趋势,进一步拉近村委与村民群众之间的沟通与交流,在继续办好村务公开栏、村务简报的基础上,七坊村自主营运的官方微信公众号"阳光七坊"(微信号:qifangcun)正式上线。通过"阳光七坊"微信公众号平台,定期向广大村民群众发布党务信息、村务信息、工作动态、公告通知、政策法规等权威资讯,让村民群众能够快捷、方便、及时了解村(居)动态信息,截至2017年12月底,"阳光七坊"共发布消息56篇,阅读次数7212,关注人数457人。

(何英伟)

冈东村

【冈东村概况】 冈东村位于古镇镇中心城区的南部,面积为237公顷,东与曹三村交界,西与七坊村接壤,南与冈南村毗邻,北临六坊村,镇内主干道新兴大道、中兴大道南北贯穿全村。2017年全村分为12个村民小组,有常住人口1483户,6916人。村内公共设施包括托儿所、幼儿园、卫生站、老人活动中心、健身广场、银行、农务市场、停车场等。近年来,冈东村先后荣获镇、市、省卫生村,中山市人民调解工作先进单位、先进治保会等荣誉称号,更被广东省司法厅评为广东省防止民间纠纷激化有功集体。冈东村委会驻古镇镇冈东村松桑围大街(冈东市场二楼)。

【经济发展】 冈东村主要收

入来源以物业租金为主，主要物业有冈东兰花楼、桃花楼、樱花楼、菊花楼、梅花楼、桂花楼、东辉楼，冈东商厦A、B、C三栋楼，冈东灯饰大厦，冈东明珠家园商铺，东方大酒店，国贸大酒店，冈东停车场首层铺位，冈东市场和岐江公路边货运物流中心等。2014年动工的项目有东方明珠商业大厦，该项目商品房在2016年10月发售。冈东明珠家园车位2017年1月起发售，总车位数共873个，现已售出一半车位。2017年冈东村经济收入约1.1亿元，2017年股份分配每人8000元。

2017年10月27日，冈东村举行重阳晚宴，图为晚宴期间的粤剧表演
（区浚浩摄）

【两委换届】 2017年4月起，冈东村开始村两委换届选举工作。5月9日的支委会换届选举中，共有162名党员参加推荐、选举，参选率达99%，选举产生支部书记1名、副书记1名、委员4名。5月16日的村委会换届选举中，全村5029名选民有5019名参加投票选举，参选率达99.8%，选举产生村主任1名、副主任1名、村委委员4名。5月24日的村民小组长、村民代表换届选举中，参加投票选举的选民5017名，参选率达99.74%，选举产生12个村民小组长、83名村民代表。6月12日的村务监督委员会选举中，选出主任1名、委员6名。

【党建工作】 2017年冈东村有党员162名，其中新入党7名，积极分子1名，本科以上学历48名，两新党支部党员6名。在"学省党代会精神 迎党的十九大召开"党员考学工作中，冈东村162名党员全部满分通过。党的十九大召开以来，村两委班子组织党员集中观看党的十九大开幕会视频，学习十九大会议精神、《习近平谈治国理政》（第二卷），学习习近平总书记在参加十三届全国人大一次会议广东代表团审议时的重要讲话精神。

【村居建设】 2017年，冈东明珠家园篮球场增设健康一条街专栏，种植树木草坪，增加绿化覆盖率。冈东牌坊至冈东市场路段增设双排车位，村庄其他路段及闲置空地重新规划画线，合理安排停车位。

【民生实事】 冈东村按照每人每月450元为标准，每季度退费一次。35岁以上股民享受400元体检报销福利，股民享受十五年义务教育福利。2017年10月27日，冈东村在华宴饭店举办重阳节晚宴，筵开126席款待全村1400多名55岁以上的老年人，并为每位老年人发放1200元的节日慰问金。

【综治维稳】 2017年，冈东村基本完成网格化工作任务，全村划分4个网格化分区，有网格员80余人，1月至11月上报案件7000余宗，与去年基本持平。综治维稳案件主要有房屋土地纠纷、劳动纠纷和出租房租赁纠纷三类，其中租赁纠纷基本上都能通过调解处理完毕，劳动纠纷处理率约为80%。安装监控摄像头450台，其中全天候运作的高清摄像头54台，综治信息平台和综治视联网平台基本实现全连通全覆盖，基本实现中央要求的"全域覆盖、全网共享、全时可用、全程可控"的公共安全视频监控建设联网应用。

【文化教育】 冈东村有一所全日制幼儿园——冈东幼儿园。2017年，冈东村登记考上重点中学及专科以上高等院校的应届学生44人。中考考上市内四所重点中学有16人，其中中山纪念中学4人，一中4人，侨中5人，实验中学3人；高考中被专科以上院校正式录取的28人，其中第一批次重点本科9人，2人被中山大学录取，第二批次本科17人，第三批次专科2人。按照奖励标准，除特别对考入中大的奖励10000元外，考入重点本科的奖励3000元，第二批本科奖励2000元，专科奖励1000元，重点中学奖励500元。冈东村扶贫奖学基金发出的中、高考奖学金共85000元。

【体育活动】 2017年3月8日，冈东村为庆祝国际三八妇女节举行一年一度的拔河比赛，12个生产队分为12支队伍参赛。比赛由第一生产队运动员获得第一名，这也是第一生产队首次获得该赛第一名。11月，冈东村运动员参加"利和广场杯"五人龙舟赛，夺得镇内组第四名。

【扶贫工作】 2017年，冈东村按照每户困难家庭600元节日慰问金，每名困难家庭儿童每学期1200元学习补助，每名退伍军人1000元节日慰问金的标准，为8户低保低收入家庭、7户临时困难家庭、137名退伍军人提供经济援助和优抚慰问。冈东村扶贫基金全年帮扶个案38例，使用款项达720584元。其中春节慰问、助残日慰问购买物品使用款项30000元；帮扶因病或突发事件造成困难的家庭26例，使用款项504000元；助学、助困帮扶家庭10例，使用款项186584元。

【消防安全整治】 2017年，冈东村加强农村微型消防站和义务消防队伍的建设，检查单位场所1886家，签订消防安全责任书1886份。其中工厂企业562家、"三小"场所1145家、出租屋165家、公共娱乐场所14家；整治"三合一"场所45家，完成整改率100%。全年未发生重特大火灾事故。

【环境整治】 2017年，冈东村继续积极进行创建国家卫生镇复审工作，大力整治村庄环境。整治车辆乱停乱放，重新规划村道车位，对不按规定停放的车辆进行锁车处理。在冈东明珠家园篮球场增设健康一条街专栏，种植树木草坪，增加绿化覆盖率。大力整治村内的牛皮癣、杂物乱堆乱放、商户占道经营等问题。实行河长制，由村党支部书记区沃钜担任河长。

（蔡咏梅）

冈南村

【冈南村概况】 冈南村位于古镇镇西南部，辖区总面积约3.37平方公里。东与冈东村交界，南与横栏镇毗邻，西临西江边毗邻江门市，北与六坊、七坊村接壤，古镇镇主干道路新兴中路东西横贯全村。2017年有常住人口1182户、5025人，外来人口2万多人。近年来，冈南村先后获全国敬老模范村（居）、全国文明村、广东省文明村、中山市宜居示范村庄、全国绿色村庄等称号。冈南村委会驻古镇镇冈南村长塘东2路。

【经济发展】 冈南村收入以物业出租和工、农业用地出租为主。村集体拥有接近48万平方米物业，包括晋兴工业园、冈南新城居住中心、冈南灯饰配件总汇、冈南农贸批发市场和冈南1号、2号、3号商业楼等一批占有地理优势的物业。2017年集体经济收入约9500万元，2017年股份分配每人7500元。

【两委换届】 2017年5月9日，冈南村以差额选举、无记名投票的方式选举产生新一届党组织委员会委员：蔡显华、邓巧玲、蔡永杰、蔡权盛。

【党建工作】 2017年冈南村有党员173人，其中新入党7人，发展对象3人，入党积极分子2人，本科以上学历党员45人，两新党支部党员5人。冈南村组织全体党员干部认真学习党的十九大报告全文和新修订的党章，以"两学一做"学习教育和"不忘初心、牢记使命"主题教育为载体，带头组织开展专题学习三次，送发十九大相关读本2000多册，开展党员谈心谈话60多人次，收到党员学习心得体会40余篇。

【村居建设】 2017年，冈南村加大基础设施的资金投入力度，投入330多万元完成农耕区道路硬化工程，涉及道路总长约3200米，村内主要干道全面安装路灯、种植绿化大树。有效解决遗留十多年的"断头路"问题，完善农耕区路网建设，同时方便农耕区洼口区域农户交通运输。启动晋兴工业园临靠轻轨桥底下方地块种植绿化工程项目。为切实推进森林小镇创建工作，对滨江公园进行综合升级改造，打造集健身、休闲、娱乐、旅游于一体的沿岸风光带。

【民生实事】 2017年，冈南村继续完善农村社会保障体系，全年支付城乡居民门诊23.52万元，基本医疗金额支出212.58万元，补充医疗保险金额支出46.86万元。每月为年满18岁的股民每人发放社保补贴450元，共支出1472.5万元；以上支出合计1755.5万元。为1113名35周岁以上的村民报销体检费用42.82万元。村帮扶基金帮扶10人次，支出2.25万元，结存21.4万元。全村有1212名老人每月至少领取500元的养老金。

【综治维稳】 2017年，冈南村总发案244宗，较2016年的262宗下降7.38%。其中刑事案件95宗，同比上升4.2%；治安案件118宗，同比下降39.83%；协助派出所开展突击联合行动，破获100宗案件，抓获各类犯罪嫌疑人115人，查获涉毒违法犯罪人员39人。冈南村全面推进网格化系统建设，全村分五个网格，年内上报处理事件数20宗、自报自理事件数24345宗、指挥中心下派事件19宗，完成结束19宗。全年无集体上访事件，无群体性事件和恶性刑事案件发生。

【文化教育】 2017年，冈南村高考优秀毕业生共30人，其中理科生15人、文科生15人。共发放奖励49500元。开展"博爱100公益创投活动"之免费校外智育辅导班，由12名大专以上学历的智育导师每周六下午三点轮流对在校一至六年级的学困生进行辅导；另开展书法公益培训班、武术公益培训班等。

【体育活动】 2017年，冈南村开展青少年羽毛球公益培训班，经过严格筛选，共10名学员参加了训练。组队参加镇"利和广场杯"五人龙舟公开赛，获镇内组第一名、第三名、第七名、第十八名的佳绩。在古镇职工趣味运动会上，荣获村（居）组第一名，冈南幼儿园获幼儿园组第一名，晋兴家园队获企业组第二名。

【扶贫工作】 2017年，冈南村有低保低收入家庭2户，临时困难家庭3户。全年为每户困难家庭发放1000元节日慰问金，为临困家庭儿童发放6000元学习补助，退伍军人发放72000元节日慰问金。2017年，冈南村扶贫基金帮扶个案10例，使用款项2.25万元。冈南村党支部对口帮扶潮州市宫下村，除为12户帮扶对象送上慰问金（500元/户）、大米及食用油，还捐赠3万元用于宫下村建设小学操场。

【消防安全整治】 2017年，冈南村全面开展安全生产暨消防安全大排查整治，累计检查工厂企业588家、三小企业801家、大型出租房47家，签订安全生产暨消防安全责任书1436份，下发整改通知书84份，按期整改84家，整改率为100%。强化村委对安全责任制落实情况，做到谁检查，谁签字，谁负责。6月开展"安全生产暨消防安全万里行"活动，在晋兴工业园、批发市场等人流密集的地方派发宣传资料425份。暑假期间加强汛期安全辖区易溺水区域排查，在辖区内河道新增警示标识20块。在台风"天鸽"来临前派发宣传单张80多份，排查120多家企业，撤离人员250多人。11月开展工贸行业企业使用危险化学品安全专项整治，共出动检查人员30人次，检查单位96家。2017年，冈南村未发生重特大设备及人身伤害事故。

【环境整治】 2017年，冈南村针对群众反映最强烈的市场卫生问题，重点清理农贸市场、内街小巷、工厂周边的积存垃圾，其中生活垃圾做到日产日清，工业垃圾采取门前三包和定时定点处理相结合。综合整治辖区内主次干道、农贸批发市场占道经营和违章广告牌现象，取缔占道经营550宗（整治宵夜档位268宗），下发限期整改通知书800余份，拆除不规范广告牌50多块。分阶段实施工业区道路亮化工程，完成西岸南路、工业大道等路段118盏节能路灯改造工程。

（蔡兰芳）

曹一村

【曹一村概况】 曹一村位于古镇镇的中南部。村内沙水公路西至小榄镇105国道，东至江门市外海大桥，交通四通八达。占地面积约5564亩，2017年户籍人口1470多户、6540多人。近年来曹一村先后获得"广东省卫生村""广东省教育强镇先进单位""广东省文明村""全国群众体育先进单位""中山市生态示范村""中山市宜居示范村庄"等殊荣。曹一村民委会驻古镇镇新兴大道东16号。

【经济发展】 曹一村收入以物业出租为主，主要物业有天宏物流园、朗达广场、环球广场、路灯城、配件城。近年来根据市场需求和经济发展现状，曹一村与时俱进，因地制宜，充分利用生态公园和优越的地理位置等优势，规划开发天宏绿茵豪庭重点项目。该项目的建设和顺利推广为村集体经济带来新局面，在村集体增益创收方面起到关键性和带动性作用。2017年曹一村经济收入8000多万元，股份分配6000元/人。

【两委换届】 2017年4月，曹一村完成第六届支部换届选举，选举出侯佳恒、林淑裘、陈雨田、区顺松、李庭广等为第七届党支部成员，侯佳恒为党支部书记。5月，完成第七届村民委员会成员换届选举，选举侯佳恒为村主任,陈雨田、林淑裘、侯健明为村委员。6月,选举产生曹一村第七届村民代表95名(其中妇女代表31人)。

【党建工作】 2017年,曹一村共有党员147人,新入党2人,发展对象2人,入党积极分子2人,本科以上学历党员47人;"两新"组织党支部8个,党员30人。运用党员联系群众"1+3+N"模式,提供党员志愿服务,开展救难扶贫工作,帮助帮扶对象乐观面对生活困难。曹一村共有正式党员144人,预备党员1人,发展对象1人,入党积极分子5人,其中本科以上学历党员47人。曹一村两新组织党支部共有8个,党员30人。支部通过党员联系联众"1+3+N"模式,为群众提供党员志愿服务,并积极开展救难扶贫工作,帮助帮扶对象乐观面对困难。十九大召开后,通过视频学习会、"学报告、学党章"党员教学专题考试、学习主题会、党员谈心谈话等方式,落实"三会一课"、党小组学习等制度,通过营造全民学十九大精神的氛围,为曹一村试点创建基层党建示范村打好基石。

【民生实事】 2017年,曹一村为参加城乡居民门诊基本医疗保险的村民支付约300万元,为参保股民及符合市财政补贴的"农转城"参保人员等发放社保补贴款1182.446万元。为1827名35周岁以上的村民报销体检费用100多万元。重阳节在曹一文化广场举办敬老晚宴,为1300多名老人派发慰问金103.6万元。村帮扶基金帮扶15人次,支出137.95万元,结存133.68万元。投入300多万元更换村场老化水管,解决村民用水问题,完成西盛街、三圣街等支巷道的供水管更换。

【综治维稳】 2017年,曹一村案发总数79宗,同比下降22.27%,破案74宗,抓获犯罪嫌疑人258名。受理劳资争议纠纷案件49宗,为工人讨回工资及补偿金66876.6元。曹一村治保会(交通组)"飓风行动"查获无牌无证车辆40余台,处理违停车辆2000台,清理"僵尸车"50台;派发道路交通警示通知单2000多份、交通安全宣传单张500份。检查食品药品相关企业240家次,派发整改通知书133份。排查发现1家非法(牙科)营业场所,已派发整改通知书,并上报卫计部门。

推进网格化社会服务管理。全村分四个网格,每个网格由一名网格长与三名队员负责。上报处理事件数66宗,自报自理事件数6231宗,指挥中心下派事件15宗。推进视频监控系统建设,实现电子监控视频系统覆盖全村,在治安重点地段、主要交通要道、公共场所等安装摄录一体机,村场治安案件发案率同比下降八成。

【文化教育】 2017年,曹一村投入教育经费约120万元。中考考上市内4所重点中学的有15人,其中中山纪念中学6人,一中4人,侨中3人,实验中学2人。村内现有曹一幼儿园、曹一小学两所学校。曹一幼儿园有教职员工49人,设置11个班级,幼儿432人;曹一小学有学生708人,15个教学班,教师37人,其中研究生学历2人,本科学历34人,一级教师23人。2017学年期末考试中,全校一至六年级的语文、数学、英语、综合各科成绩均跃居全镇第三名。曹一小学所获奖项还包括:中小学幼儿园推进素质教育目标管理评估一等奖,小学生健康知识竞赛第一名,古镇镇乒乓球比赛团体总分第三名。

依托"2+8+N"的社区综合服务体系,曹一村将原旧水厂大楼(约350平方米)建设成集宣传教育、文化娱乐、体育健身和素质提升等功能于一体的基层综合性文化服务中心。中心配置电视机、象棋、扑克、麻将等文化活动器材，藏书4000多册。

【体育活动】 2017年，曹一村投入100多万元开展合唱、舞蹈比赛等活动。曹一村荣获的奖项包括：古镇镇青年"一学一做"教育展演暨五四文艺比赛三等奖、最佳组织奖，古镇镇职工趣味运动会农村组第四名及优秀奖，古镇镇和美杯农村男子篮球赛第四名，古镇五人龙舟赛镇内组第九名、第十二名、第十四名、第二十七名、第三十六名。

【扶贫工作】 2017年，曹一村有低保困难户11户，残疾人70人，享受高龄津贴的老人132人，重点优抚对象13人，退役士兵104人。全年慈善基金会帮扶总支出137.95万元，其中重大疾病救助支出15.6万元，帮扶15人次；春节、中秋节、年底慰问低保、困难家庭帮扶支出13.55万元，帮扶92人次。

【消防安全整治】 2017年，曹一村对辖区内2000多家企业进行全面的排查，全年共检查发现存在隐患企业141家，对其中87家厂企进行停电停业整顿。联合镇消防部门对辖区内的餐饮企业、汗蒸房等场所进行地毯式排查，发现3家企业使用环保油，已要求企业完成整改。在曹一幼儿园开展消防演习，现场演示灭火器、消防水枪、消防水带等消防器械使用方法，并针对幼儿园地理环境，着重讲解逃生技巧。

【环境整治】 2017年，曹一村贯彻落实河长制，成立河长制责任工作小组，每月向镇级部门汇报巡查情况。村绿化小组配合创建文明城市整治工作，对各主次干道、大街小巷、公园和空置地、风巷、内河涌及两旁等的卫生死角和"四害"孳生地开展清洁卫生大行动。曹一村"三线"整治工作小组配合镇执法分局的整治行动，联合三大运营商共同整治空中线缆。村场新增200多个垃圾桶，清理4万多张"牛皮癣"、200多条布幅广告。

（廖月嫦）

曹二村

【曹二村概况】 曹二村位于古镇镇东部，东临横琴河与小榄镇一河相隔，南与曹三村相接，西与曹一村相接，北与海洲接壤。面积约383万平方米，2017年有常住人口11800人，户籍人口5737人。曹二村委会驻古镇镇曹二长安路78号。

【经济发展】 2017年，曹二村集体经济收入以租金收入为主，主要出租物业有新均都沙工业区、均都沙工业区、金三角工业区、大信、灯配城、木材市场、曹二东厢市场等。2017年集体总收入5615.22万元，其中商铺出租收入661.80万元，厂房出租收入709.63万元，工业地出租收入3814.04万元，住房出租收入18.83万元，临时市场租金320.02万元，鱼塘承包收入18.22万元，其他收入72.67万元。股份分红5000元/人。

【两委换届】 5月30日，曹二村选举产生新一届党支部领导班子，分别为：书记邓兆恩，委员李平稳、何焯辉、李建均。6月7日，选举产生村民委员会主任1名和委员2名，分别为李平稳和何焯辉、汤有屏。

【党建工作】 2017年，曹二村有党员153名，新迁入大学生党员2名，入党积极分子2名，本科以上学历党员57名；

新建立1个"两新"党支部，累计共有9个党支部。曹二村以支部标准化建设为载体，不断规范党员生活会会议制度，严格会议会场纪律，完善党员考勤制度，年内党员会议出勤率达90%以上。全年通过理论学习集体学、分组讨论集中学、专题报告辅导学等多种形式共召开12次党员学习会议。在十九大召开前后，通过报纸、微信公众号、宣传横幅及宣传栏等途径，向广大群众广泛宣传学习十九大的重要意义，及时组织村工作人员及党员干部收看十九大直播，开展专题学习会学习习近平重要讲话精神，组织观看专题教育片《不忘初心 继续前进》。

【村居建设】 2017年曹二村投入资金10万元对东平路、首德路、文兴路、长德横街路、中河路、南四路、恒益路、首龙新村大街、曹二小学对面桥头、曹二警务中队门口道路共10处路面进行修缮；对曹安南路东六巷及南四路接驳古神路口进行道路硬化；对东平路桥脚斜坡入口进行护栏安装；对村场道路修补沥青。

【民生实事】 2017年，曹二村基本医疗保险网报55143人次，全年缴费金额为2279377.80元。社保常规业务中，重制社保卡、新生儿制卡、新生婴儿办理补缴基本医疗保险、办理退休等业务全年达400多人次；申请补充医疗报销共24人；一年分三次为参保的股民发放社保补贴，全年合计发放社保补贴10230693.6元；为35周岁以上的村民开展免费体检活动，共1441人进行报销，支出809487.8元。

【综治维稳】 2017年，曹二村全面推进网格化系统建设，不断提升社会治安防控和社区管理水平，全年无集体上访事件，无群体性事件和恶性刑事案件的发生。全村分为8个网格，年内上报处理事件数3宗、自报自理事件数13613宗、指挥中心下派事件22宗，完成结束22宗。职能部门下派任务24宗，完成24宗。多次协助公安机关开展联防打恐工作，打击"黄、赌、毒"等各项违法犯罪行为，借助辖区视频监控设备、村村通工程、治安人员24小时巡逻，在人防技防技术布控下，全年破案刑事案件92宗，治安案件87宗。

【文化教育】 2017年，曹二村曹二小学在校生共1187人，比2016年新增3个班级，增加150人。曹二格林幼儿园在校生280人，共设置8个班级，获得中小学、幼儿园推进素质教育目标管理评估二等奖及古镇镇中小幼文艺汇演幼儿园组三等奖等。2017年，曹二村符合学（杂）费补助条件的学生726人次，共补助116940元，其中幼儿园学生562人次、972150元；普通高中学生161人次、193200元；职业高中学生3人次、4050元。

【体育活动】 2017年，曹二村积极开展各项体育活动。7月举办曹二村首届"生产队杯"五人足球赛、曹二村暑假青少年足球赛；8月举办曹二村第二届"富都杯"篮球赛。曹二周馆参加古镇镇2017年"中国体育彩票杯"段位考评暨第二届武术精英大赛，荣获50个金奖、5个银奖；曹二男子篮球队在古镇镇"和美杯"农村男子篮球赛中勇夺季军。

【扶贫工作】 2017年，曹二村有低保家庭9户、镇困难家庭1户。春节慰问低保、低收入及临时困难家庭28户，支出34500元；重阳节慰问困难老人26人，支出13000元。村扶贫基金向6名村民发放医疗救助金6500元；发放免息借款

69120元,帮助一低保户、一困难户进行危房改建;向低保、低收入及困难家庭发放节日慰问金47500元;资助一名困难家庭学生6811元。发放助残慰问金23500元;向13名优抚对象、123名复退军人等发放慰问金16.13万元。

【消防安全整治】 2017年,曹二村围绕"预防为主、综合治理"的方针,加大对临时市场、工业区等重点行业、重点区域的安全隐患排查整治力度。全年共检查企业2321家,排查隐患2321项,已整改2321项,停产整顿企业52家,有效促进安全生产形势持续稳定好转,全年没有发生安全消防事件。全年共开展消防讲座3次,悬挂消防宣传横幅15条。

【环境整治】 2017年,曹二村加强道路、公路沿线环境卫生保洁,新购置50个垃圾桶放置于村场各大街小巷,全面清理卫生死角、露天垃圾及"牛皮癣"。加强河涌清洁,开展河道水面漂浮物和淤泥的清理行动,拆除违法占用河道、影响河水通畅及河岸环境的违章建筑物,查处擅自向河涌排放垃圾、倾倒废弃物等违法行为,拆除河岸养殖区内违法开设的禽畜养殖场。加强建筑工地管理,加强对空置地不围蔽、工程运输车遗撒等乱象的查处力度。开展绿化养护保洁行动,加强灭蚊灭鼠,定期在各街道,特别是老旧居民楼及单位鼠类密集区域投药灭鼠,不定期在下水道、街道角落等喷洒灭蚊水。

(朱素芬)

曹三村

【曹三村概况】 曹三村位于古镇镇的东南面,与镇中心相连接。东面邻近古神公路和城轨古镇站,东南面的同益工业园与横栏镇相连接,泗益围土地紧挨沙古公路,西面与古镇灯都生态湿地公园一河之隔。2017年,户籍人口1301户、5922人,外来人口达8000人。辖区内设有一间全日制小学、一间幼儿园、一个医疗卫生站、一个农贸市场、五个老人活动室、多处休闲活动中心。近年来,曹三村获"征兵工作全优单位""慈善金星奖""农村安全监管工作先进单位"等荣誉称号。曹三村民委员会驻古镇镇曹三大街48号。

【经济发展】 曹三村集体经济收入以物业出租为主,2017年集体总收入4000多万元,其中工业地租金收入约1800万元,农业地租金收入约35万元,五金灯配城租金收入约1300万元,农贸市场租金收入约130万元,泗益围土地拍卖收入约1300万元。年村民股份分红5000元/人。年内,曹三村大力开发泗益围工业用地,包括通过网上挂牌拍卖和办理用地办证手续;落实曹三五金灯配城为期2年的租金优惠及招商政策方案,吸引4家大型的餐饮企业进驻;房地产开发项目进入开发模式论证及设计方案深化阶段。

【两委换届】 2017年,曹三村选举产生新一届两委班子:书记区泽林,委员朱艳芳、陈锦添、劳武珍、汤锦旋;第七届村民委员会成员:主任区泽林,委员劳武珍、朱艳芳、陈锦添、汤锦旋。5月24日,推选出90名村民代表和7名村民小组长。5月26日,选举出新一届村务监督委员会:主任汤广胜,委员朱长球、区达深、李务申、孙悦国、汤成亮、林满森。

【党建工作】 2017年,曹三村有党员161名,其中预备党员4名,接收迁入学生党员3名。

每月坚持党支部学习例会，全年开展"两学一做"、知识考学、党支部书记讲党课等主题活动，学习贯彻宣传党的十九大精神等主题教育，同时充分利用横幅标语、电子显示屏、宣传栏、微信公众号推送等多种宣传形式，在村委办公区、曹三小学、幼儿园、各村小组老人活动中心等公共区域全面铺开十九大精神气氛布置，营造全民共学共享的活跃气氛。通过"六册"制度，对党员从培养发展入党、参加组织生活、交纳党费、作用发挥等情况进行记实管理，在12月的党员大会，对出勤率低的党员进行点名通报，严肃考勤制度。结合镇领导干部驻点普遍联系群众制度、机关"五助"帮扶、重大节假日慰问活动，及时解决群众诉求，密切党群干群关系，发挥党员先锋模范作用。

【村居建设】 2017年，曹三工业大道南桥及南北引坡道路改造工程通过验收并投入使用；完成第四围、佳福围的停车场建设，新增300多个车位；完成工业大道南桥段电线改造、村委会门口变压器迁移及长塘巷尾加装变压器工程；完成泗益围400亩工业用地道路及市政设施工程的建设。

【民生实事】 曹三村大力开展创建星级社区服务中心工作，民政、户籍、国土、计生、社保五个窗口、20多个项目进驻服务中心。每日增加即办即结业务10余次，办理效率提高30%，全年共为群众办理各类事项4500余件，办结4470件，办结率为99%。2017年，曹三村基本医疗保险网报58214人次，全年为村民购买基本医疗保险达268万元，补充医疗保险约53万元；申请（古镇）补充医疗报销共16人；每月为年满18岁的村民（有参养老保险的股民）发放社保补贴300元/人，共支出1023.61万元；为35周岁以上村民/股民发放1000元/人体检费用补贴，共1330人进行了报销，支出125.03万元。为138名老年人提供下乡体检服务，为841名60周岁以上的村民购买意外伤害综合保险。村民可享受十五年义务教育福利。老人事业开展常态化，组织退休村民观赏龙舟赛，举办重阳晚宴、老人生日会等敬老活动。10月28日，在曹三健身广场举办重阳敬老祝寿晚宴，并对每位老年人发放500元的节日慰问金。一年两次的老人生日会为每位寿星发放50元的节日慰问金。

【综治维稳】 2017年，曹三村多次协助公安机关开展联防打恐工作，打击"黄赌毒"等各项违法犯罪行为，借助辖区视频监控设备，建立人防网和物防网，对维持村内治安起到良好的作用。大力推进网格化系统建设，全村分六个网格，上报处理事件数7宗、自报自理事件数6303宗。搭建法律咨询平台，每月提供两次免费的法律咨询服务，引导群众运用法治思维和法治方式解决问题、化解矛盾。创新帮教思维，建立村社合作戒毒帮扶工作机制，对在册人员全员覆盖、全程跟踪、全面规范、全力转化。全年破案刑事案件15宗、治安案件110宗，无集体上访事件、群体性事件和恶性刑事案件发生。

【文化教育】 2017年，曹三童星幼儿园紧跟幼教改革的步伐，获得"古镇镇中小学、幼儿园推进素质教育目标管理评估"一等奖；参加古镇镇中小幼学生智力运动会，围棋获幼儿组团体第一名，国际象棋获团体第六名；参加古镇镇"中小幼学生百米绘画比赛"，获幼儿园组二等奖。

曹三小学实践"雅行"教育的办学特色方向，有200多人次在学科竞赛中获奖。其中在中山市青少年科技创新大赛中获二等奖1个、三等奖2个,在创客制作大赛中获省二等奖1个、三等奖3个,市一等奖1个、二等奖2个。本学年毕业生考取中山纪念中学1人、中山市华侨中学2人、中山市实验中学1人。刘建国、黄艳平老师被评为古镇镇第二届名师、名班主任。

【体育活动】 2017年,曹三村通过开展各项全民健身活动,促进村内精神文明建设,提升村民幸福感、获得感。春节期间举办乒乓球比赛、篮球比赛、象棋比赛、醒狮武术表演,重阳节举办粤曲表演;电子阅览室实行免费开放,3000多册图书供群众借阅;篮球场免费对外开放并提供灯光照明。曹三村体育健儿在古镇镇运动会和古镇镇职工趣味运动会中分别获得村(居)组第八名和第三名的好成绩。在古镇镇"利和广场杯"五人龙舟公开赛上,分别获得第三名和第二十四名的名次。

【扶贫工作】 2017年,曹三村党支部联合供销社党支部和邮政分局党支部对口帮扶饶平县浮滨镇排江村3万元,用于民生建设项目。发动党员进行捐款,共筹得善款8050元。围绕"应保尽保、应补尽补"的工作思路,发挥村扶贫基金作用,全年对村内困难群众实施医疗救助累计11人次,合计64300元。

【消防安全整治】 2017年,曹三村严格实施消防网格化管理,分组落实名单,做好企业安全生产巡逻。消防安全巡查员每季度对辖区经营单位提供不少于6次的消防安全知识宣传及消防器材应用培训。全年共检查厂企、"三小"企业1987家次,发出整改通知书204份,停电处理16家,签订责任书1329份。破获违法运输销售汽油3宗、违法储存燃气2宗、非法运输销售燃气2宗。同时,协助镇有关部门开展占用消防通道的违章建筑整治工作,共清拆约15500平方米。在辖区人员密集地方悬挂消防安全防范横幅15条,派发宣传单张1750份。

【环境整治】 2017年,曹三村聘请专业的有资质的公司定期清洗村场的下水道、路面,保持登革热零疫情的好成绩。结合森林小镇创建工作,投入约120万元,在泗益围、曹三工业大道南桥路段、第四围停车场等地块,种植各种树木共约2800棵。结合河长制工作,推进创业园中心河整治工程,同时分别在观音河两岸、交剪桥一带堆砌混凝土栏基,有效拦截河边垃圾和保障小车停放安全。

(王至尚)

居委会

【古镇居委会概况】 古镇居委会是古镇唯一的居民社区,设有公共服务中心、实行窗口"一站式"服务,极大地方便居民群众办事。2017年有居民3536户、8362人,分布在古镇的曹、古、海三个片区。年内,古镇居委会顺利完成两委换届选举工作,完成社区妇代会改建妇联工作,修改《古镇镇(社区)居民委员会自治章程》。2017年,居委会荣获慈善金奖荣誉称号。古镇居委会驻古镇镇公园路4号2楼二层(全民公益园旁)。

【民生实事】 2017年居委会慈善基金筹集善款近62万元,主要用于重阳敬老、困难家庭、重疾人员、重点优抚对象等。在镇政府大力支持下,居委会发放独生子女保健费19440元,发放术后补助金124560元，为社区3名失独家庭每人购买800元计生保险。继续做好随访服务，2017年共随访89个育龄妇女，发放费用1790元。在春节、六一儿童节、母亲节等节日对社区困难妇女家庭、单亲、困难儿童家庭、临时困难及重大疾病进行帮扶慰问，给他们送上慰问品及慰问金。2017年8月，新一届两委班子结合"驻点联系群众工作"，体察困难群众、困难党员的生活居住情况，合计走访53户。走访过程中，听取各方面的意见和建议，并对行动不便的人员进行送学上门，发放慰问礼品53份。为提高老人的服务水平，古镇居委会4月至11月组织年满60周岁的长者共457人参加体检。2017年10月25日，古镇居委会在银泉酒店举办九九重阳节庆祝晚宴，共一千多人欢聚一堂，筵开121席，海洲分片筵开61席，曹步分片筵开27席，总共筵开209席。

【两委换届】 2017年5月16日，居民区党支部换届选举党员大会在古镇社区学院多功能厅举行，200多人参加了会议，并通过无记名投票进行党支部换届选举。发动合格选民参与居民代表选举。经合资格选民投票，产生53名居民代表，其中古镇25名、曹步10名、海洲15名、非户籍代表3名。经换届选举产生党支部书记、村主任黄瑞斌，副书记魏达文，支委（居委）委员邓艳红、肖伟强，居委委员曾艳芬。7月，居民代表选举产生监督委员会主任袁显南、副主任何伯煊，委员区健伟、袁雪英、陈欢爱。

【党建工作】 2017年，古镇居民区党支部有党员258名，与2016年持平。其中男性党员182人，女性党员76人；少数民族党员1人（瑶族）。大专及以上学历党员117名，占党员总数的45.34%。35岁及以下的党员69名，占党员总数的26.74%；36岁至45岁的党员42名，占党员总数的16.27%；46岁至60岁的党员49名，占党员总数的18.99%；61岁及以上的党员98名，占党员总数的37.98%。居委会转正党员3名，接收预备党员1名，开除党籍1名，处理不合格党员1名，自行脱党1名。

2017年，共走访群众2051户，受理群众咨询219起；重点走访老党员、困难党员、低保家庭、优抚对象等606户，接受78户群众意见建议，转交其他部门处理意见22份。

居委会深入贯彻学习"十九大"精神，实现学习教育全覆盖。10月18日，组织党员收看十九大开幕盛况，认真聆听习近平总书记的工作报告，并现场谈感受分享心得。12月8日，在古镇全民公益园多功能厅组织全体党员开展深入学习贯彻党的十九大精神报告会，邀请市委宣讲团成员王福山教授作十九大精神专题报告。12月29日，社区举行贯彻党的十九大精神之"先行先学，从我做起"职工知识竞赛活动。

【文化教育】 2017年，古镇居委会共有723人次享受古镇幼儿园和高中（含职中、中专、中技）学生免费教育政策，镇财政共补助100多万元。居委会充分利用宣传栏、婚育学校、妇女之家、儿童友好社区等宣传阵地，大力开展各式各样的社区文化活动。全年开展家庭健康服务教育共6场、大型宣传活动4场，发放计生政策、法规健康保健、妇幼、家庭育儿宣传资料2500份；积极宣传流动人口积分制和均等化政策，开展流动人口送健康、送服务咨询活动4场，派发积分制资料800多份。

【扶贫工作】 2017年古镇居

委会低保低收入、困难家庭在册登记5户。2017年共完成扶贫救助12人，救助款项29000多元。8月，两委成员对居委会困难家庭、困难党员开展慰问活动，共慰问48户，慰问金额4800元，还为每一户送去大米、粮油等慰问品。另外，驻村组领导及两委成员分别到居委会困难群众、重点优抚对象家中走访慰问，为15户家庭送去米、油等慰问品和慰问金。8月，居委会召开涉及扶贫领域项目资金专项工作会议，对潮州饶平帮扶和镇内困难人员帮扶的项目资金进行全面梳理，建立扶贫项目资金自查台账并接受纪委监察室及广大群众监督。

【儿童文化艺术节】 2017年，居委会大力发展社区儿童事业，不断提高社区文化生活，举办第六届儿童文化艺术节暨庆六一"修身·阅读·传承"三字经阅读朗诵比赛，共26个节目，50多名儿童参加了活动，参赛儿童精选篇目进行朗诵，并结合舞蹈、武术、歌曲的形式，把《三字经》里优美的品德声情并茂地在舞台上表现出来。活动共发放奖金3700元，礼品50多份。

（林彩英）

曹步联队

【曹步联队概况】 曹步联队（简称"曹联"）位于曹步片三村交会之处，全称为中山市古镇镇曹步经济合作社，为集体所有制性质的经济组织，独立于13个村（居）之外，全资拥有下属企业中山市曹步市场服务管理有限公司，2017年集体经济收入800多万元。20世纪60年代，曹步联队作为一个管理社队企业的党支部而存在，负责管理农田水利、鱼苗场、磷肥场、壳灰场、砖瓦场等企业。1967年5月，曹步片重新丈量土地，各自发展，并预留了72亩土地给曹步联队作单独发展。2017年，曹联有党员18名，含两委干部3人。曹联驻中山市古镇镇曹兴中路63号。

【经济发展】 曹联以物业租赁为主要经济收入来源，包括一个占地20多亩的大型综合市场和酒楼。大型综合市场包括经营餐饮、服装、日用百货、畜鸟、水产、粮油副食、蔬菜瓜果等商品与服务，拥有大小商户100多户。2017年曹联继续投入资金，对综合市场进行安全、环境、硬件设施和管理升级改造，重点抓食品安全建设。7月8日，中山市食品药品监督管理局副局长徐世平到曹步市场视察。9月6日，中山市食品药品监督管理局副局长徐世平、古镇镇党委、副镇长崔超文等领导率队再次到曹步市场视察农贸市场食品安全工作。

【民生实事】 2017年，曹联积极参与古镇镇和曹步当地的公益慈善活动，在中秋、重阳、春节等传统节日，为曹步各村（居）的困难、低保家庭及适龄老人送上慰问金和慰问品。2017年12月22日，通过镇慈善会定向对曹步中学捐赠价值40多万元的智慧课堂等设备，进一步推进曹步中学信息化技术的运用，提升其办学水平。赞助古镇镇和曹步当地的各类体育球赛以及龙狮表演，冠名赞助第二届曹步片曹联杯男子篮球赛，捐助一年一度的古镇镇慈善万人行和古镇国庆龙舟竞赛活动，在重阳节（老人节）为曹步各村（居）的适龄老人发放慰问金并组织著名粤剧团送上精彩的表演。

（黄惠英）

人物
FIGURES

2017年全国性荣誉获得者

苏炳添 1989年8月出生,古镇镇古一村人,中国男子短跑运动员,暨南大学体育学院副教授,男子60米、100米亚洲纪录保持者。2007年进入广东省田径队,两年后进入国家田径队。2012年在伦敦奥运会男子100米比赛中,苏炳添以小组第三的成绩晋级半决赛,成为中国短跑史上第一位晋级奥运会男子百米半决赛的选手。2015年5月,苏炳添在国际田联钻石联赛美国尤金站中以9秒99的成绩获得男子100米第三名,成为真正意义上第一位进入9秒关口的亚洲本土选手。2017年5月,苏炳添在国际田联钻石联赛上海站男子百米赛中以10秒09成绩夺冠,成为第一个在钻石联赛百米大战中夺冠的中国人。

刘建辉 男,1962年5月出生,广东潮州人,大学本科学历,1984年参加工作,1988年加入中国共产党,历任中山市坦洲镇党委委员、副镇长、副书记、纪委书记,中山市沙溪镇党委副书记、镇长,中山市交通运输局副局长,中山市社会工作委员会专职副主任,中山市古镇镇党委书记、人大主席,现任中山市古镇镇党委书记。在古镇镇任职期间,致力于特色小镇建设,全面加快灯饰产业转型升级,全面提升创新驱动发展水平,推动灯饰产业发展发挥积极作用,被评为中国轻工业特色区域和产业集群管理与服务先进个人。

2017年广东省荣誉获得者

郑国黔 1981年9月出生,2003年8月参加工作。现就职于中山市环境保护局古镇分局,主要从事信访工作。2017年7月参加"广东省环境保护厅大气和水污染防治专项督查工作"获第五轮次先进个人。

文江楠 汉族,1989年10月出生,广东中山人,共青团员。2008年5月加入中国共青团,2012年10月进入古镇专职消防队,现任中山市古镇镇第二专职消防队副中队长。入职六年来,共参与灭火救援行动2300余次,救出被困人员20余人,为单位赢得良好的声誉。在2017年广东省城市专职消防队业务技能会操中勇夺建筑火灾内攻操第二名、团体总成绩第一名的优异成绩。被广东省公安消防总队评为2017年度全省消防部队业务技术能手。

古国兴 汉族,1979年4月出生,广东梅州人,中共党员。2008年6月入职中山市古镇镇第一专职消防队,相继担任班长、副中队长、中队长。在他的带领下,古镇第一专职队在2012年、2013年、2015年支队会操比赛中分别取得第一名的好成绩。在广东省公安消防总队2012年专职消防员比武竞赛中荣获平地控火操项目的第四名。古镇专职队5名队员代表中山支队参加

2017年广东省城市专职消防队业务技能比赛，取得全省比赛团体第一名的优异成绩，是中山消防有史以来政府专职消防队在全省比赛中的最好成绩。古镇专职队先后被评为2016年度、2017年度全省政府专职消防队"先进单位"。获评2017年度全省专职消防队优秀专职消防队长。

廖孟星 汉族，1996年7月出生，广东茂名人，中士，共青团员。2014年9月应征入伍，现任中山市古镇中队战斗二班班长，多次被支队选拔参加总队比武，获到不少优异成绩，获评2016年度全省消防部队优秀共青团员。2017年被总队评为2017年度执勤岗位练兵先进个人。

周建龙 汉族，湖南湘潭人，1984年11月出生，2004年12月入伍，四级警士长，2007年加入中国共产党，现任中山市公安消防支队古镇中队中队长助理。先后获评2005—2008年度优秀义务兵和优秀士官；2010年参加广东省公安消防总队粤港澳消运会荣立三等功；获评2013年度全市消防部队优秀共青团员；获评2015年度全市公安消防部队优秀共产党员；被广东省公安消防总队评为2017年度全省公安消防部队优秀共青团干部。

何伟业 1979年出生，现任中山古镇供电分局配电部配电运维班班长。1998年7月参加工作，20年来一直坚守在电力安全生产的班组一线，深知安全生产的重要性。1999年，任高压班班长，作为施工现场第一责任人，以更严格的标准要求自

己，并不断加强学习，严格按照各项规章制度开展工作。2003年，因工作需要调任急修班班长，得到了进一步的考验和锻炼。何伟业兢兢业业，扎根一线，积累了丰富的安全生产经验。参与省公司安全性评价、古镇各项保供电、古镇分局"止跳行动"的精益管理项目以及抗击台风"天鸽""山竹"等工作，得到上级领导的肯定，先后被评为"广东电网公司2017年安全生产先进个人""中山供电局先进工作者""止跳行动先进个人""古镇供电分局年度先进工作者""抗风救灾先进个人"等。

魏卓伟 1981年出生，是中山供电局古镇供电分局的一名员工，现担任古镇供电分局配电部可靠性助理专责职务。一直从事配网运行维护、大修技改、供电可靠性、固定资产管理等工作。至今为建设安全、稳定、可靠的古镇电网，组织实施了380多个工程项目，总投资达3.2亿元；建设的公用配变230多台，中压线路20多千米，低压线路200多千米。曾经参加安全性评价、供电可靠性金牌企业评选、中山供电局QC项目评选、中山供电局精益管理项目等创新工作。曾获"中山供电局优秀工作者""中山供电局工会积极分子""中山供电局古镇供电分局优秀员工"等称号。被评为广东电网公司2017年度生产技术工作先进个人。

李荣科 1982年4月出生，是中山供电局古镇供电分局的一名员工。现担任古镇供电分局配电运维班小组长职务。自2003年加入古镇供电分局以

来，一直从事配网运行维护、施工验收、供电可靠性、保供电等工作。至今为保证古镇电网安全稳定运行，组织实施了对全镇高低压线路设备巡视12350条次，为全镇2060多个客户解决用电故障问题。组织参与华艺广场、利和广场、星光联盟等通电验收工作；古镇灯博会、灯光文化节、南方绿博园等大型保供电项目。曾经参加广东电网配电线路专业竞赛、中山供电局新员工培训、中山供电局应急电源车作业指导书制定等。获"广东电网公司生产技术先进个人""第26届世界大学生运动会保供电先进个人""中山供电局安全生产先进个人""中山供电局安康生产一般贡献奖""中山供电局工优秀设备主人""中山供电局古镇供电分局优秀员工"等称号。被评为广东电网公司2017年度生产技术工作先进个人。

2017年古镇镇市级荣誉获得者名录

姓　名	性别	奖　项
何新煌	男	2017年度市纪委考核"优秀"
区立森	男	2017年度党委系统优秀督查工作者
蔡耀伟	男	中山市市委优秀信息员
区锦钊	男	2017年度中山市先进气象协管员
张益建	男	2017年中山市专武干部集训考核总分第十名
刘冠贤	男	2017年度中山市优秀教师 中山市校园子网站建设先进个人
邓秋元	男	2017年中山市优秀责任督学
何红英	女	2017年中山市优秀责任督学
李瑞良	男	2017年中山市优秀责任督学
王耿佳	男	中山市体育课余训练先进工作者 中山市"体育彩票杯"青少年击剑锦标赛优秀辅导老师
蔡玉婷	女	中山市第六届"十佳记者"
袁永华	女	中山市2017年卫生计生新闻信息报送工作先进个人
蔡冬娜	女	2017年度中山市综治工作（平安建设）先进个人
蔡娟	女	2017年度中山市流动人口管理工作先进个人
冯耀广	男	2017年度中山市流动人口管理工作先进个人
凌荣生	男	2017年度中山市流动人口管理工作先进个人
邓荣灿	男	2017年度中山市流动人口管理工作先进个人
蔡键沛	男	2017年度打击走私综合治理专项行动先进个人
李俊杰	男	2017年度打击走私综合治理专项行动先进个人

（续上表）

姓　名	性　别	奖　项
陈敬朗	男	2017年度打击走私综合治理专项行动先进个人
区德洪	男	2017年度中山市水务系统优秀政务信息员
陈韶凤	女	2017年中山市"综合病例下站点式"护理技能大赛三等奖
朱梦果	女	2017年中山市"综合病例下站点式"护理技能大赛优秀奖
陈广俊	男	个人三等功
陈淳博	男	个人三等功
梁亨	男	个人三等功
廖严海	男	个人三等功
冯坚坚	男	个人二等功
邓卫伟	男	个人三等功
冯坚坚	男	个人三等功
李东鹏	男	个人三等功
黄镇昌	男	在抗击台风抢险救灾工作中表现突出个人
张伟	男	在抗击台风抢险救灾工作中表现突出个人
黎家仕	男	在抗击台风抢险救灾工作中表现突出个人
王其渊	男	在抗击台风抢险救灾工作中表现突出个人
岑郁兵	男	公务员三等功（2014—2016连续三年年度考核被评为优秀） 公务员嘉奖（2016年年度考核被评为优秀）
胡秀龙	男	中山市公安消防部队优秀共产党员
钟文海	男	中山市公安消防部队优秀警官
余建枫	男	中山市公安消防部队优秀警官
廖孟星	男	中山市公安消防部队优秀士官
陈泽武	男	中山市公安消防部队优秀士官
梁子麒	男	中山市公安消防部队优秀士官
谢俊	男	中山市公安消防部队优秀义务兵
钟良润	男	中山市公安消防部队个人嘉奖
黄晓胜	男	中山市公安消防部队个人嘉奖
谭湘杰	男	中山市公安消防部队个人嘉奖
何金明	男	中山市公安消防部队优秀政府专职消防队队员
吕良捷	男	中山市公安消防部队优秀政府专职消防队队员
谢文杰	男	中山市公安消防部队优秀政府专职消防队队员
钟喜庆	男	中山市公安消防部队优秀政府专职消防队队员
黎健长	男	中山市公安消防部队优秀政府专职消防队队员
徐昕	男	中山市公安消防部队优秀政府专职消防队队员
陈坚举	男	中山市公安消防部队优秀政府专职消防队队员

（续上表）

姓　名	性别	奖　项
曾志彬	男	中山市公安消防部队优秀政府专职消防队队员
刘瑜欢	男	中山市公安消防部队优秀政府专职消防队队员
袁培林	男	中山市公安消防部队优秀政府专职消防队队员
文江楠	男	中山市公安消防部队优秀政府专职消防队队员
张子南	男	中山市公安消防部队优秀政府专职消防队队员
农基英	男	中山市公安消防部队优秀政府专职消防队队员
彭康能	男	中山市公安消防部队优秀政府专职消防队队员
曹倚腾	男	中山市公安消防部队优秀政府专职消防队队员
陈　翼	男	中山市公安消防部队优秀政府专职消防队队员
罗　新	女	中山市公安消防部队优秀政府专职消防队队员
罗　新	女	中山市消防志愿服务先进个人
陈志勤	男	中山供电局2017年度配电专业先进工作者
周云胜	男	中山供电局2017年度电能质量管理专业先进工作者
罗　沈	男	中山供电局2017年度生产设备先进管理者
李永辉	男	中山供电局2017年度电费回收先进个人
王建平	男	中山供电局2017年度电费回收先进个人
王　炜	男	中山供电局2017年度四分管理线损先进个人
苏转好	女	中山供电局2017年度客户满意度服务能手
卢茂枝	男	中山供电局2017年度自动抄表及电子化结算服务能手
蔡群娣	女	中山供电局2017年度业务办理服务能手
陈嘉敏	女	中山供电局2017年度业务办理服务能手
袁振华	男	中山供电局2017年度用电检查服务能手
区荣波	男	中山供电局2017年度装表接电服务能手
伍文章	男	中山供电局2017年度电能替代及新能源推广服务能手
伍继勇	男	中山供电局2017年度市场营销管理先进个人
张　韬	男	中山供电局2017年度信访保卫工作先进个人
杨　帆	男	中山供电局2017年度精益管理专项先进工作者
陈光后	男	中山供电局"暖心行动"积极分子
冯　兵	男	中山供电局职业健康优秀工作者
魏卓伟	男	中山供电局优秀安全文化建设者
苏展立	男	中山供电局2017年度优秀规划新星
林庆文	男	中山供电局2017年度优秀规划主任
陈志勤	男	中山供电局2017年度配电专业先进工作者

文献
LITERATURE

政府工作报告

——2018年1月26日在古镇镇第十六届人民代表大会第四次会议上的报告

古镇镇人民政府镇长　匡　志

各位代表：

我代表古镇镇人民政府向大会作政府工作报告，请予审议，并请列席代表提出意见。

2017年工作回顾

2017年，在市委、市政府和镇党委的正确领导下，在镇人大的监督支持下，镇政府认真学习宣传贯彻党的十九大精神，按照中央、省、市决策部署，以习近平新时代中国特色社会主义思想为指导，深入贯彻落实习近平总书记对广东工作作出的重要指示精神，坚持稳中求进的总基调，竭力推进稳增长、促改革、惠民生、保平安等各项工作，深入实施"工业立镇、商贸强镇、生态美镇、和谐兴镇"等发展措施，"五位一体"建设再上新台阶，实现全镇经济社会全面发展取得新进步。

2017年，古镇镇深入推进供给侧结构性改革，大力实施创新驱动发展战略，全镇综合实力持续提升，全国综合实力千强镇排名71位，获中国轻工业特色区域和产业集群升级示范区称号、认定为广东省首批森林小镇等。全镇国内生产总值116.1亿元，工业增加值27.4亿元，服务业增加值84.6亿元，三产比例为1.1∶26.0∶72.9。固定资产投资71.1亿元，国地税总收入16.7亿元，地方一般公共预算收入5.29亿元，外贸进出口保持平稳。花卉苗木、龟鳖养殖等现代农业蓬勃发展，金融、物流、旅游等第三产业加速发展。预计2017年居民人均可支配收入达43878元，共有10个村集体年人均收入超1万元。回顾过去一年，突出表现为"五个更加"。

一、产业发展更加稳健

（一）市场主体有序发展。出台《古镇镇促进外贸稳定增长专项资金管理暂行办法》《古镇镇招商引资专项资金管理暂行办法》等惠企政策。举办"中国灯饰之都百强企业"评选活动，评选出100家扎根在古镇镇的优秀企业。全镇全年新增各类市场主体1004户，比增44.1%。引资2个亿元级项目，新建标准厂房12.46万平方米。金融机构存款余额260.6亿元、贷款余额203.4亿元。

（二）创新要素加速集聚。坚持创新引领发展，科研力量不断壮大。工业技改投资增长119.3%，研发经费占生产总值比重2.39%。高新技术企业56家，新型研发机构2家，科技企业孵化器1家，新三板上市企业3家。坚持原创设计，知识产权保护和运用不断提升。升级优化广知院中山诉讼服务处，实现远程立案、远程视频庭审、远程视频调解等，建成中山海关知识产权保护工作室。全镇专利申请量和授权量分别达11019件和8862件，连续6年位列中山市第一位，2017年提前实现首个万件外观设计专利强镇。

（三）特色展会彰显魅力。延续"一年两展、展店联动"的办展模式，成功举办第19届、第20届灯博会，其中第20届灯博会以"1+7展店联动"

超150万平方米展览规模，吸引118个国家和地区逾30万人次观展采购。以"点亮世界、放飞梦想"为主题，举办第三届中国古镇国际灯光文化节，共吸引了218.5万人次参与。

（四）区域实力整体提升。建成首个国家级出口工业品质量安全示范区，组建"灯都品牌联盟"，全球权威认证机构SGS及广贸天下网共同授予古镇灯饰全球采购基地认证牌匾。狠抓名牌名标，全镇省级著名商标11件，全国驰名商标3件，共55家企业获年度广东省守合同重信用企业荣誉称号。中山花木城园林有限公司成为古镇首家获"中山市市级农业龙头企业"荣誉称号企业。

二、城镇建设更加完善

（一）城镇规划不断推进。完成特色小镇项目规划，深入打造灯饰产业中心区，加快推进海洲城际中心规划。完成全镇总体规划编制修编工作，有序推进全镇各控制性详细规划的编制工作，推进海洲片区工业指标调整、曹步片区控规调整等审查工作。

（二）基础交通不断完善。推进城轨站交通枢纽首期工程、向阳二路中心河桥梁等项目建设，全线开通十水线（华廷路至同兴路）道路。编制《古镇镇镇内公交线网规划方案》，推进公交体制改革试点工作。投入3312万元完善交通基础设施建设，东兴路（第一期）"绿波带"完成设置并投入使用，创新对六坊花园周边等拥堵路段实施交通微循环。

（三）人居环境不断优化。强力推进"创文"和"四看"整治工作，制定首个户外广告管理办法（试行）规定，全年共清拆违法广告牌380宗，面积达4.13万平方米。推进"住改厂"专项整治行动，共检查"住改厂"533间。加大锌铁棚违章建筑查处力度，全年查处80宗。顺利完成2017年黄标车淘汰任务，查处无牌无证三轮车1277辆。加强大气污染防治、"小散乱污"整治、违法排污查处监察执法工作，立案查处60间违法企业。

（四）生态建设不断增强。推进三年绿化美化提升大行动，完成绿博园中心西路绿化改造、东兴东路渠化岛、湿地公园十水线段等绿化美化，大量种植红花楹、蓝花楹、宫粉紫荆等开花树种。推进同益中心河、浦板河等河道清淤疏浚工程，共疏浚河道4.74公里，总清土方2.1万立方米。落实河长制，沿河种植落羽杉等5400棵，绿化河道6.9公里，完成古三江头滘泵闸工程、海洲新开河工程等项目。注重城镇生态建设，启动横琴河岸生态整治，完善灯都生态湿地公园管理，西北组团体育公园如期建成开放，中心滨河湿地公园一期工程建设如期完成，加快推进灯都体育公园综合训练馆建设。

三、民生保障更加精准

（一）就业社保不断加强。通过举办大型公益招聘会、微信公众平台信息发布等方式，城镇新增就业3000人，城镇登记失业率为0.6%。城镇基本养老保险和基本医疗保险实现全覆盖，参加基本医疗保险人数达10.7万人。深入开展"五助"工作，2017年用于助学助贫助老的费用超过2800万，困难居民重特大疾病医疗救助比例提高到80%以上。加大全镇住房保障力度，推进慈善会释放公益枢纽活力。搭建信息化养老服务平台，为古镇60周岁以上社区老年人提供家政服务、康复护理、医疗保健等多样化服务。

（二）公共卫生服务持续优化。全面实现14项基本公共卫生服务均等化，公共卫生考核成绩在全市名列前茅，顺利开展健康家庭评选表彰活动。同益工业园区荣获流动人口计划生育协会省级示范点和省级青春健康项目示范点。提升中医药服务水平，全镇各社区卫生服务中心（站）均能提供中医药服务。成立广东省"西学中"培训基地。"国医大师韦贵康学术传承研究室"落户古镇镇。创办中山首家国医大师工作室。开展医疗援藏,与工布江达县共建友好医院。

(三)教育事业全面进步。推进古镇小学建设,中心幼儿园成功创建中山市一级幼儿园,新增等级幼儿园幼儿学位450个。全镇公益普惠性幼儿园总数达17间,占比达81%。通过流动人口积分制为1280名流动人员子女提供入读公办学校学位,社区学院全年招收正式学员近2000人,非正式学员近5万人。

(四)公共文化服务日益完善。率先搭建"十分钟文化圈",建成8个国家级基层综合性文化服务中心。首届古镇镇半程马拉松公开赛、五人龙舟赛、曲艺文化周、慈善万人行等特色活动百花齐放。出版发行《中山市古镇镇志》,完成20个自然村落普查,推进编纂《中山市古镇镇年鉴(2006—2017)》。"灯都古镇"公众号全年发布175万字,阅读量400万次,在2017年中山政务微信影响力排名全市第6名。

四、社会治理更加精细

(一)公益善治步伐加快。成功举办特色小镇社会善治研讨会,全民公益园社会工作服务中心全年直接服务居民14237人次。推进政府购买并由第三方评估公益项目,创新在同益工业园实施企业社工试点。

(二)网格化治理成效显著。整合消防、流管、计生等15大事项,制定"六联"工作机制、网格员巡查等一系列制度,建立网格化管理信息支撑系统,构建"中心+网格化+信息化"大网格体系。一年来,全镇各级网格共处理各类事项超14万宗,处置率达100%。

(三)智慧城镇护航发展。开展智能感知防控体系建设,完成全镇一期视频监控高清化改造,实现全镇主要出入口、公共场所100%视频监控。建设动态人脸识别智能小区,推进古镇市际治安卡点建设。探索"智侦合成"新模式,全镇刑事警情和治安警情实现双下降,分别下降18.93%和5.48%,破案率有效提升。

(四)平安工作稳步推进。深入开展平安铁路线、平安出租屋、创建全市禁毒工作先进镇等工作,辖区出租屋实施"三色管理"模式,推广安装"狭小空间快速灭火简易喷淋系统"出租屋1301家,推进全镇12个村的消防站升级改造。

五、行政效能更加高效

(一)坚持深化改革。严格落实《广东商事登记制度》,及时调整《工商登记前置审批事项目录》《企业变更登记、注销登记前置审批指导目录》等,推进"五证合一、一照一码""个体户二证合一"等工作。

(二)坚持联系群众。制定《古镇镇领导干部驻点普遍直接联系群众工作指引》,创新"驻点联系+网格化+大数据"工作模式,镇驻村工作团队全年走访联系群众15118户,问题反馈跟办1092件。

(三)坚持政务优化。深化"一门式一网式"政府服务模式,实施24小时互助办证等便民服务。镇行政服务中心设有人社、公安、流管办等19个服务单位,共有对外办事窗口81个,办理许可、服务事项390项,全年共为群众办理事项逾20万件。创新流管办租赁税征收"追、督、驻、宣"新模式,全年征收6666.54万元。

(四)坚持依法行政。自觉接受人大监督,办结人大代表建议28件。创新行政执法典型案例发布,在2017年全市执法案件评查活动案件优秀率达100%。推进"互联网+政务服务",办理12345政府服务热线和镇长信箱咨询、投诉、建议4460份。打造古镇法庭、检查室、公证点、商事调解中心、知识产权巡回审判庭、法律服务大厅、法学会等实体平台，镇村两级法律顾问覆盖率达100%，全镇共建成各类调解委员会47个。

（五）坚持廉政勤政。深入开展十九大精神系列学习教育，严格执行中央八项规定，规范节庆、展会等活动，"三公"经费下降9.8%。顺利完成"两委"班子换届，共选出村（居）"两委"干部76人。科学应对极端天气灾害，有效抵御"天鸽"等强台风侵袭。高效开展投标和政府采购工作，深化各项工程审计监督，全年接收政府采购项目737宗，节约资金433万元，节约率9.19%。

完成2017年对口帮扶潮州市饶平县浮滨镇5个相对贫困村的扶贫任务，有序推进西藏林芝市工布江达县、云南省昭通市永善县的对口帮扶工作。双拥优抚、外事侨务、文化体育、民族宗教、统计、监察、审计、武装、工会、慈善会、国防建设、粮食安全、食品药品监管、安全生产、妇女儿童、老龄、残疾人、对口帮扶、气象、人防、档案、方志等各项工作也取得了新成绩。

各位代表，道不行不至，事不为不成。2017年的风雨兼程，夯实了可持续发展的坚实基础；2017年的圆满收官，开启了登高望远的崭新征程。2017年，是适应把握引领新常态、迈上经济发展新台阶的一年，是国家级特色小镇交通大格局日趋完善的一年，是创新驱动发展、产业活力蓬勃迸发的一年，是民生投入持续加码、人民群众幸福生活获得感不断增强的一年。这是市委、市政府和镇党委正确领导的结果，是镇历届政府打下的坚实基础，是全镇上下共同努力的结果。在此，我代表镇政府，向全镇广大干部群众，向参与、关心和支持古镇镇各项事业发展的社会各界表示衷心的感谢！

回顾这一年，我们也清醒地认识到，全镇经济社会发展还存在一些问题：从经济发展看，实体经济基础仍需夯实，龙头骨干企业少，规上企业少，经济发展质量和效益仍有待提升，灯饰产业集群优势仍需不断巩固；从基础设施看，支撑古镇加快融入粤港澳大湾区的交通、信息、科技等现代化基础设施还不够完善；从社会民生看，在入学、就医、养老等方面与群众的需求仍有一定差距，短板明显；从农村发展看，各片区发展不平衡，土地综合利用率仍有待提高，"三规不合"问题凸显，严重掣肘古镇发展空间和规划；从行政效能看，个别部门干部担当意识仍不够强，甚至出工不出力，创新能力有待加强。对此，我们将本着对人民、对事业、对历史高度负责的精神，以久久为功的韧劲，勇于攻坚克难，切实加以解决。

2018年工作安排

各位代表！2018年是深入贯彻党的十九大精神的开局之年，也是决胜全面建成小康社会、实施"十三五"规划承上启下的关键一年。随着粤港澳大湾区建设上升为国家战略，随着中山携手周边区域共同打造世界级城市群的历史机遇，随着深中通道、深茂高铁、港珠澳大桥等重大基础设施加快建设，古镇镇发展也迎来了极为难得的黄金机遇。古镇镇有着雄厚的产业优势、浓厚的商贸氛围、深厚的产业文化底蕴，完全具备抢占战略主动权的坚实基础和良好条件。展望未来，目标方向清晰明确，我们有信心承前启后、再创辉煌。新时代、新气象、新作为，2018年我们将牢牢把握高质量发展的根本要求，坚持以习近平新时代中国特色社会主义经济思想引领古镇发展。结合实际，要深刻领会政府工作的"三个正确处理"：正确处理"稳"和"进"的关系、市场作用和政府作用的关系、促发展和防风险的关系。首先，"稳"和"进"是辩证统一的，要将其作为一个整体来把握，保持战略定力和发展耐心，把握好工作节奏和力度。其次，要建立有效市场、有为社会及有责政府。有效市场主要靠民营企业主导资源配置；有为社会要通过政府向社会转移职能，培育发展基层社会组织；有责政府要靠人民群众来监督，形成"强市场、大社会、小政府"格局。最后，要树立忧患意识，坚持底线思维，始终紧绷风险防控这根弦，凡事从坏处准备，努力争取最好结果。

总的来说，2018年工作要加快推进全镇经济结构更优、发展动力更足、城镇环境更美、人民生活更好，奋力谱写古镇镇跨越发展新篇章。总体思路是：不忘初心，牢记使命，高举习近平新时代中国特色社会主义思想伟大旗帜，全面贯彻十九大精神，深刻领会中央有关会议、省委、市委系列全会和镇党代会精神，主动拥抱新时代。坚持稳中求进工作总基调，积极践行新发展理念，以党代会部署的"五大经济发展战略"，贯彻"六大发展理念"，按照高质量发展的要求，大力造环境、扩空间，加快构建现代化产业体系，持续提升农村发展水平，着力建设高品质的中国特色小镇，决胜全面建成高质量小康社会，开启新时代古镇镇美好生活新征程！

2018年经济社会发展的主要预期目标是：生产总值增长7.5%左右，社会消费品零售总额增长10%，地方公共财政预算、固定资产投资和城乡居民人均收入增长与经济增长基本同步。

为实现上述目标，必须做好以下工作。

一、向高质量发展聚焦发力，矢志不渝振兴实体经济

灯饰产业转型升级不能脱离实体经济，要始终保持专注发展的定力，守护、巩固、壮大实体经济，以"灯都·小城工匠"为标杆，把工匠精神锻造提升为新时代"古镇灯饰"向高质量发展的最鲜明特质。

（一）做强做优实体经济，推动产业"固本强基"。一是宣传、落实省市出台的"降低制造业成本支持实体经济发展若干政策措施"。由镇打出"组合拳"，出台一系列惠企政策，竭力为实体经济让利，引导金融机构贷款向工业企业倾斜，探索涉企收费目录清单管理制度，进一步减轻企业负担。二是实施骨干企业倍增计划，培育一批有竞争力、高成长性的行业龙头和小巨人企业。实施企业"三上"工程，促进小微企业上规模、中型企业上档次、强优企业上市挂牌。到2018年底，全镇新增规上限上企业30家。同时，按照"选好选优、培优培强"的原则，重点培育镇内100强企业，支持企业通过科技创新、发展总部经济、兼并重组、强化资本运作等提升综合竞争力。三是实施"百千扶百企"服务，探索建立"企业十件实事"工作机制，帮助中小企业解决融资、引才等共性问题。并按"一企一策"方针，对龙头企业提供个性化、贴身又贴心服务方案，系统解决企业增资扩产、员工子女入学等问题。

（二）鼓励有效投资，挖掘实体经济发展新潜力。一是突出抓好重点项目，加快推进古镇灯饰产业生产生活配套服务业集聚区和古镇利和广场等5个省市重点项目，吸引社会资本151.4亿元。二是实施优质企业"回归"和"腾飞"计划，支持在外发展的古镇企业，推动本地的优秀企业就地增资扩产，将高成长性的企业留在古镇。三是统筹整合镇村工业地资源，鼓励各村把工业储备用地推向市场，围绕照明行业龙头企业靶向招商。强化同益、海洲、曹步片区等工业园区聚合协作，合理规划村级工业园，探索"共性工厂"模式助推产业转型升级。逐步分期推进全镇3000亩旧锌铁棚改造，盘活闲置工业厂房。四是精准对接有效高端需求，减少低端重复制造，实施新一轮企业技术改造行动计划，引导10家以上工业企业实施技术改造。

（三）弘扬"工匠精神"，重塑"古镇灯饰"质量优势。质量是灯饰制造业之根，匠心是灯饰制造业之魂。根要坚持坚守，魂要锻造提升。一是以"古镇灯饰"成为全国首个出口灯饰类产品质量安全示范区为抓手，落实质量提升战略。发挥"灯都品牌联盟"作用，引导企业制定品牌管理体系，围绕研发创新、生产制造、质量管理和营销服务全过程，提升内在素质。二是完善各类科技创新和公共服务平台，扶持企业建设检验检测公共技术服务机构。三是推进"诚信古镇"平台建设，健全质量追溯体系。探索在企业中试点建立实施产品生产、流通、销售全过程质量追溯制度，形成"来源可查、去向可追、责任可究"的质量信息链条。四是大力弘扬企业家精神和工匠精神，加强"创二代"培养，提高"古镇灯饰"制造品质。

二、向创新驱动发展聚焦转型动力，增添发展新动能

创新是引领发展的第一动力，是建设现代化经济体系的战略支撑，围绕产业链布局创新链、围绕创新链布局创新资源，着力补齐创新短板，把经济增长动力切换到创新驱动上来。

（一）提升企业创新能力，引导创新要素向企业集聚。制定并完善支持科技创新的政策体系，加强对创新型企业全方位、全成长周期服务。推进高新技术企业"树标提质"行动，2018年底力争全镇高新技术企业增至70家。推动规上企业设立研发机构，发展壮大一批创新型领军企业。推动产业链、创新链、资金链、政策链"四链"融合，加强金融资本、高校科研院所与高新技术企业对接，加大关键核心技术攻关和成果转化力度。

（二）打造汇聚创新资源的平台载体，培养创新创业"摇篮"。发挥镇生产力促进中心、维权中心等引领作用，立足灯饰创意经济，打造原创设计、知识产权保护高地。巩固创建"万件专利镇"成果，更加注重专利质量和创新技术应用转化。完善古镇灯饰学院办学模式，对接广深创新走廊，吸引国内外一流高校和科研团队落户古镇镇，推动产学研合作和协同创新，建成一批工业设计、产业技能培训等孵化平台。

（三）培育新兴业态，实现服务业发展增量提质。推动生产性服务业向专业化和价值链高端延伸，生活性服务业向精细化和高品质转变，重点发展产业金融、文化创意、智慧物流、科技服务等服务业新兴业态。加快推进电子商务产业园区建设，整合专业镇金融服务中心、配套仓储园区等实体资源，构建完整的电子商务产业链。探索发展智慧物流，实现"货物流、信息流、资金流和运输流"综合一体化发展。

（四）提升"古镇灯饰"美誉度，构筑全球化采购平台。鼓励企业开拓海外市场，争取申报市场采购贸易试点，通过享受国家支持的主体准入、出口通关、免税模式、外汇管理等一系列独有的改革政策，有效促使"古镇灯饰"对接全球市场。提升星光联盟、华艺广场、利和广场等一批优质商贸综合体的服务水平，打造国际化的营销中心。开拓外贸、电商平台合作空间，引进东京、天猫等大型电商平台进驻古镇镇，打造线上线下永不落幕的营销中心。

（五）提升灯博会国际影响力，擦亮会展经济品牌。打造国际化、市场化、专业化的灯博会，开展古镇灯都商务中心设计论证，加快推进建设。深化"互联网+"会展模式，整合参展吃、住、行及交易大数据，提供优质服务。实施"灯博会海外展"，鼓励知名品牌、自主品牌企业海外参展。举办第四届灯光文化节，整合优势旅游资源，确立全球高端灯饰展贸中心和灯饰旅游消费目的地双重定位，提升区域品牌价值。

（六）集聚产业创新人才，构建人才支撑体系。落实市《关于进一步集聚创新创业人才的若干意见》，出台古镇镇产业创新人才培养支持政策。加大柔性引才力度，打造人才服务绿色走廊，不断提升创新人才对古镇镇的认同度、生活满意度和工作成就感。探索设立人才扶持资金，引导企业设置股权激励机制，让创新型人才在古镇镇实现安居乐业。

三、提升国家级特色小镇品质，精益求精开展城镇运营

尊重城镇发展规律，优化城市功能布局，彰显国家级特色小镇魅力，加快建设"生产空间集约高效、生活空间宜居适度、生态空间山清水秀"的现代化新城镇。

（一）实施交通"外联内通"工程，交通先行提升区位优势。一是以轨道交通、高速公路、快线建设为突破口，完善"一环三纵七横上高速"骨干路网体系，年内积极推进古镇快线、西部外环高速（古镇段）和民古公路等动工建设。二是加快镇内重点道路工程和周边配套路网建设。完成建设城轨古镇站交通枢纽一期工程，二月底前投入使用，二级长途汽车站年内动工兴建。启动"环镇路"建设，有序推进中顺大围沿线加固拓宽工程。加快东兴西路、中兴大道南、向阳二路、海兴路等道路升级改造。三是实施智能交通体系升级改造。推进"绿波带"建设，在更多有条件的路段和路口实现优化策略，加大对利和广场路口、新兴大道、中兴大道和同益工业园的交通设施、标识标线进行综合改造。投入1700万元建设164个自动抓拍点位，推动村级交通视频监控设施建设。四是完善提升公交服务。建立公交信息化管理平台，引入第三方公交服务质量考核机构，开展科学有效监督。对全镇公交候车亭进行布局规划和设计，分阶段建设100多个智能环保的候车亭，实现"每个行政村至少一条公交线路到达镇中心或枢纽站""最多一次换乘到主城区""行政村到达镇中心区或枢纽站时间在20分钟以内"三个核心指标。五是持续推进三轮车和"摩的"规范管理。坚持疏打结合，利用驾协平台规范"摩的"管理，与大洋电机合作，推出村内小型电动车，方便群众出行。挤压三轮车市场空间，坚决实现年内全镇三轮车和"摩的"乱象有根本好转的既定目标。

（二）加强城乡规划统筹，推进城镇基础建设升级。一是切实发挥城镇规划的战略引领作用，谋划实施好古镇镇总规和"三规合一"的修编，做好村庄规划编制工作，加快推进海洲城际中心规划建设，启动海洲文体中心等重点项目。二是注重国家级特色小镇规划，以灯都生态湿地公园中心区为核心，吸引社会资本投资，建设一批优质住宅群、生态公园、文体中心等，推进产业平台（古镇园）、西北组团体育文化公园等重点项目，分期实施海洲、镇南片区"三旧"改造项目。三是加强城镇电网、水利设施、防灾减灾等基础建设。加快曹二站、北海站、六坊站和灯王站等110KV电网建设，进一步缓解全镇电源性缺电紧张局面，6月底完成220KV君兰至同益变电站输电线路工程。完善三防系统标准化建设，开展二明窦泵站、洼口泵站维修工程。加强气象现代化建设，加大山体滑坡等地质灾害防治力度。

（三）建管结合，重在管理，提升城镇服务和管理精细化水平。一是推进数字城管工作。利用全镇网格化综合管理实现城管工作规范化、科学化。加强对村级执法站人员考核管理，将城镇管理的触角延伸至村道街巷。二是划分城镇管理重点区域、严管区域和一般区域，提升精细化管理水平。三是加强对同益工业园区的专项整治。

依托同益工业园公共服务管理中心，大力整治占道乱摆卖、乱停车、乱搭建、噪音污染等行为，进一步规范管理秩序。四是规范整顿中心城区户外广告牌，落实违章广告牌的清拆工作，巩固整治成果。五是铁腕整治村场空中线缆，压实各运营单位整改责任，按照入地、入墙、入管、入箱的"四入"标准整体规划线路走向，争取到2018年底整治初见成效，2020年全部完成整改工作。

（四）大力实施乡村振兴战略，推动美丽乡村建设。一是全面提升古镇农业发展的核心竞争力，盘活镇南花木精品市场、南方绿博园、龙鳞沙花木基地资源，重点发展花卉苗木、盆景、龟鳖、锦鲤等现代农业。依托西江、横琴河、中心河、龙鳞沙等绿地和水系优势，探索建设休闲农业与乡村旅游示范点，推动乡村民宿等休闲旅游业发展。二是逐步完善农村经济发展模式，实现传统租赁经济、服务型经济和混合型经济同步发展。三是突出镇中心区经济辐射带动效应，推动农村均衡发展，优化各村经济收入结构，做好减量文章，处理低效资产，降低资产负债率。四是持续推进农村人居环境综合整治，加大村场环境卫生和河涌整治力度，建设美丽乡村。

四、建设绿色美丽古镇，坚如磐石守护生态美好家园

树立和践行绿水青山就是金山银山的理念，坚守节约资源和保护环境的基本国策，像对待生命一样对待生态环境，努力为人民群众提供高品质的生态环境，建设天蓝、地绿、水清的美丽古镇。

（一）强化环境综合治理，提高城镇生态承载能力。实施蓝天保卫战，配合省市开展大气和水污染防治专项督查，加强监管，做到一企一策。设立环保集聚园区、共性工厂，进一步规划污染企业的集中治理和规范排放。严厉打击无牌无证企业，分片区对村场企业进行清理整顿。大力推动辖区黄标车淘汰工作，坚决处理达到报废期限和高排放的机动车。全面整治村场环境，加快农村环保基础设施建设。提高生活污水和生活垃圾收集处理效率，逐步完善污水管网收集工程和污水处理厂一、二期提标升级工程。

（二）加强水污染防治，改善水环境质量。坚持"系统治水"思路，统筹岸上源头治理与水体综合治理，打好治水攻坚战。全面推行镇村河长制，整治黑臭水体，年内完成同益中心河综合整治。编制落实"一河一策"，"一河一档"，加强河道管治、修复和保护工作。推进水环境污染防治，继续抓好饮用水源、内河涌及跨界河涌整治工作。实施截污纳管、控源减排、清淤活水等措施，严控工业、农业、生活污染排放。加强执法力度，坚决清理环境违法建设项目。

（三）加强生态环境保护，努力营造绿色宜居家园。巩固首批"广东省森林小镇"建设成效，倡导全民绿化大行动，镇村两级以及社会力量以"认种、认养、认捐"方式共同推动三年绿化城镇大行动，设立绿化基金，重点打造全镇性公益绿地。启动西江边森林长廊（西江滨江公园）、海洲城际中心中央湿地公园、横琴河畔雕塑公园建设，提升全镇绿化总体水平。开展全民绿色行动，构建政府、企业、社会和公众共同参与的环境美化体系。

五、聚焦共建共享共治社会治理，凝心聚力构建和谐社会

坚持共建共治共享，进一步创新社会治理，扩大公共服务供给，维护社会公平正义，促进社会和谐稳定。

（一）推进平安古镇建设，实现灯都长治久安。紧紧围绕"平安古镇"总目标，积极开展扫黑除恶专项斗争，大力开展重点治安问题整治，严打八类严暴案件、"两抢一盗"、电信诈骗以及经济犯罪等,切实增强群众安全感。完善立体化社会治安防控体系,升级改造社会治安视频监控指挥中心,健全"图情指"一体化联动机制,试点智能信息化小区,完善治安卡口技防建设。构建智慧公安,推进"智感防控"体系建设,开展"雪亮工程"视频二期高清改造等建设,将古镇医院、古镇车站、古镇轻轨站列为古镇人脸识别视频系统应用试点。加大摩托车智能防控系统建设,加快推进电子物证室建设。大力推广出租屋门禁视频、简易喷淋灭火装置,完成大型规模出租屋安装率达100%。主动创新服务方式,继续做好户籍制度改革、出入境业务下放、送证上门、24小时出入境自助办证服务,规范窗口管理,全面提升服务质量。

(二)扎实推进文化建设,繁荣文化事业。大力推动国家级基层综合性文化服务中心建设,2018年全面完成12个行政村国家级基层综合性文化服务中心高标准全覆盖工作。成立"中国灯饰之都博物馆"领导筹备小组,进一步深化"中国灯饰之都博物馆"的项目规划和论证工作。积极推进"中国曲艺之乡"的申报工作。加强文物保护利用,强化文化遗产保护。推进文化惠民工程,办好灯都古镇曲艺文化周、云龙民俗文化节、灯光文化节、龙舟赛、慈善万人行等文化品牌活动。推动文化产业发展,做强一批龙头文化企业。推进全民阅读活动,深入开展第九届读书月,完善市镇村三级图书馆通借通还借阅系统,搭建阅读条件完善、广泛覆盖新老灯都人的阅读网络。

(三)加强和创新社会治理,增强人民群众幸福感。做好公益创投"催生"本土公益力量,探索公益项目定向捐助模式。深入开展农村社区建设,优化基层公共服务综合平台。优化流动人口服务,积极推进"一门式一网式"政务改革。完善社区服务体系,推动农村社区"减负增效"。

大力开展"全民禁毒"行动。开展"专业社工、全民义工"试点。建设和谐劳动关系,深入推进"按法治框架化解基层矛盾试点工作",完善信访、调解、仲裁、诉讼等多元化矛盾纠纷解决机制。

六、健全民生保障体系,持之以恒增进普惠民生福祉

坚持共建共享,完善公共服务体系,保障群众基本生活,着力补齐民生短板,不断满足人民日益增长的美好生活需要,让改革发展成果更多更公平惠及全体人民。

(一)优先发展教育事业,办好人民满意教育。深化教育改革,加大教育投入,提高教育质量。力争古四幼儿园于2018年投入使用,启动六坊幼儿园建设前期工作,增加普惠性幼儿园学位。投入5200万元加大公办中小学校建设力度,完成古镇小学主体工程竣工,推进古镇初中体育馆、海洲第二小学综合体育馆、曹一小学体育馆和综合楼等建设。加速"珠西教育城"建设步伐,增加优质教育供给。推进全镇"信息技术三年行动",规范整治校外教育机构,尤其是违规开办的托幼教育机构。实施新一轮强师工程,深化课堂教学改革,开展"争优创强工程"学科教学,推进学生成长导师制。坚持立德树人,做好"一校一品"特色建设,全面推进素质教育,全面提升教育现代化水平。

(二)构建更加公平更可持续的社会保障体系,改善和保障民生水平。完善"五助"政策,建立民政对象补助标准与人民生活水平同步提高自然增长机制,大力实施精准救助,努力促进农村均衡发展。优化社会保险管理服务,修改完善古镇镇基本门诊和补充医疗保险政策。升级完善古镇镇居家养老信息平台,争取建设医养结合的创新型居家养老模式,对敬老院按照"三有三能六达标"标准进行升级改造。

（三）提升就业创业质量，破解就业创业难题。坚持就业是最大的民生，实施就业优先战略和积极就业政策，推动更高质量和更充分的就业创业。完善创业扶持政策，提供全方位公共就业服务。加强劳动者技能培训，做好大学生、就业困难人员等重点群体就业创业工作。

（四）推进建设健康古镇，提高人民群众的健康素养和健康水平。全面启动国家卫生镇复审工作，积极开展健康镇村创建工作，要成功通过省级健康促进示范镇验收，巩固卫生强镇建设工作。定期开展爱国卫生运动，打造灯都生态湿地公园健康主题公园，新增同益工业园区监测点，加强登革热等传染性疾病综合防控。组建古镇人民医院与社区卫生中心、海洲医院的紧密型医联体，打造"古镇模式"的紧密型医联体。提升家庭医生服务团队服务水平，将残疾人、计生特殊家庭、严重精神障碍患者纳入家庭医生式签约服务人群范围。加大古镇医院软硬件投入，建设介入中心加快心血管内科等专科发展，加强与省级高等医学院深层次合作的"二一工程"。坚持中西医并重发展，完善国医大师韦贵康学术传承研究室、治未病中心等建设，逐步推出中医治疗、保健膏方。完善食品药品安全监管体制，完成食品生产加工小作坊基地建设并通过验收。实施儿童体质健康提升行动，全面推进公共场所母婴室建设。广泛开展群众健身活动，促进体育产业发展。

（五）办好十件民生实事，实现更高水平惠民。今年政府班子将集中力量办好十件民生实事。一是整改村场空中线缆；二是整治黑臭（未达标）水体；三是实施垃圾强制分类；四是实施交通畅通工程；五是缓解停车紧张；六是提供优质医疗服务；七是建设休闲绿地公园；八是改建镇敬老院；九是保障食品安全；十是实施智慧城镇服务管理。

七、全面加强政府建设，心无旁骛建设法治廉洁高效政府

以习近平新时代中国特色社会主义思想统领政府一切工作，凝聚力量、引领发展。深入推进依法行政，提高行政效能，营造国际化、市场化、法治化营商环境，使人民获得感、幸福感、安全感更加充实、更有保障、更可持续。

（一）深入开展党的十九大精神学习宣传贯彻工作。将学习宣传贯彻党的十九大精神作为首要政治任务，推动政府系统深入学习领会、准确把握其理论体系、思想脉络和基本方略。各部门各单位要通过各种形式认真学、反复学、结合实际学、带着问题学、带着感情学，真正用于武装头脑、指导实践、推动工作。开展"不忘初心、牢记使命"主题教育，落实从严治党要求，进一步提升政治能力。围绕十九大提出的新思想、新目标、新战略、新举措，要坚持用习近平新时代中国特色社会主义思想统揽工作全局，完善政府工作思路，细化工作举措，让党的十九大精神在古镇镇落地生根、结出丰硕成果。

（二）坚持推进依法行政。深入贯彻全面依法治国要求，严格遵守宪法，坚持依法行政，建设法治政府。依法接受人大的监督，主动接受社会和舆论监督。改革完善城管、环保执法体制机制，强化违法建筑、环境保护等重点领域的行政执法。实施"七五"普法规划，深入开展法治宣传和法治创建活动。深化政务公开，加强信息发布和政策解读，及时回应社会关切问题，打造阳光政府。

（三）持续推进正风肃纪。坚持把纪律和规矩挺在前面，贯穿于政府工作各个方面，以钉钉子精神推动中央八项规定精神落地生根、成风化俗，坚决防止和纠正各种"四风"问题。严格财经纪律，加强"三公"经费管理，加大审计改革力度，完善行政部门内控机制。持续推进反腐倡廉，保持惩治腐败的高压态势，坚持无禁区、全覆盖、零容忍，铲除侵犯群众切身利益的"微腐败"，坚决惩治侵害群众利益的不正之风，严厉整肃庸政懒政怠政行为。

（四）营造干事创业良好氛围。大力发扬钉钉子精神，以永不懈怠的精神状态和一往无前的奋斗姿态，主动作为、动真碰硬，与人民群众同心协力，以实干推动发展，以实干赢得未来。强化督查督办，压紧各方责任，层层传导压力，不折不扣地落实好镇党委各项决策部署。深化绩效管理，健全激励机制和容错纠错机制，给干事者鼓劲、为担当者撑腰。把雷厉风行和久久为功有机结合，倾力塑造敢担当、善作为、风清气正的干事创业良好氛围。

各位代表！新时代要有新气象、新作为、新成绩，让我们紧密地团结在以习近平同志为核心的党中央周围，高举中国特色社会主义伟大旗帜，围绕古镇镇大建设、大整改、大跨越，抢抓机遇、担当使命、干在实处，奋力开创新时代古镇镇改革发展新局面，努力为改革开放40周年献上一份优异答卷。

新时代　新作为　新气象
不忘为民初心，创造古镇镇美好新生活
——在中共古镇镇第十三届代表大会第三次会议上的报告

（2018年1月23日）

刘建辉

各位代表、同志们：

现在，我代表古镇镇第十三届委员会向大会作工作报告。

中共古镇镇第十三届代表大会第三次会议主题是：不忘初心，牢记使命，让习近平新时代中国特色社会主义思想武装头脑，以"围绕十九大主题，聚焦党建主业主责，做实做强灯饰产业，建设幸福美好生活"为主线，撸起袖子加油干，用三年时间（2018—2020年）"大建设、大整改、大跨越"开启新时代新征程。大会的主要任务是：深入学习宣传贯彻党的十九大精神，以习近平新时代中国特色社会主义思想为指引，认真学习贯彻中央经济工作会议、中央农村工作会议精神，省委十二届三次全会、市委十四届三次全会的工作部署和要求，认真总结古镇镇2017年工作，研究部署2018年的工作措施和目标任务，从解决人民日益增长的美好生活需要和不平衡不充分的发展之间的矛盾入手，使群众获得感、幸福感、安全感更加充实、更有保障、更可持续，率先全面建成小康社会，奋力谱写新时代古镇镇跨越式发展的新篇章！

过去一年的工作回顾

一年来，在市委的正确领导下，镇党委面对经济发展进入新常态引发系列变化态势，面对复杂艰巨的改革发展稳定任务，率领全镇党员干部群众同心同德，攻坚克难，以新理念、新思路、新举措推

动发展,古镇镇各项事业取得了显著成绩。

聚焦学习宣传贯彻党的十九大精神,积极"学懂、弄通、做实"。镇党委始终坚持把学习宣传贯彻党的十九大精神作为首要任务,部署开展大学习、大宣传、大培训、大督导,党政班子坚持以上率下讲授学习体会,集体瞻仰革命先辈杨殷故居重温入党誓词。深入基层一线宣讲督导,紧扣"学懂、弄通、做实",推动十九大精神进村(居)、进机关、进校园、进企业,坚决维护以习近平同志为核心的党中央权威和集中统一领导,坚持以习近平新时代中国特色社会主义思想引领全镇发展。

聚焦经济发展质量,各项经济指标稳中提质。全镇综合实力不断增强,2017年,全镇国内生产总值116.1亿元,工业增加值27.4亿元,服务业增加值84.6亿元,总体保持平稳增长。实体经济稳步提升,有效投资稳健向前,固定资产投资71.1亿元,国地税总收入16.7亿元,地方一般公共预算收入5.29亿元。村级集体经济持续增长。预计2017年居民人均可支配收入达43878元,共有10个村集体年人均收入超1万元。

聚焦特色小镇建设,全面提升灯饰产业转型升级新成效。2017年,古镇镇获中国轻工业特色区域和产业集群升级示范区荣誉称号,认定为首批广东省森林小镇;建成首个国家级出口工业品质量安全示范区;全国综合实力千强镇排名71位,依据《特色小镇品牌传播力指数》公布,古镇镇仅次于茅台镇排名全国第二;灯都生态湿地公园3D音乐喷泉、国家非物质文化遗产六坊云龙进入央视元旦跨年直播连线场景,展示了灯饰特色小镇新魅力。

在国家层面,做好"特"字标杆文章。继2016年成为全国首批特色小镇后,2017年创建广东特色小镇示范点,确立了以灯都生态湿地公园为核心,建设11.7平方公里的特色区域。以"探索独具广东魅力的特色小镇之路"为主题的2017年全省特色小镇建设工作现场会暨特色小镇交流对洽会在古镇镇召开,来自全国各地行业专家、企业代表、特色小镇规划、建设、投融等机构代表齐聚灯都,古镇特色小镇战略规划和建设成效引人注目、引领风骚。

在省层面,做好"融"字产业文章。积极融入粤港澳大湾区,依托千亿产业集群优势,以原创设计和会展经济辐射整个湾区。凝聚和提升古镇灯饰产业在创新驱动方面的吸引力和竞争力,特别是优化灯饰产业知识产权创造、运用、管理和保护能力。去年,全镇专利申请量破10000件,连续六年排名全市第一。灯博会和灯光文化节提升"古镇灯饰"品牌含金量。延续"春秋两展、展店联动"模式,成功举办第19届、第20届灯博会,第20届灯博会以超150万平方米展览规模,吸引118个国家和地区逾30万人次观展采购;第三届国际灯光文化节,吸引218.5万人次前来参观。

在市层面上,做好"团"字定位文章。结合市西北组团发展规划,以建设中山市产业平台(古镇园)为抓手,着力引进经济总部、创意设计、智能制造和互联网+平台等产业元素,利用有限资源,壮大灯饰创意实体经济。2017年市西北部组团招商引资洽谈会在古镇镇召开,探索同益工业园镇属土地以"先租后让"方式商洽兆驰等龙头企业。古镇灯饰获授SGS全球采购基地认证,提升了古镇灯饰产业集群国际影响力。扶持优秀企业建立"灯都品牌联盟",以意大利为市场拓展起点,大力开拓海外分销及品牌渠道,推动灯饰企业抱团"走出去",抢占国外高端市场份额。

在镇层面上,做好"强"字实体文章。弘扬"工匠精神",激发企业发展活力,构建"亲、清"新型政商关系,举办系列"政企面对面"座谈会,出台企业上规上限上市、招商引资和促外贸稳增长等一系列优惠政策，培育一批成长型的中小企业。打造国家级出口灯饰质量示范区，全镇共有16家企业进驻。举办"中国灯饰之都百强企业"评选活动，评选出100家扎根在古镇的优秀企业。举办首届创意灯光小品设计大赛，评选出52件优秀灯光景观作品，进一步扩大了企业的品牌宣传效应。

聚焦美丽人居环境，扩展产城融合为特征现代城市。一是城镇功能日臻完善，首位度不断提高。引入社会资本打造万科、碧桂园等精品楼盘，盘活村集体资源建设绿茵豪庭、水岸湾、富都花园等优质楼宇。利和灯博中心顺利开业，珠中江第一高楼305米威斯汀酒店完成封顶，星光联盟、华艺广场等商贸综合体成功创建国家A级旅游景区。二是道路交通优化升级，交通状况大为改善。建设了古镇城轨站新广场，完善了首期交通枢纽工程，全线开通十水线（华廷路—同兴路）路段。完善交通设施隐患排查与升级改造，对镇内拥堵路段实施交通微循环，升级智能监控系统，加大对交通违章的处罚力度，坚持"疏打结合"持续开展三轮车整治行动，全年共没收1277多辆。三是生态建设更具魅力，绿色休闲发展彰显效益。投资1亿元建设镇中心滨河湿地公园，环河约10公里步行道和龙舟比赛河道成为休闲新景。高标准规划建设灯都体育文化公园，成为西北组团特色公园。以成功创建省森林小镇为契机，开展三年绿化美化提升大行动，发动全社会开展"认捐、认种、认养"，推进"森林围城、树林进城"，全镇森林覆盖率近20%，建成区绿化覆盖率达64%。四是着力解决环境历史欠账问题，人居环境更加优美。实施城镇垃圾源头减量和综合利用工程，召开镇村河长会议，落实"河长制"，启动水资源保护、水污染防治、水环境治理、水生态修复工程。分期开展内河涌整治，完成古三江头滘水闸和海洲新开河工程项目。

聚焦民生执政为民，营造共建共享社会文明新生活。一是加强均等化医疗服务，推进分级诊疗制度，引进省级医疗资源提供优质服务。家庭医生签约服务取得实效，全镇已建健康档案超11万份，重点人群签约覆盖率达60%以上。利用国家级中医资源优势，建立"国医大师韦贵康学术传承研究室"中山市古镇工作站。二是以"兜底民生"为基础，探索建立养老民生保障，深入开展"五助"帮扶，探索"公益救助""社会救助""政府救助"的互补共融，实现救助主体多元化。三是加强均衡式义务教育，古镇小学已投入建设。镇一级统筹招生，对中心区学校扩容增班，通过积分制为1280名外来人员子女提供入读公办学校学位，37名外来人员获得积分入户资格。四是开展丰富多样的特色文化活动，举办首届古镇镇"荣耀杯"半程马拉松公开赛，办好"利和杯"五人龙舟赛、年度曲艺文化周、元旦慈善万人行等。以创建文明城市为抓手，弘扬志愿文化和慈善精神，倡导以感恩情怀反哺社会的人文主义精神。

聚焦全民善治社会和谐，提升人民安康生活幸福感。一是开展社会治理网格化服务管理，全镇细分80个网格，构建"中心+网格化+信息化"的大网格体系，管理服务动态社会。二是推进智慧城镇建设，成立了镇综合治理网格化指挥中心，推动大数据、物联网等信息技术，创新"公安巡（交）警+城管"的执法模式，促进城镇有序管理。开展智能感知防控体系建设，完成全镇一期视频监控高清化改造，建设动态人脸识别智能小区，推进古镇市际治安卡点建设，夯实社会平安基础。三是深入推进"创文"和"四看"专项整治工作，制定首个户外广告管理办法（试行）规定，共清拆全镇违法广告牌380宗。重点整治旧厂房及住宅加建锌铁棚屋盖等违章问题。成立古镇镇"同益园区服务管理中心",解决同益工业园交通、治安管理问题。四是创新社会治理模式,邀请国内专家在古镇举办特色小镇社会善治大会,并通过人民网向全国作视频会议直播。完善全民公益园建设,实现义工、社工、企业工会多方联动的全民善治行动。完善各村(居)星级社区服务中心(站)规范化建设,建立便民利民公共政务平台。成立古镇镇新媒体影视中心,有效把握网络舆论空间的主导权,传播灯都正能量。

聚焦党建主业主责,宣传贯彻十九大精神落地生根。全镇深入贯彻落实十九大精神,围绕习近平新时代党的建设总要求,坚定不移推进全面从严治党,全面加强党的领导和党的建设。一是夯实基层党组织聚焦主业主责力量,2017年顺利完成"两委"班子换届,共选出村(居)"两委"干部76人,发挥驻村(居)副书记制度优势,进一步明确驻村(居)副书记14项职责任务。围绕补短板、强根基,重塑党组织战斗堡垒作用,选准派强第一书记,建立镇村两级双向流动的干部交流培养机制。加强曹一村党建示范村建设,整顿转化重点村软弱涣散党组织。二是坚持从严治党,有案必办,立案查办了9宗党员干部违纪违法事件,排查违法违纪重要线索16条。以综合执法局为试点单位,探索部门派驻纪检监察组工作制度。三是构建"党产学研销"五位一体的两新党建模式,以两新党委为中心,打造4个重点非公经济组织党建基地,辐射全镇133家两新党组织,全市两新组织党建现场会在古镇镇召开。四是掀起学习宣传贯彻党的十九大精神热潮,以"大学习""大培训""大调研"来部署落实全镇党员思想政治建设工作,全年组织各级干部到浙大学习,到井冈山、延安等地培训。深入开展领导干部驻点普遍直接联系群众工作,完善市镇村三级联动的问题解决机制,走访联系群众15118户,

问题反馈跟办1092件。

此外,对口潮州市扶贫帮扶"双到"工作成绩显著,农业农村、统侨、武装等工作取得新成绩,支持人大依法履行法定职权,充分发挥工会、共青团、妇联、商协会、慈善会等群团组织积极作用,全镇形成了社会和谐、朝气蓬勃、充满活力的良好发展局面。

同志们,过去一年,全镇党员干部群众团结拼搏、迎难而上、敢于作为、善于作为,在前进的道路上不断再铸新辉煌,提升了全镇人民群众获得感和幸福感。这些成绩的取得,归功于市委、市政府的正确领导,归功于各级各部门的奋力拼搏和社会各界的共同参与,也归功于全镇上下风清气正的良好政治生态。在此,我代表镇党委向奋斗在各条战线的党员干部群众,向参与、支持和关心古镇镇各项事业发展的社会各界表示衷心的感谢!

回顾2017年,我们也清醒地认识到,古镇经济社会发展还存在一些问题。比如:对标粤港澳大湾区先进城市,自主创新能力仍有待加强,产业转型升级需发掘新的增长动能;资源环境约束日益趋紧,土地"多规不合"制约重大基础设施和重点项目落地;黑臭水体、空气质量、交通秩序、环境卫生等亟待治理,精细化管理水平有待提高;交通、医疗、教育等民生领域与群众对美好生活需要的期望仍有差距;部分党员干部奋发有为意识仍有待提高。对于上述问题,我们必须高度重视,积极应对,采取有力措施认真加以解决。

2018年工作目标任务

2018年是贯彻党的十九大精神的开局之年,也是改革开放40周年,中山成为地级市30周年,开好局、起好步至关重要。2018年,全镇要持续

深入学习宣传贯彻党的十九大精神，用习近平新时代中国特色社会主义思想武装头脑、指导实践、推动工作，结出成果。

我们提出2018年发展的指导思想：全面贯彻党的十九大精神，坚持以习近平新时代中国特色社会主义思想为指引，认真学习、深刻领会中央有关会议精神和省委、市委全会精神，统筹推进"五位一体"总体布局和"四个全面"战略布局，落实市委各项决策部署，聚焦党建主业，以高质量发展为主线，以深化创新驱动为抓手，对标人民日益增长的美好生活需要，推动全球照明产业中心建设，打造高品质的中国特色小镇。与新时代同行，与人民同行，努力开创古镇镇美好生活的新时代！

具体来说，我们要坚持提高思想认识和解决实际问题结合起来，以"大学习、深调研、真落实"要求，做好"六个着重"和"六个必须"相结合，既取得思想成果又取得实践硕果：

1. 着重研究解决发展不平衡不充分问题，必须坚持注重补短板攻难点。全镇各片区之间，镇中心区与镇村结合部、农村之间发展差距是古镇镇发展不平衡不充分的突出表现。围绕决胜全面小康时间表，我们必须对标各项指标任务，坚持补短板攻难题，瞄准经济社会发展的薄弱环节，集中力量攻坚克难，精准施策，补齐城镇功能规划、基础设施、民生事业、公共服务等领域短板，积极探索各村协调发展机制，甚至实施"一村一策"，增强发展的全面性、协调性和可持续性。

2. 着重研究经济高质量发展，必须坚持灯饰产业转型升级依托创新驱动。创新是提升灯饰经济发展质量和效益的核心驱动力，我们要围绕推动经济发展促进质量变革、效率变革、动力变革，大力实施"知识产权强镇"战略，大胆链接国内外创新资源，为中山建设国家知识产权示范城市作出贡献；大力实施"质量强镇"战略，把产业转型的重心从需求侧转到供给侧，调整扩大有效中高端供给。

3. 着重研究融入粤港澳大湾区建设，必须坚持经营城市做优品质。粤港澳大湾区城市群建设是湾区协同发展、培育开放合作新优势的重大机遇。我们不仅要主动接受深圳、香港等高新产业资源的辐射，而且要突出发展创意灯饰照明产业，以原创设计、会展经济辐射湾区，进一步夯实灯饰照明产业集群的核心地位，并利用大湾区重大交通基础设施成果，进一步提升城镇现代化、国际化品质，成为粤港澳优质生活圈中最宜居宜业宜游的精品城镇。

4. 着重研究建设更加美丽古镇，必须坚持推进绿色、永续发展。绿色发展、永续发展关系古镇镇未来和民生福祉。我们要着力构建绿色发展的空间格局、产业结构、生产方式和生活方式，建设更加美丽古镇，确保永续发展。在成功创建省森林小镇的基础上加快建设一批主体公园，加强环境综治治理，全面消除黑臭水体，提升人民生活质量和城市核心竞争力。

5. 着重研究提升平安古镇建设水平，必须坚持共建共治共享的社会治理格局。营造优质、平安的社会环境，要推进社会治理、社会调节和居民自治的良性互动。我们要着力推动源头治理与末端治理有机结合，综合运用现代科技等多种手段，提升社会治理社会化、法制化、智能化、精细化、专业化水平。

6. 着重研究加强党的基层组织建设，必须坚持党要管党，从严治党。党在基层执政基础的巩固、人民群众向心力的凝聚、全镇和谐稳定局面的实现，都要依靠基层党组织。我们要坚持把抓好党建作为最大的政绩，把党的政治建设摆在首位，永葆共产党员政治本色。抓思想从严、抓管党从严、抓执纪从严、抓作风从严、抓反腐从严，把党建优势转化为发展优势，把组织活力转化为发展活力。

2018年，古镇镇以"大建设、大整改、大跨越"的思路，聚焦系列重点建设工程和重要整改工作，全面谋划和推动全年工作，实现跨越式进步。

一、贯彻建设现代化经济体系发展理念，立足灯饰支柱产业，开创经济高质量发展新局面

坚持以习近平新时代中国特色社会主义经济思想引领古镇镇发展。当前，我国经济已由高速增长阶段转向高质量发展阶段，建设现代化经济体系是跨越关口的迫切要求和战略目标。古镇镇将实施"优势再造""创新驱动""质量提升""品牌铸造"和"人才支撑"五大发展战略来推动经济高质量发展。

1. "优势再造"战略。一是坚持"工业立镇、商贸强镇"思路不动摇，建设"总部工程"。一方面把实体经济作为立镇之本、强镇之基，扭住灯饰产业转型升级主线，探索镇属数百亩工业土地"先租后让"、全镇近三千亩锌铁棚改造等模式，引入灯饰龙头制造企业，实现土地高效产出。以智造、创造为核心促进存量优化，促进灯饰产业迈向中高端。另一方面，巩固灯饰产业集群核心地位，提升高端商贸综合体凝聚力，升级全产业配套配件链条，成为全球最具竞争力的灯饰产业集群。二是坚定不移支持灯饰企业做优做强，夯实"实体工程"，打造"百年老店"。一方面，促进企业通过技术升级、主业扩张、兼并重组、上规上市等方式，形成一批具有国际影响力的旗舰企业。另一方面，鼓励中小微企业向"专精尖新特"方向提升，让更多企业成为行业隐形冠军，良币驱逐劣币，完善灯饰供给链。三是弘扬新时代企业家精神，培育"新生代"工程，扶持新一代企业家成长，推动灯饰产业传承发展。

2. "创新驱动"战略。发展和巩固"万件专利镇"，必须把企业自主创新建设放在更加突出位置。一是要培育创新主体，实施"专利优企工程"。重点培育一批知识产权优势企业，支持灯饰原创联盟活动，鼓励骨干企业主动创建新型研发机构，特别是省级以上认可的科研机构。二是要完善、补充灯饰产业服务体系，打造"创新平台工程"。筹建灯饰创意设计产业园、新形态国际化的产业教育及设计孵化园等公共服务平台，推动产学研合作，实现技术创新、协同创新。三是要保护创新动能，启动灯饰维权中心的升级工程。强化知识产权的创造、保护和应用的"古镇模式"，运用公检法力量打击侵权专项行动。四是要营造创新氛围，弘扬"专利价值工程"。策划知识产权法制、政策舆论系列宣传，共同维护良好的知识产权法制环境、市场环境和社会环境，激发全社会创造力和发展活力。

3. "质量提升"战略。以供给侧结构性改革为导向，进一步丰富人民群众对家居文化生活新需要。一是立足"创意工程"，共同营造古镇灯饰产业集群质量声誉，从"制造"走向"创造"，增品种，提品质，打造众多"百年老店"。二是实施"标准工程"，提升优质灯企的市场竞争力。通过创建"古镇灯饰"源产地标准，确立"古镇灯饰"地理标志和产品标识，以标准、创新、质量、品牌要素，扩大灯饰优质增量供给，满足消费者需要。三是大力弘扬工匠精神，强化"质监工程"。通过优化产品认证检测和企业标准化认定管理，建立产品溯源体系和企业诚信平台，让工匠精神成为灯都的工业文明。

4. "品牌铸造"战略。灯饰产业和灯饰企业的升级路径必须实施品牌战略，而且要全力打造国际化辨识度高的灯饰品牌。一是以灯博会为会展经济龙头，启动展馆二期工程，支撑"古镇灯饰"

品牌地位。坚持"灯饰源产地,服务全球60亿人"的办展理念,展馆二期建筑面积约为3.6万平方米,成为亚太地区规模最大的灯饰专业展会。二是遵循"一带一路"倡议布局,争取市资源支撑,推动"灯都品牌联盟"进行国际化品牌运营,提升"古镇灯饰"国际品牌美誉度。三是对接米兰家具及灯饰设计展会资源,举办"灯都古镇海外展",推荐优质灯饰企业参展,引导企业塑造自主品牌。四是引进京东、天猫等大型电商平台进驻古镇,促进灯饰产品线上线下营销、产品体验与配送合作新模式。五是积极创造条件申报国家"市场采购试点",扩大出口,增加全球灯饰市场份额,加速"世界灯饰之都"建设步伐。

5. "人才支撑"战略。实施人才优先发展,构筑灯饰创意经济的创新人才支撑体系。一是围绕灯饰产业从"制造"到"智造"演变升级需要,加大力度重点培养灯饰设计和营销人才,积极培训灯饰技师类产业工人,研究提升古镇灯饰学院小学模式,打造为灯饰创意经济服务的有规模高等教育,并支持院校学生学习交流活动。二是引进国内外高层次创新创业人才和资助高等院校为主体的创新科研团队,支持构筑人才交流平台,对标灯饰企业需求,鼓励股权激励人才机制,实现事业留人、平台留人。

二、贯彻"产城人文"融合发展理念,坚持以人为核心,立足大湾区维度,加快宜居宜业宜游国家特色小镇和美好新家园的发展步伐

在粤港澳大湾区世界级城市群,坚持以灯饰产业为支撑,将人的城市化放在更加突出位置。继续深化"产城人文"融合发展,加快国家级特色小镇发展,建设人民群众更具自豪感、幸福感和归属感的美好家园。

1. 坚持高水平规划,注重建筑品位,掀起城市建设新高潮。一是以国家级特色小镇建设工程为导向,落实《古镇镇总体规划(2015—2020)》修编工作,注重产业空间集约高效、生活空间宜居适度、生态空间绿色宜人。保持中式岭南建筑风格,将浓郁灯饰文化融入现代建筑群,突出灯都城市面貌。二是实施优先开发重点工程,围绕灯都生态湿地公园为中心加快周边优质住宅群建设,加速处理闲置用地,做好存量建设用地收储,提升土地开发效益。举办特色小镇引资推介会,引导社会资金投资建设新城区,提供优质、绿色楼宇供应,让优秀企业家和优秀人才扎根古镇镇。三是推进区域再平衡工程,加快海洲城际中心规划建设,启动海洲文体中心建设,优化要素资源配置促进海洲片区提升公共服务。

2. 提升城镇综合承载能力,交通先行再先行,迎接粤港澳大湾区发展机遇。一是配合市级交通工程,完善外联公路干线。启动古镇快线(沙古公路)改造,西部外环古镇段和三古公路等建设,北联广中江高速南接中江高速,并入全省高速公路网。向东接通东兴东路与小榄断头路,向西延伸至江门荷塘广中江高速入口。通过建设交通大动脉融入大湾区,提升城市竞争力。二是以环镇路建设工程为重点,改善镇内交通大循环和微循环。通过改造中顺大围堤路一体化建设,改善镇西侧的南北向交通拥堵现象,建设和改造海兴路、向阳二路等路网。通过划分道路功能增添交通管制措施,促进镇内交通畅顺。三是建设城轨古镇站交通枢纽工程,在完成轻轨、公交、出租车无缝对接,继续建设新古镇长途汽车站(二级站),并预留轨道交通站,打造灯都古镇交通运输枢纽新门户。此外,水利、通信、电力、地下管网等现代化基础设施要提前规划分步实施,进一步提升城镇承载力。

3. 严格城镇服务管理,建管并举,全面提升灯都古镇的现代城市面貌。一是优化交通运营和秩序管理，实施"智慧出行"工程。推进交通体系升级改造，鼓励村级建设交通视频设施，监控村场停车秩序。建立公交运输信息化管理平台，分步建设智能、环保的公交候车亭，提高公交出行分担率。支持各村建设微型停车场和立体化停车场，改善村场停车位不足问题。二是科学规划信息管线，铁腕整治村场空中"蜘蛛网"乱象。对各类残旧、破损、乱拉乱接线缆进行全面查处和清理。三是以国家级卫生镇复评和创建广东省健康镇为契机，实施"道路街面、花草树木、建筑外立面、户外广告、市政设施、环境卫生"等镇容镇貌综合大整治行动。鼓励、发动社会各界参与城市建设管理，实现"人民城市人民管理"。

三、贯彻人与自然和谐共生理念，坚持绿色、循环和低碳发展，既做优城镇生活品质也确保永续发展根基

坚持绿水青山就是金山银山，坚持人与自然和谐共生，坚持把蓝天、绿地、碧水永远留给子孙后代。

1. 守住绿色发展底线，建立绿色生产和消费导向。一是提高环保准入门槛，以产业结构优化带动环境质量改善，强化企业环保主体责任，开展企业节能低碳行动，发展节能环保产业。严格控制全镇主要污染物增量，大力推行清洁生产，淘汰高污染、高能耗的落后产能。二是倡导简约适度、绿色低碳的生活方式。要因地制宜，以表彰促行动，推进创建节约型机关、绿色家庭、绿色学校、绿色社区和绿色出行等行动。

2. 建立镇村河长制工作机制，加大生态环境保护力度。一是着力打好治气、治水、治土三大攻坚战，进一步提升生态环境质量。试点垃圾分类收集，推进垃圾减量化、无害化处理，定期开展爱国卫生运动，建设环境友好型社会。二是严格环境保护执法，对各类违法行为坚持零容忍，重点整治污染土壤、污染水体、非法排污排气等破坏环境行为，触犯法律的，提起环境公益诉讼追究刑事责任。三是实施镇村河长制责任制，坚持"系统治水"原则，加快全镇黑臭水体整治，实施岸上源头治理与河涌治理，完善各条河涌整治考核问责机制。全面梳理工业、生活污水排放源头，建设和完善岸上截污工程，保持定期调换河水，实施河涌清淤和疏浚工程，力争三年内，整治好全镇65条河涌。四是充分利用西江、横琴河、中心河等水系资源建设"海绵城市"，提升水源涵养能力，促进水资源循环利用。

3. 巩固"广东森林小镇"创建成果，构建"林中有城、城在林中"的现代园林城镇。一是加强绿化规划，倡导全民绿化大行动。镇村两级以及社会力量以"认种、认养、认捐"方式共同推动三年绿化城镇行动。今年要实现在全镇主干道、一河两岸等窗口地带种植有花、有特色主题的乔木，使之成林成片成带成规模。二是资金扶持，振兴绿色产业。盘活南方绿博园、镇南花木精品市场、龙鳞沙农业示范区等花木基地资源，结合岭南盆景展、灯都龟鳖展等农业特色展会，打造花卉苗木产业集聚区和综合型的农业休闲旅游景点，生态效益和经济效益相互促进。三是完善灯都生态湿地公园管理、建成中心滨河湿地公园、西江森林长廊、横琴河雕塑公园、海洲中央湿地公园等主题公园。四是结合乡村振兴战略，按照"环境美、风尚美、人文美"的总体要求推进秀美村庄和乡风文明建设，各村按照"见缝插绿"的原则，利用荒废、闲置用地建设袖珍公园、口袋公园等微型公园。

四、贯彻以人民为中心发展理念，努力让新老灯都人过上更加幸福美好的生活，增强获得感、幸福感

坚持以人民为中心，始终将保障和改善民生

放在首位,既尽力而为,又量力而行,以高品质公共服务提升群众幸福感、获得感,让发展有速度更有温度,让群众得到更多实惠。

1. 提升教育事业新水平,办人民群众满意的教育。积极推进全镇教育事业,重点完成古镇小学、古四幼儿园等项目建设,缓解中心城区学位紧张的困境。逐步完善各中小学基础设施,推动教育信息化建设,促进"一校一品"特色品牌建设;完善"强师工程",提高教育质量,稳妥推进学前教育公益普惠化,规范幼儿园办园行为。加速"珠西教育城"建设步伐,增加优质教育供给。继续办好社区学院,构建惠及群众的成人教育;总结研究古镇灯饰学院办学模式,加强国内外高校资源链接,发展有灯都特色的职业高等教育。

2. 创建"广东省健康镇",促进生活质量和健康服务双提升。建设广东省健康镇,是提升城市竞争力和可持续发展的有效载体。古镇作为试点镇,一是将灯都生态湿地公园赋予全民健康风格,将健康知识、健康生活方式更多元化地融入居民生活。二是完成医疗体制改革理顺关系,古镇人民医院,社区卫生服务站,海洲医院组成具有"灯都特色"的紧密型"医联体",实施分级诊疗、双向转诊保障机制。加强硬件建设和人才链接工程,补齐医疗卫生领域"短板",引进做强中医药事业,提升人均医疗卫生资源和居民健康水平,为创建工作打好基础。三是创建"食品安全示范镇",认真做好方案落实好责任。实行最严格食品药品安全监管制度,保障群众饮食用药安全。四是倡导健康生活方式,定期开展全民爱国卫生运动和扶持各类全民健身活动,引入市场机制、运用社会力量扩大公共体育服务覆盖范围,打造具有灯都特色的群众体育活动品牌。

3. 完善社会保障体系,保障"兜底民生"。一是重点发挥创业孵化平台和就业培训平台作用,提升就业创业质量,完善创业扶持政策,加大就业扶持力度,帮扶困难群众就业,落实精准扶贫工作任务。二是确保医疗救助体系有效链接,帮助困难群众。通过建立以社会基本医疗保险为主、重特大疾病医疗救助为辅、慈善救助基金为补充的医疗保障体系,并增强受助群众经济"自我造血"能力,实现社会救助无盲点。三是持续加大财政在畅通出行、放心食品、提升空气和水质量、政务便民、居家养老等方面的投入,不断满足群众日益增长的美好生活需要。

五、贯彻共建共治共享理念,提高社会治理社会化、法治化、智能化和专业化水平

营造优质的社会环境,打造更高水平的"平安古镇",把群众对安全需求的期待变为社会治理的行动,推动全民参与社会治理,共享发展成果。

1. 树立"大平安、大稳定"理念,深化"平安古镇"建设。一是全面提升警务信息化水平,坚持向科技要警力,构建"智慧公安"。完善立体化社会治安防控体系,实现"公安+辅警+群防群治"三级联动。二是加强社会风险评估和矛盾纠纷排查化解,加强信访积案处理,完善信访、调解、仲裁、诉讼等多元化机制,力争解决一批历史积案。三是强化安全生产综合治理,督促企业落实安全生产主体责任,重点整治"三合一"消防隐患,全面排查和整治交通安全风险点,坚决遏制重特大事故发生。

2. 创新社会治理,共建共治共享服务人民深入民心。一是完善网格化服务管理体系。将消防、流管、计生等15大事项有机融入网格,网格员增至1000人,实现一支队伍网格巡查、一个团体联合执法。制定完善"六联"工作机制、网格员巡查等制度,形成"中心+网格化+信息化"工作格局。二是打造全民参与社会治理的民生牌、平安牌、文明牌、公益牌等品牌集群,整合社会资源，健全利益激励参与机制，培育社会组织，扩大服务供给范围。三是全面推进依法治镇，加大全民普法力度，弘扬法治文化，建设法治村（居），完善公共法律服务体系。

3. 坚持文化传承和发展，丰富灯都文化内涵。一是积极培育和践行社会主义核心价值观，传承发展优秀传统文化，举办改革开放40周年纪念系列活动。二是推动文明城镇工作常态化、精细化，着力打造"志愿者之城""敬业之城""乐善灯都"等文明品牌，发挥道德楷模力量，引导群众崇德向善、见贤思齐，提升文明素质和城镇文明程度。三挖掘以灯饰文化内涵，大力发展旅游文化创意产业，擦亮"灯光文化节""曲艺文化周""六坊云龙"等文化品牌。四是完善公共文化服务体系，推进文化惠民工程，完善国家级基层综合性文化服务中心建设。

六、坚决贯彻落实新时代党的建设总要求，全面从严治党，为古镇镇跨越式发展提供坚强保证

党是领导一切的。古镇镇实现跨越发展，关键在党，重在党要管党、全面从严治党。我们必须贯彻落实新时代党的建设总要求，把制度建设贯穿其中，不断提高党建质量，才能领导全镇干部群众实现"大建设、大整改、大跨越"新征程。

1. 党的政治建设摆在首位，营造良好政治生态。党的政治建设是党的根本性建设，决定党的建设方向和效果。全镇各级党组织必须坚定执行党的政治路线，严格遵守政治纪律和政治规矩，在政治立场、政治方向、政治原则、政治道路上同党中央保持高度一致。做到党中央提倡的坚决响应、党中央决定的坚决执行、党中央禁止的坚决不做。坚决维护习近平总书记的核心地位，牢固树立"四个意识"。要尊崇党章，严格执行新形势下党内政治生活若干准则，营造风清气正的良好政治生态。全镇各党员同志要加强党性锻炼，通过实施"大学习、大培训、新提高"系统工程，不断提高政治觉悟和政治能力，把对党忠诚、为党分忧、为党尽职、为民造福作为根本政治担当，永葆共产党员政治本色。推进党务公开制度化、规范化、程序化。

2. 规范党内政治生活，锻炼过硬党性。用新时代中国特色社会主义思想武装全党，要把坚定理想信念作为党的思想建设的首要任务，全镇各级党组织必须牢记党的宗旨，挺起共产党人的精神脊梁。弘扬马克思主义学风，落实"两学一做"学习教育常态化制度化，全镇持之以恒开展"不忘初心、牢记使命"系列主题教育。牢牢把握新闻宣传和舆论引导主导权，严格落实意识形态工作责任制，坚持舆论工作正确政治方向，增加宣传经费投入，部署思想文化阵地建设，唱响和谐灯都主旋律。

3. 加强基层组织建设，夯实党建基础。要以提升组织力为重点，突出政治功能，把农村、企业、机关、学校、社会组织等基层党组织建设成为宣传党的主张、贯彻党的决定、领导基层治理、团结动员群众、推动改革发展的坚强战斗堡垒。常规组织工作与创新支部活动相结合，夯实党支部引导教育党员职责，发挥党员先锋模范作用。落实"三会一课"制度的效果，大力整顿软弱涣散基层党组织，扎实推进基层组织带头人队伍建设，着力解决部分基层党组织弱化、虚化、边缘化问题，全力打造"堡垒型+服务型"基层党组织，创建一批党建示范村和一批最具活力的党支部。建设"流动党员服务中心"和"基层党群服务中心"，增强基层组织凝聚力，焕发党员组织活力。继续扩大非公党组织和党工作"两个覆盖"，培育一批两新组织党建先进典型，引领带动更多两新组织实现"党建强、发展强"，以一流党建引领一流产业发展。

4. 锻造奋发有为的干部队伍，创造一流业绩。坚持好干部标准选人用人，聚焦对党忠诚干净干事，注重政治思想和政治品德必备要素，在工作和实践中考察评价使用干部。按照"信念过硬、政治过硬、责任过硬、能力过硬、作风过硬"的要求加强干部专业能力和专业精神培养，增强干部队伍适应新时代发展要求的能力。深入整治"为官不为"，不养"懒人""庸人"，让不想干事的人没有市场，全面提振干部干事创业的精气神。成立党委、政府、人大联合大督察机制，建立台账、列出清单、明确责任、限定时间、挂账整改，提升督察问责工作权威性和有效性。优化正向激励机制，旗帜鲜明为那些敢于担当、踏实做事、不谋私利的干部撑腰鼓劲，确保全镇各项工作任务落实到位。

5. 坚持不懈正风肃纪，全面从严治党。贯彻中纪委十九届二次全会精神，从严治党必须从严执纪，做到真管真严、敢管敢严、长管长严，重点加强党员干部党风廉政建设，同时，在上级监察委支持下，全面加强对行使公权部门和人员监督执纪全覆盖，营造一方风清气正政治生态环境。全镇各级党组织必须严格履行党风廉政建设主体责任，落实"一岗双责"，一级抓一级传导责任，把监督检查、目标考核、责任追究有机结合起来，有责必问、问责必严。坚持以上率下，巩固落实中央八项规定精神，继续从严整治"四风"问题，持之以恒改进作风，按今年中纪委全会的部署，落实对"表态多、调门高、行动少、落实差"问责。坚决"零容忍"态度惩治腐败，有案必办，执纪从严，同时运用监督执纪"四种形态"，抓早抓小、防微杜渐。强化政治纪律和组织纪律，带动廉洁纪律、群众纪律、工作纪律、生活纪律全面严起来，使全镇干部习惯在受监督和约束的环境中工作生活。

同志们，时代在出卷，我们在答卷，人民在阅卷，蓝图已绘就，贵在实干，重在落实。我们坚信，有市委、市政府的坚强领导，有社会各界的大力支持，有全镇人民的同心协力，我们一定能够实现新时代、新作为、新气象，继续在前进的征途上不忘初心，追求卓越，谱写古镇镇美好生活的辉煌篇章！

索引
INDEX

表格索引

2017年古镇镇国民经济及社会发展主要指标……32
2016—2017年中山市古镇镇中共党员和党组织情况表……43
2017年古镇镇妇儿阵地建设情况表……65
2017年古镇交警信访工作一览表……74
2016—2017年古镇镇国家税务局税收收入表……96
2016—2017年古镇镇地方税务局税费收入表……98
2016—2017年度古镇镇地方税务局各产业类型税收表……99
2016—2017年度古镇镇地方税务局各企业类型税收表……100
2017年古镇镇土地出让统计表……107
2017年古镇镇义务教育阶段学校招生情况表（小学）……141
2017年古镇镇义务教育阶段学校招生情况表（中学）……141
2017年古镇灯饰学院部分学生获奖项目情况表……142
2017年古镇镇主要大型文化活动一览表……146
2017年古镇6家社工机构及其主要服务领域情况表……159
2017年古镇流动人口与出租屋统计表……163

主题索引

符号

"工业品外观设计保护中山市古镇镇示范点"调研项目 138
"平安企业"创建 117
"三防"工作 86
"三非"外国人管理 73
"三工"联动 61
"三规合一"工作推进 126
"三旧"改造 108
"双拥"工作 161
"四上企业"入库 119
"五助"工作 162
"亚洲飞人"苏炳添 152
"一校一品"创建 140
《灯都古镇》报 47
《国际灯饰文化休闲名镇全景图》旅游地图 91

数字

2017年春运 123

A

爱国卫生 151
安全生产大检查行动 115
安全生产管理 123

索 引

安全生产监督概况　115
安全生产宣传教育　117
安全生产隐患整治　115
安全生产责任制　115
案件审判　78

B

百佳评选　164
保密工作概况　50
保密检查　51
保密事项管理　51
殡葬事业　162

C

财税金融　31
财政收入征管　94
财政收支概况　94
财政效能管理　95
财政支出管理　94
财政制度改革　95
参加中山市慈善万人行　70
餐饮安全监管　111
残疾人保障体系建设　65
残疾人基本服务状况和
需求调查　66
残疾人康复　66
曹步联队概况　196
曹二村概况　190
曹三村概况　192
曹一村概况　188
拆迁管理　128
产品质量监管　110
长者紧急呼叫系统　70
承接政府职能　67

城管执法　132
城轨站交通枢纽首期工程　127
城市道路维护与路灯照明　129
城市公共设施管理概况　128
城市管理概况　131
城镇规划概况　126
城镇建设概况　126
城镇绿化管理　84
出租屋管理　163
畜牧兽医工作　82
创建国家级旅游景区　90
创文工作　37
慈善公益　68
慈善事业　161
村　居　40
村"两委"换届　168
村级执法站　132
村居法律顾问　77
村居建设　173，175，176，
181，185，187，191，193
村两委换届　170
村社区建设　162
村务公开　178

D

打黑除恶　73
打击传销工作　109
打假打私　110
大气污染物防治　133
大型活动交通安保工作　74
代理金融业务　124
档案概况　147
档案管理　126
档案业务　147

党建工作　42，67，168，170，
173，174，176，178，182，
185，187，189，190，192，195
道路安全管理　74
道路运输行政执法　122
德育教育　139
灯都智库　165
灯饰产业概况　88
灯饰学院　142
灯饰研学旅行　91
灯文化博物馆　146
登革热防控　152
地籍管理　108
第三产业　31
第三次全国农业普查　119
电线电缆安全监察　110
电子专业　124
调查工作概况　120
东裕路（海州段）工程　128
动物卫生监督　82
督查工作　45
对口扶贫　83
对外交流　67，68
对外贸易概况　88
队伍建设　57，76，79
多党合作与党外知识分子
工作　47
多元化纠纷解决机制　78

E

儿童文化艺术节　196

F

发展与改革概况　106

法律援助工作　77
法治长廊　47
法制工作　55
法治宣传教育　46
反恐工作　73
防火工作　75
防震减灾　130
房地产管理概况　131
房地产项目监管　131
非公有制经济领域统战工作　48
扶困助学　141
扶贫工作　177，179，183，186，188，190，191，194，195
服务企业　67
服务业发展　106
妇儿阵地建设　64
妇女工作概况　63
妇女组织建设　64

G

干部队伍建设　43，62
干部培训　60，65
冈东村概况　184
冈南村概况　186
港澳事务　56
高新技术企业　136
工程预算复核及结算审计　118
工会概况　60
工会组织建设　60
工商行政管理概况　108
工商银行古镇支行　101
工业　31
工业概况　88
工业企业技术改造　136

工作概况　52，56，68，95
公安概况　72
公共场所卫生监督　114
公共交通　122
公共图书服务　147
公共卫生　150
公共文化服务　33
公民健康教育　151
公益事业　67
供电　129
供气　130
供水　129
古二村概况　172
古三村概况　174
古树名木保护　84
古四村概况　176
古一村概况　170
古镇（利和）金融街建设　99
古镇灯都生态湿地公园音乐喷泉　128
古镇灯饰批发价格指数　118
古镇东裕路（顺康路—西岸中路）道路工程　128
古镇耕地情况　82
古镇居委会概况　194
古镇倩英志愿者服务队　65
古镇镇慈善工作概况　70
古镇镇妇幼保健计划生育服务中心　159
古镇镇红十字会概况　69
古镇镇人民代表大会　51
古镇镇中心滨河公园工程（沙古公路以北段）　127
固定资产投资管理　106

固定资产投资和房地产　31
光大银行古镇支行　102
国民体质监测　154
国税文化建设　96
国土资源概况　107
国元证券古镇营业部　104

H

海外联谊　66
海洋渔业概况　85
海洲村概况　168
红火蚁防控及农业技术服务　83
后勤保障　76
后勤装备建设　80
护路联防工作　123
华安东路工程　128
华艺广场党总支打造党建"亮点工程"　45
环保宣传教育　134
环境保护概况　133
环境整治　169，172，174，175，177，180，184，186，188，190，192，194
环境治理推进　94
环卫保洁　129
会展　88
婚姻登记　162

J

机构编制　43
机关单位　38
基层党建工作　44
基层自治建设　165
基础设施建设　91

集贸市场监督管理　109
集邮业务　124
计划生育基层工作　158
计划生育事业概况　158
计生宣传教育　158
纪律审查　57
技能人才培养　156
技术创新平台服务　136
家庭文化建设　64
价格管理概况　117
价格监测　118
价格监管　117
价格认定　118
监督员队伍培训　114
建设银行古镇支行　101
建置沿革　28
建筑安全教育　131
建筑业概况　130
建筑质量安全生产管理　130
健康服务管理　150
交警工作概况　73
交通安全宣传教育　74
交通事故整治　73
交通项目建设推进　94
交通银行古镇支行　101
交通运输概况　122
交通秩序整治　74
教师队伍建设　139
教育发展保障　94
教育事业概况　139
节能工作自查报告编制　119
金融服务　98
金融概况　98
金融环境建设　99

经济发展　168，170，175，176，178，181，184，187，188，190，192，196
经济犯罪打击　72
经济概况　173
经济建设概况　30
经营异常管理　109
精神文明建设概况　36
精准扶贫　63
救灾救济　161
就业创业　156
军事训练　80

K

科技工作概况　136
困难居民重特大疾病医疗救助　162

L

老干部工作　44
老龄工作　159
老年大学　144
老年人服务　69
老年人健康管理　150
老年人运动会　69
两包业务　124
两委换届　174，176，178，185，187，188，190，192，195
两新组织　44
两新组织党建工作　33
林业概况　84
临时困难救助　161
流动人口服务　164
流动人口环境整治　164

流动人口计划生育服务管理　158
流动人口子女积分入学　141
流动人员积分制　164
流管人口及出租屋概况　163
六坊村概况　178
六坊云龙舞　180
旅游购物狂欢节　91
旅游业概况　90

M

慢性病健康管理　150
矛盾纠纷排查　77
民风民俗　30
民生工程建设　34
民生实事　169，171，173，175，177，179，181，185，187，189，191，193，194，196
民生项目建设保障　94
民生银行古镇支行　102
民政工作概况　159
民族工作　164
民族宗教概况　164
民族宗教领域统战工作　48

N

纳税服务　96，97
南方绿博园　83
内河水环境治理　85
年报报送工作　109
年度财务收支审计　119
年鉴试点工作　148
农产品检测工作　82
农村换届审计工作　119
农村绿化美化　84

农民收入　82

农商银行古镇支行　102

农业　31

农业概况　82

农业基础设施建设　82

农业银行古镇支行　101

农资打假　83

P

排水管理　129

派驻纪检监察组工作　58

培训工作　61

培训教育　50

培育统战类社会组织参与社会治理　48

平安古镇建设保障　95

平安银行古镇支行　103

浦发银行古镇小微支行　104

Q

七坊村概况　180

企业调查　120

气候气象　29

缉毒禁毒　72

侨联工作概况　66

青年活动　63

区划地名管理　160

全民健身活动　153

全民同植"灯都树"　84

全民修身行动　36

群众体育　152

R

人大代表工作　52

人大建议办理　52

人口语言　29

人力资源和社会保障概况　156

人民防空工程建设　80

人民防空工作概况　80

人事福利　43

软弱涣散村整治　45

S

三年绿化大行动　84

三品一械安全监管　111

森林小镇建设　85

沙水路（十水线）道路工程　128

商标"守重"管理　109

商贸业概况　88

商事登记改革　108

社会保障体系　156

社会工作　159

社会公益　70

社会建设概况　165

社会事业发展　34

社会体育指导员站　153

社会治理　35

社会组织管理　159

社区建设　165

社区精神病防治康复　66

社区卫生服务　151

社区学院　143

涉台事务　56

审计概况　118

审判概况　78

生活饮用水卫生监督管理　114

生态环境保护　36

生态文明建设概况　35

省市工程中心认定　136

湿地公园体系建设　84

食品快检工作　113

食品流通安全监管　111

食品生产加工小作坊基地建设　113

食品小摊贩集中经营试点工程　113

食品药品监督管理概况　111

市场监督管理　108

示范单位创建　112

双拥工作　80

水产品质量监管　85

水利工程建设　85

水污染防治　133

水务概况　85

税收征管　97

税种管理　95

司法调解　78

司法工作概况　77

思想政治建设　79

四种形态　57

T

特种设备安全监察　110

体育活动　179，183，186，187，190，191，194

体育竞赛成绩　154

体育设施建设　154

体育事业概况　152

体育艺术教育　140

同益工业园社工中心　162

统计调查　119

统计宣传　120

统战工作概况　47

投递业务　124

投诉案件处理　112

土地报批　108

土地供应　107

土地管理　107

土地确权　170

土地确权工作　83

土地执法监察　107

团工作概况　61

团组织建设　61

W

外经贸　31

外事侨务工作　56

违法广告牌治理　132

维护侨益　67

维稳工作　75

卫生法制宣传教育　115

卫生监督　150

卫生监督管理概况　113

卫生事业概况　150

为侨服务　66

文化产业发展　34

文化创作　146

文化活动　68，146

文化建设概况　33

文化教育　169，175，177，179，182，186，187，189，191，193，195

文化市场管理　34

文化市场整治　132

文化事业概况　146

文化体育　171

文化遗产保护　146

文化娱乐场所管理　73

文明城镇创建　132

污水处理　130

无偿献血　69

五人龙舟公开赛　154

武装工作概况　79

物业管理　131

物业营运　107

X

西北组团体育公园建设　127

消防安保工作　76

消防安全整治　169，172，174，175，177，180，184，186，188，190，192，194

消防工作概况　75

消防网格化　77

消防知识宣传教育　76

新闻节目宣传　147

信访工作概况　48

信访维稳　134

信息管理工作　158

兴业银行古镇支行　102

刑事犯罪打击　72

行政区划　30

行政审批　126

行政执法　134

秀美村庄建设　83

宣传工作　63

宣传工作概况　46

宣传教育　57，64，110

宣传培训　69

学前教育　142

学校安全工作　139

学校卫生监督管理　114

巡逻防控　74

Y

研发机构　136

广播电视概况　147

广发银行古镇支行　101

阳光村务　169

阳光七坊微信公众号　184

业务审批　134

依法行政　53

依法治水　86

依法治税　97

依法治镇　32

义务教育　142

医疗卫生监督管理　113

银河证券古镇营业部　104

银行业概况　100

应急防范体系建设　116

应急工作　80

应急管理　54

优抚安置　161

邮储银行古镇支行　103

邮政概况　123

渔政执法管理　85

舆论宣传　46

预防接种　150

园林绿化　129

粤港澳青年交流　63

运输市场管理　122

Z

噪声污染整治　133

战训工作　75
招商银行古镇支行　103
招生工作　140
镇残疾人工作概况　65
镇工商联工作概况　67
镇老年人协会工作概况　69
镇人大概况　51
镇行政服务中心运营概况　55
镇志出版　147
征兵工作　79，172，183
征收用地　107
政策法规宣传　108
政府采购招投标监督及资产验收　119
政府法律顾问　53
政务公开　54
知识产权惠企服务　137
知识产权快速授权　137
知识产权快速维权　137
知识产权快速协调　137
知识产权宣传教育　138
质量技术监督管理概况　109
职工帮扶救助　60
职工权益保障　157
职工权益维护　60

职工文化建设　60
职能部门　39
志愿服务　62
志愿者服务　37
治安管理　72
制度建设　50
智慧公安建设　73
中共古镇镇委员会全体会议　42
中国·古镇国际灯饰博览会　88
中国灯都（古镇）国际灯光文化节　89
中国共产党中山市古镇镇纪律检查委员会　38
中国共产党中山市古镇镇委员会　37
中国国际照明灯具设计大赛　90
中国银行古镇支行　100
中山古镇南粤村镇银行　103
中山市古镇镇灯都小额贷款股份有限公司　104
中山市古镇镇人民代表大会　38
中山市古镇镇人民政府　38
中山市南方绿博园有限公司　91
中信银行古镇支行　103
重大活动安保　72

重大项目申报情况　106
重点时期防护　49
重点项目规划　126
重点项目建设　106
重要事项和决策　53
助残体验日　66
住房保障　131
住户调查　120
注册登记管理　108
驻村（居）副书记工作　58
驻点普遍直接联系群众　44
资产概况　106
自然村落历史人文普查　148
自然地理　28
自然资源　28
宗教工作　164
总体规划报批　126
综述　136
综治维稳　169，171，173，175，177，179，182，185，187，189，191，193
组织概况　42
组织人事工作概况　42
组织收入　97